U0505077

权威·前沿·原创

皮书系列为
"十二五""十三五"国家重点图书出版规划项目

品牌蓝皮书

BLUE BOOK OF
BRAND

中国自主品牌评价报告
（2018）

ANNUAL REPORT ON EVALUATION OF SELF-OWNED BRANDS
IN CHINA (2018)

品牌中国战略规划院
主　编／汪同三
副主编／赵胄豪　杨曦沦　宋汭濮

社会科学文献出版社
SOCIAL SCIENCES ACADEMIC PRESS（CHINA）

图书在版编目（CIP）数据

中国自主品牌评价报告.2018 / 汪同三主编. -- 北京：社会科学文献出版社，2018.11
（品牌蓝皮书）
ISBN 978 - 7 - 5201 - 3831 - 4

Ⅰ.①中… Ⅱ.①汪… Ⅲ.①品牌战略 - 研究报告 - 中国 - 2018 Ⅳ.①F279.23

中国版本图书馆 CIP 数据核字（2018）第 257248 号

品牌蓝皮书

中国自主品牌评价报告（2018）

主　　编／汪同三
副 主 编／赵胄豪　杨曦沦　宋汭葆

出 版 人／谢寿光
项目统筹／周　丽　冯咏梅
责任编辑／冯咏梅

出　　版／社会科学文献出版社·经济与管理分社（010）59367226
　　　　　　地址：北京市北三环中路甲29号院华龙大厦　邮编：100029
　　　　　　网址：www.ssap.com.cn
发　　行／市场营销中心（010）59367081　59367083
印　　装／三河市龙林印务有限公司

规　　格／开 本：787mm×1092mm　1/16
　　　　　　印 张：18.5　字 数：276千字
版　　次／2018年11月第1版　2018年11月第1次印刷
书　　号／ISBN 978 - 7 - 5201 - 3831 - 4
定　　价／89.00元

皮书序列号／PSN B - 2018 - 758 - 3/3

本书如有印装质量问题，请与读者服务中心（010 - 59367028）联系

品牌蓝皮书编委会名单

主要编撰者简介

汪同三　中国社会科学院学部委员、数量经济技术经济研究所研究员，品牌中国战略规划院院长，长期从事数量经济学研究，是我国著名的经济形势分析与预测专家。先后任数量经济技术经济研究所所长、经济模型研究室主任，中国社会科学院首批学部委员，曾被人事部授予"中青年有突出贡献专家"称号。

赵胄豪　品牌中国战略规划院副院长，中国社会科学院研究生院 MBA 教育中心教授、硕士研究生导师。曾任中国社会科学院调查与数据信息中心副主任、社会科学成果开发中心主任，中国经济技术研究咨询有限公司董事长，中国证券监督管理委员会山西省证券管理办公室副主任、党组成员，山西省人民政府企业上市办公室主任等职。研究成果包括《区域资本市场发展与创新》《公司·股票·交易》《聚合·裂变·转换——城乡二元经济结构转换研究》等。

杨曦沦　品牌中国战略规划院副院长，北京国信品牌评价科学研究院院长，对外经济贸易大学国际商学院客座教授，央广财经特约评论员。著有《奥运品牌模式》《CEO 品牌之道》。

黄　琦　首都经济贸易大学教授，博士。主要研究方向为品牌战略管理、企业创新与公益战略管理，主持由工信部资助的中国品牌力指数（C－BPI）研究项目。研究成果包括《调查中的效度和信度》《品牌研究中的心理测量》《品牌测量量化》等。

盖　彦　品牌文化管理专家，品牌中国战略规划院专家委员，新华社民族品牌工程点评专家。《中国名牌》《中外企业文化》《广告人》等杂志特约专栏撰稿人。中国大学生广告艺术节学院奖、中国品牌营销案例奖终审专家评委。《博弈——一个中国经销商的实战案例》获全国城市出版社优秀图书大奖。

摘　要

2016 年 11 月，品牌中国战略规划院和北京国信品牌评价科学研究院联合设立"国际品牌评价研究中心"，启动了对中外品牌评价体系的系统研究。《中国自主品牌评价报告（2018）》就是此项研究的阶段性成果。

本报告共分为六个部分。总报告在中外知名品牌榜数据的基础上，分析了国际品牌和中国自主品牌发展的现状，同时就中国自主品牌面临的问题、机遇、挑战和趋势进行了分析，以帮助读者对中国自主品牌发展有一个全面客观的整体把握，为中国自主品牌企业制定品牌战略提供决策依据。

借鉴篇通过统一的标准，分析解读了全球六大主流品牌评价体系，以帮助读者了解西方的品牌价值观，以及品牌排行榜背后的商业逻辑，为我们理解和借鉴世界品牌评价规则提供全新视角。

评价篇梳理了中国自主品牌评价发展的历史脉络，并按照政府、行业协会及社会组织、学术研究机构、商业服务机构进行分类介绍。重点介绍已经实现社会化应用的中国自主品牌评价标准体系，为开展同行评议、推动中国自主品牌评价标准体系建设提供指引，并提出把制定满足不同行业属性、适应不同行业需要的品牌评价社团标准作为构建中国自主品牌评价标准体系的努力方向。

行业篇介绍了不同评价标准体系在不同行业的应用，涉及汽车品牌、连锁品牌和数字品牌。大部分品牌评价标准体系是国家或地方基金资助的品牌评价课题研究成果。

案例篇选取中国建筑、联想、西贝和名创优品四个案例。这四个案例各具特色，但这些品牌企业都将产品、形象、传播、供应链、知识产权、资本运作作为一个完整的品牌价值链进行系统管理，从而产生并释放其品牌

价值。

　　附录收录了品牌相关规定与细则，具体为《驰名商标认定和保护规定》《中华老字号认定管理办法（征求意见稿）》《地理标志产品保护规定》《地理标志产品保护工作细则》《品牌评价　品牌价值评价要求》《品牌价值　术语》。

　　本报告首次提出以品牌指数为核心的国家品牌战略管理体系，指出构建品牌指数的原则和路径：必须基于品牌引领供需结构升级的国家战略；必须基于全球品牌价值链的视角；必须基于资本市场脱虚向实的金融政策；必须以促进品牌交易为目的；必须以大数据为技术支撑；必须基于品牌利益相关方价值共识、共创、共享的信托机制。

　　建立具有国际影响力和话语权的中国自主品牌评价体系是一项品牌国策，需要在国家、地区、行业、企业、金融机构、研究机构及媒体等利益相关方之间达成共识，形成合力，才能实现"推动建立全球统一的品牌评价体系，增强我国在品牌评价中的国际话语权"的国家品牌战略目标。

　　关键词：自主品牌　评价标准　品牌指数

Abstract

In November 2016, the two institutions formed the "International Brand Evaluation Research Center", which initiated a systematic research on the Chinese and foreign brand evaluation system. *Annual Report on Evaluation of Self-owned Brands in China* (2018) is the significant outcome of this research.

This report includes six parts. Based on the analysis of famous brand lists at home and abroad, the general report analyzes the current situation of the development of both the international brands and self-owned brands in China, also analyzes the problems, opportunities, challenges and trends faced by self-owned brands in China, aiming to help readers comprehensively and objectively understand the development of self-owned brands in China, and provide decision-making basis for self-owned brand enterprises in China to develop brand strategy.

Drawing on the unified standards, the reference part of this report analyzes and interprets the six mainstream brand evaluation systems in the world and helps readers understand the western brand values and the business logic behind the brand rankings, providing a new perspective for us to understand and learn from the world brand evaluation rules.

For the first time, the evaluation part combs the historical context of the development of self-owned brand evaluation in China, and classifies it according to government leadership, trade associations and social organizations, academic research institutions and commercial service institutions. This part mainly introduces the self-owned brand evaluation standard system in China which has been put into practice, providing guidance for peer review and promoting the construction of the evaluation standard system. It is proposed that we should make more efforts to establish self-owned brand evaluation standard system in China to meet the needs of different industries.

The industry part of this report introduces the application of different evaluation

criteria systems in different industries, involving automobile brands, chain brands and digital brands. Most of the brand evaluation standards are the research results of brand evaluation projects funded by national or local foundations.

In the case part, we select four brands for study, that is China State Construction, Lenovo, Xibei and MINISO. Although with their own characteristics, these four cases all show that the brand enterprises take their product, image, communication, supply chain, intellectual property and capital operation as a complete brand value chain to manage systematically, thus generate and release their brand value.

The appendices contain relevant regulations and rules, namely *The Rules on Determination and Protection of Well-known Trademarks*, *Regulations on the Determination of Chinese Time – honored Brands (Draft for Comments)*, *Provisions on the Geographical Indications Products*, *Rules for the Protection of Geographical Indications Products*, *Brand Valuation: Requirements for monetary brand valuation*, *Brand Value: Vocabulary*.

This report firstly presents the brand index as the core of a national brand strategic management system, pointing out the principles and paths to build the brand index, which must be based on the national strategy of brand leading upgrading of supply and demand structure, on the perspective of global brand value chain and on the financial policies of leading capital to flow from virtual capital market to real economy. The index also must aim at promoting brand transactions, rely on big data as technical support, based on the value consensus between brand stakeholders and create trust mechanisms for sharing.

Establishing Chinese independent brand evaluation system with international influence and discourse power is a national brand policy. It is necessary to reach consensus among stakeholders, such as countries, regions, industries, enterprises, financial institutions, research institutions and media, to make a concerted effort to realize the national brand strategic goal, which is to promote the establishment of a global unified brand evaluation system and enhance China's international discourse power in brand evaluation.

Keywords: Self-owned Brands; Evaluation Standard; Brand Index

序　言

随着经济全球化和国际竞争的加剧，世界进入品牌经济时代。

品牌强则中国强。品牌既是企业之魂，更是一个国家撬动世界经济与市场的无形杠杆。无论是中国创造还是中国质量、中国产品，最终都要凝聚成中国品牌，才能占领世界经济的制高点。当前世界正处于大发展大变革大调整的时期，中国经济正处在转变发展方式、优化经济结构、转换增长动力的攻关期，在严峻复杂的国内外环境的倒逼下，国家品牌战略的推进，对增强我国在经济全球化过程中的国际话语权、促进产业结构的调整和优化都具有非常现实的意义。正是在这样的背景下，我们集合众智，开展并推动中国自主品牌发展趋势和评价体系研究。

中国自主品牌必须建立在文化自信的基础上。我国是有着五千年文明的文化大国，中国自主品牌作为中国商业文明智慧和五千年灿烂中华文化的代言者和承载者，有责任从民族的根性文化中培植独特的品牌个性，从而提升中国品牌的文化承载力和品牌含金量，更好地凝聚中国消费力量，让中国消费者爱上中国自主品牌，进而让中国自主品牌带着鲜明的文化烙印走出国门，在世界舞台上展现中国品牌的光彩。

中国自主品牌必须建立在自主创新的基础上。自主创新的核心是拥有自主知识产权体系，这也是构成品牌无形资产的关键竞争力。《国家创新驱动发展战略纲要》强调科技创新必须处于国家发展全局的核心位置，明确了创新的战略高度，并提出以下内容。主要产业处于全球价值链中高端，不断创造新产品和新技术；完善质量诚信体系，打造优质企业和产业集群，加快建设知识产权强国，提高创造、运用、保护和管理知识产权的能力，引导市场主体创造和运用知识产权，以知识产权利益分享机制为纽带，促进创新成果知识产权化。通过品牌引领的方式加快自主创新的步伐，提升中国自主品

牌核心竞争力；通过制定品牌评价国际标准，加快中国知名品牌的国际化进程，提高全球市场配置资源能力，逐步占据世界产业链的高端。

中国自主品牌必须建立在经济全球化的基础上。2018年第二个中国品牌日提出了"中国品牌·世界共享"的主题。全球经济一体化具有不可阻挡的趋势，必将推动中国作为世界经济第二大国加速融入品牌经济发展的洪流，促进中国品牌国际竞争力水平进一步提升。国家"一带一路"倡议的提出为中国品牌的海外发展提供了难得的机遇，中国自主品牌也将在推动经济全球化方面发挥独特作用。

中国自主品牌必须建立在系统性运营的基础上。2016年5月30日，国务院办公厅发布了《关于开展消费品工业"三品"专项行动营造良好市场环境的若干意见》，提出开展"三品"专项行动，即增品种、提品质和创品牌。2016年6月20日，国务院办公厅发布了《关于发挥品牌引领作用推动供需结构升级的意见》，确立了品牌在国家经济发展中的战略高度，提出促进品牌发展和供需结构升级的三项重要工程——品牌基础建设工程，供给结构升级工程和需求结构升级工程，为中国自主品牌的建设铺设了路基，并指明了方向。

中国自主品牌必须建立在产业集群的基础上。品牌是国家综合核心竞争力的体现，既代表着国家的信誉和形象，也反映了一个国家的产业集聚能力。未来的全球竞争，是产业链、价值链的竞争，也是品牌生态圈的竞争。用高价值的品牌来统领产品的全价值链，用优秀的区域集群品牌来提升国家品牌价值，通过科学培育企业品牌、区域品牌，形成产业集群的品牌影响力，是国家品牌战略发展的方向。

中国自主品牌必须建立在专业化运营的基础上。中国品牌发展与发达国家相比，还存在国际知名品牌少、品牌影响力弱、品牌话语权小、品牌价值低、品牌总体形象欠佳的问题。中国自主品牌的可持续发展，需要建立在对中国自主品牌科学评价和科学管理的基础之上。品牌价值评价掌握着品牌金融价值的话语权，它作为一种科学有效、被国际市场验证的品牌价值评价方法和手段，早已被西方发达国家广泛使用。当前国外各类评价榜单充斥中国市场，垄断着品牌评价标准、品牌评估手段、品牌评级体系，从实质上掌握着品牌的定价权，只有集合各方智慧和专业力量，建立一套中国自主研发的、被广为认可的、足以引领世界品牌价值评价的标准体系，中国自主品牌才能在全球品牌竞争中掌握主动权。

我们看到，国家高度重视中国自主品牌评价标准体系的建设，国务院办公厅发布的《关于发挥品牌引领作用推动供需结构升级的意见》明确要求培育若干具有国际影响力的品牌评价理论研究机构和品牌评价机构，开展品牌基础理论、价值评价、发展指数等研究，提高品牌研究水平，发布客观公正的品牌价值评价结果以及品牌发展指数，逐步提高公信力。开展品牌评价标准建设工作，完善品牌评价相关国家标准，制定操作规范，提高标准的可操作性；积极参与品牌评价相关国际标准制定，推动建立全球统一的品牌评价体系，增强我国在品牌评价中的国际话语权。可以说，建立与国际接轨的中国自主品牌评价标准体系，既是国家品牌战略的一个重要组成部分，也是中国自主品牌走向世界、参与全球化国际竞争和产业链布局的一个重要切入点。

我们在连续两个年度对国家品牌发展战略进行总体研究的同时，始终关注中国自主品牌发展的科学评价和价值管理这一基础性工作。今天呈现在大家面前的这本《中国自主品牌评价报告（2018）》，是品牌中国战略规划院的一项探索性成果。本报告通过对我国各类品牌评价体系的研究与分析，以及对国际主流品牌评价体系的对标研究，总结出中外品牌评价体系的类型，分析其对品牌创建、品牌影响的作用，填补了该领域的空白，以期为各领域、各行业构建具有自主知识产权和具有国际影响力的品牌评价体系提供依据。本报告所提出的建立品牌指数的基本原则和实现路径，为中国自主品牌评价体系的构建搭建了高起点的平台，夯实了可持续发展的基础，指明了未来中国自主品牌评价标准制定、建设和发展的方向。

谨以此文为《中国自主品牌评价报告（2018）》作序，并与品牌业界同人共勉。

品牌中国战略规划院　刘振华

2018 年 10 月于北京

目 录

Ⅳ 行业篇

Ⅴ 案例篇

Ⅵ 附录

皮书数据库阅读**使用指南**

CONTENTS

I General Report

II Reference Part

Ⅲ Evaluation Part

Ⅳ Industry Part

Ⅴ Case Part

VI Appendices

总 报 告

General Report

B.1
中国自主品牌发展现状评价

盖彦 刘东宇*

摘　要： 本报告在《Interbrand 全球最佳品牌 100 强》《Brand Finance 全球品牌价值 100 强》《BrandZ 全球最具价值品牌百强》《Interbrand 2018 中国最佳品牌排行榜》《Brand Finance 2018 年度中国最有价值品牌 300 强》《2018 年 BrandZ 中国出海 50 强品牌榜》《2018 中国品牌价值百强榜》《中国品牌力指数》分析数据的基础上，分析了国际品牌和中国自主品牌发展的现状，指出在全球品牌版图中，美国品牌处于主导地位，亚洲的日本和韩国品牌则在细分领域处于领先地位，欧洲品牌发展保持稳定，中国互联网和金融品牌崭露头角，数字品牌领跑全球。同时，从经济结构、市场表现、国际化三个方面

---

* 盖彦，品牌中国战略规划院专家委员，研究方向为品牌文化管理；刘东宇，北京国信品牌评价科学研究院研究员，研究方向为品牌资产管理。

品牌蓝皮书

对中国自主品牌发展格局进行了分析，指出自主品牌发展面临的三大问题、三大挑战、四大机遇和七个趋势。

关键词： 国际品牌　自主品牌　品牌机遇　品牌挑战　品牌趋势

国务院办公厅发布的《关于发挥品牌引领作用推动供需结构升级的意见》指出，品牌是企业乃至国家竞争力的综合体现，代表着供给结构和需求结构的升级方向。品牌是保障国家经济安全的重要战略性资源，衡量一个国家竞争力的强弱和可持续性，要看这个国家创造并拥有多少世界性的自主品牌。在经济全球化时代，打造具有国际影响力的自主品牌已经成为各国经济竞争的制高点，成为主导全球产业链的软实力。

新经济的发展正在由开放包容向系统集成升级，中国自主品牌建设迎来了真正的以世界眼光、国际标准、中国特色塑造品牌的科学发展新阶段，正在成为世界品牌生态圈的重要一极。中国自主品牌经过改革开放 40 年的积累，开始由粗放向精细化发展，在新旧动能转换中发挥着引领作用。可以说，中国自主品牌尤其是榜样力量的带动呈现七个重要发展趋势——创建科学化（全国自上而下树立品牌科学发展观）、使命战略化（塑造具有中国自主品牌气质和战略信仰的品牌形象）、布局生态化（规划构建可持续发展的自主品牌生态系统）、营销体验化（以消费者为中心、以增长为导向的品牌创建策略）、产品个性化（在产品质量精益求精的基础上对产品独特个性的定义和塑造）、价值资产化（以知识产权为核心的品牌成为引领和配置资本、技术、商品的工具）、传播全球化（以整体品牌形象传播的方式向世界推介中国品牌），成为中国经济提振发展的强引擎。

一　国际品牌发展现状评价

国际品牌是指在国际市场上知名度、美誉度较高，产品辐射全球的品牌，如苹果、微软、可口可乐、宝马、奔驰、爱马仕、壳牌、丰田等。国际品牌一般具有以下四个特征：一是产品辐射全球并拥有较高的品牌认知度和美誉度；二是品牌有着几十年甚至上百年的历史；三是始终保持引领业界的发展方向；四是有支撑该品牌的文化体系、知识产权体系和金融体系。

（一）国际品牌发展现状

综观全球经济发展格局，品牌竞争已经形成了"两化"的趋势，即产业品牌化和品牌产业化。产业品牌化，就是一个产业的优质资源会自发地向该产业内知名品牌聚集，形成强者恒强的局面，苹果、谷歌、腾讯、阿里巴巴等增长最快的全球品牌可以很清晰地表明这一趋势。品牌产业化，是指品牌可以在多个领域衍生出多个产品，形成一个品牌集群，比如现在流行的IP经营就是品牌产业化的具体体现，美国及日本、韩国的文化品牌都在全球范围内取得了巨大的成功。

从公布的全球三大国际品牌榜单可以窥见全球产业品牌化和品牌产业化的版图，这三大榜单主要是指 Interbrand（国际品牌咨询公司）发布的《Interbrand 全球最佳品牌 100 强》、Brand Finance（英国品牌金融咨询公司）发布的《Brand Finance 全球品牌价值 100 强》和 Kantar Millward Brown（明略行市场咨询公司）发布的《BrandZ 全球最具价值品牌百强》榜单。

本部分将通过近年来全球三大品牌榜单的数据（见表 1、表 2、表 3），对全球各个国家和地区的品牌发展现状、趋势及特点进行分析评价。

表 1　2016 ~ 2018 年《Interbrand 全球最佳品牌 100 强》

单位：个

年份	美国	中国	日本	韩国	欧洲	其他
2016	52	2	6	3	35	2
2017	51	2	6	3	36	2
2018	49	1	8	3	38	1

表2 2016~2018年《Brand Finance 全球品牌价值100强》

单位：个

年份	美国	中国	日本	韩国	欧洲	其他
2016	46	15	11	2	25	1
2017	51	16	10	3	20	0
2018	46	22	7	3	22	0

表3 2016~2018年《BrandZ 全球最具价值品牌百强》

单位：个

年份	美国	中国	日本	韩国	欧洲	其他
2016	50	16	5	1	22	6
2017	54	14	5	1	20	6
2018	55	15	3	1	20	6

综合三大品牌排行榜来看，进入百强的美国品牌大约占五成，涵盖科技、零售、餐饮、饮料、酒类、媒体、金融服务、快消、汽车、奢侈品、服装等各个领域，这充分说明美国品牌在全球市场上占有绝对优势。以2018年《Interbrand 全球最佳品牌100强》榜单为例，在排名前10的品牌中，美国的品牌占七成。其中，美国的苹果公司以2144.80亿美元的品牌价值居首位，苹果成为第一个价值在2000亿美元以上的品牌，进入前10的还有美国的谷歌、亚马逊、微软、可口可乐、Facebook和麦当劳。从美国品牌在全球品牌版图中的地位可以看出，以美国为代表的基于新经济体系产生的品牌已经处于主导地位。

研究表明，美国强大的品牌背后是一个系统，通俗表述即好莱坞造梦，形成有价值观的IP（版权），并面向全球传播一种文化信念和象征符号。硅谷通过创新实现了这个梦想，形成基于专利的市场定价权。华尔街为有市场竞争力的品牌（商标）定价，为品牌注入资本的力量。"好莱坞"是全球电影工业的大本营，拥有世界顶级的娱乐产业人才和奢侈品牌消费文化，来自全球各地具有不同文化背景的导演、编剧、明星都会集此地，使之成为众多有价值IP的发源地。"硅谷"则是高科技的代名词，是美国高新技术的摇篮，聚集了世界科技领域的顶尖人才，为美国品牌的创新发展提供了强有力的技术支撑。"华尔街"是美国的金融中心，对美国乃至全球的经济发展具有重要的影响。品牌是资本市场连接实体经济的纽带，品牌金融是品牌价值支撑的金融工具，品牌价值最终体现为产品的定价权、供应链的议价权和资本市场的溢价权。"好莱坞""硅谷""华尔街"的强强联合为美国品牌发展奠定了坚实的基础，使美国当之无愧地成为全球品牌强国。

在全球品牌版图中，相较于美国品牌的强势地位，亚洲的日本和韩国品牌则在细分领域处于领先地位。日本品牌在汽车和电子产品领域保持领先。在 2018 年《Interbrand 全球最佳品牌 100 强》榜单中，日本的丰田居第七位，在汽车细分领域则排名第一。日本的本田和日产也榜上有名，斯巴鲁品牌在 2018 年新入榜。在电子产品领域，除了荷兰的飞利浦之外，均被日本品牌占领，上榜的品牌主要有佳能、索尼和松下。任天堂在 2018 年也重回榜单，排名第 99 位，上次入榜是在 2014 年。日本在细分领域品牌强大的原因在于其先进的管理水平和一流的高科技应用研究。日本的全面质量管理、精细的成本管理、精准的营销管理以及全球化的供应链管理，为日本品牌的全球化发展提供了有力的支撑。

韩国在消费科技领域表现突出，韩国的三星在榜单中排名第六。在汽车领域，韩国的现代和起亚品牌榜上有名。韩国强烈的国家意志、民族意识以及对科技创新和全球营销的极大投入，成为韩国品牌全球化发展的重要力量。

欧洲品牌发展保持稳定。在 2018 年《BrandZ 全球最具价值品牌百强》榜单中，欧洲共有 20 个品牌入围榜单。其中，德国有 8 个品牌入围，具体为思爱普、德国电信、宝马、奔驰、敦豪、西门子、奥乐奇和阿迪达斯；法国的路易威登、爱马仕、Orange 和欧莱雅 4 个品牌入围；英国的沃达丰、汇丰、壳牌和英国电信 4 个品牌上榜；西班牙的 Zara 和 Movistar 2 个品牌入选；意大利的古驰 1 个品牌上榜；瑞典的宜家 1 个品牌上榜。

欧洲的品牌发展具有地域特色。德国是工业化品牌的大国，法国和意大利以奢侈品牌著称，西班牙的服装品牌闻名遐迩。虽然欧洲目前的经济发展缓慢，但前期的积累使其品牌稳定发展。英国是最早进行工业化革命的国家，随后欧洲的其他国家也纷纷加入工业化革命的行列。工业革命极大地促

进了欧洲社会生产力的发展，其殖民地文化也在全球范围内留下了欧洲文化的印迹，为欧洲品牌的全球化发展奠定了基础。欧洲品牌发展也深受历史文化因素的影响，文艺复兴运动、思想启蒙运动对欧洲的资本主义发展影响深远，时至今日，欧洲品牌还在享受和释放文艺复兴、工业革命和全球化积累的品牌资产价值。

（二）国际品牌发展趋势

从上述品牌榜单中可以看出，数字品牌（Digital Brands）正在领跑全球。在2018年《BrandZ全球最具价值品牌百强》榜单中，谷歌、苹果、亚马逊、微软、腾讯、Facebook和阿里巴巴等有代表性的数字品牌位居前10。数字媒体的出现影响了人们的认知，反过来人们的认知也影响了其对媒体的选择。随着互联网的发展和移动终端的普及，人们接收信息和处理信息的方式发生了巨大的变化，传统的媒体传播面临挑战。数字媒体可以帮助企业精准地定位消费者的消费数据，使企业能够分析消费者的行为，了解消费者的意图，有助于企业更好地发现和理解目标客户的需求与偏好，从而对企业产品和服务加以持续的改善。数字媒体加强了品牌商和消费者的联系与互动，社交媒体扩大了消费者分享的路径，使品牌更容易传播和被感知，有助于企业品牌形象的塑造。当前社会逐步迈入信息化时代，互联网的发展和移动终端设备的普及使数字化品牌逐渐发展壮大。

值得一提的是，在近年来公布的全球三大榜单中，中国品牌在不同榜单中的数量差异显著（见表4、表5、表6）。入围2018年《Interbrand全球最佳品牌100强》榜单的中国品牌只有华为，联想自2015年到2017年连续三年入围榜单，2018年首次跌出榜单。而在2018年《Brand Finance全球品牌价值100强》和2018年《BrandZ全球最具价值品牌百强》榜单上，中国品牌上榜数量分别占21%和15%。研究发现，主要原因在于Interbrand对候选品牌的条件之一是上榜品牌至少有30%的收入必须来自本国以外的区域，这一条件使很多中国大品牌无缘该榜单。在2018年《BrandZ全球最具价值品牌百强》榜单上，由于Kantar Millward Brown关于全球品牌评价的价值尺度与 Interbrand 不同，中国的互联网企业腾讯和阿里巴巴入围前 10，京东的品牌价值年均增长 94%，发展迅速。在侧重品牌金融价值评估的 2018 年《Brand Finance 全球品牌价值 100 强》榜单中，金融领域中国品牌上榜数量有 6 个，占中国上榜品牌的 1/3。通过全球品牌榜可以看出，中国品牌在互联网领域和金融领域表现突出，在汽车、服饰、个人护理、奢侈品、餐饮、烟草、娱乐等领域无一品牌入选。由于全球消费文化的差异性，面对文化鸿沟，中国大众消费品牌的国际化还需要经历时间的历练。

表 4   2018 年《Interbrand 全球最佳品牌 100 强》中国品牌上榜情况

排名	品牌名称	所属行业	品牌价值（亿美元）	增长率（%）
68	华为	科技	75.78	14

表 5   2018 年《Brand Finance 全球品牌价值 100 强》中国品牌上榜情况

排名	品牌名称	所属行业	品牌价值（百万美元）	品牌等级
10	中国工商银行	银行	59189	AAA +
11	中国建设银行	银行	56789	AAA
12	阿里巴巴	科技	54921	AAA −
18	中国银行	银行	41750	AAA
19	国家电网	能源	40944	AA +
21	腾讯	科技	40774	AAA
25	华为	科技	38046	AAA −
26	中国农业银行	银行	37321	AAA
30	平安	保险	32609	AAA −
35	中国石油	石油与天然气	31177	AA +
44	中国建筑	工程与建筑	24981	AA
47	中国电信	通信	23979	AA +
48	中国石化	石油与天然气	23640	AA
49	微信	互联网	22415	AAA
56	茅台	食品与饮料	21243	AAA −
57	百度	互联网	21046	AAA
65	京东	互联网	19623	A
89	招商银行	银行	16673	AAA −
93	恒大	房地产	16229	AA +
99	上海浦东发展银行	银行	14772	AA
100	五粮液	食品与饮料	14635	AAA −

表6 2018年《BrandZ全球最具价值品牌百强》中国品牌上榜情况

排名	品牌名称	所属行业	品牌价值(亿美元)	年均增长率(%)
5	腾讯	科技	1789.90	65
9	阿里巴巴	零售	1134.01	92
21	中国移动	电信服务	463.49	-18
22	中国工商银行	区域性银行	458.53	45
34	茅台	烈酒	321.13	89
41	百度	科技	268.61	14
43	中国平安	保险	261.41	51
48	华为	科技	249.22	22
49	中国建设银行	区域性银行	237.47	27
59	京东	零售	209.33	94
69	中国农业银行	区域性银行	191.41	28
79	中国人寿	保险	164.29	18
84	中国银行	区域性银行	156.07	30
86	友邦保险	保险	151.31	29
90	顺丰	物流	145.37	—

有一个现象值得我们关注，自2001年Interbrand与《商业周刊》首次联合发布排行榜以来，在2013年之前全球品牌巨头可口可乐一直稳居第一，2013～2016年可口可乐下降至第三位，在2018年榜单中可口可乐下降至第五位，品牌价值下跌至663亿美元。自2015年开始，可口可乐的品牌价值一直在下跌（见图1）。

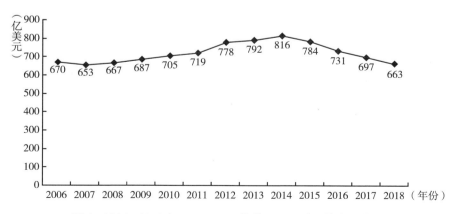

图1 2006～2018年Interbrand榜单可口可乐品牌价值变化

对于一个产品已经遍及全球每一个角落的品牌巨头来说，如何保持增长是一个巨大的挑战。2017 年 5 月，可口可乐公司取消设立 24 年的首席营销官（CMO）这一职务，被新设立的首席增长官（CGO）取代。CGO 被定义为对品牌承担终极责任的人，同时也将成为 CEO 接班人的最佳人选。CGO 不仅要管理营销工作，而且要对消费者、商业领导和战略负责。CGO 的出现主要是基于工业文明和全球化背景下传统品牌在新经济时代面临增长的瓶颈。按照德鲁克的管理理论，使命决定战略，战略决定组织的形式，组织的形式决定行动的结果。可口可乐公司这一重要职能的转变与其所处的社会和商业环境的变化息息相关。互联网生态圈将卖方市场变为买方市场，用户需求、用户认知和用户行为都在不断发生变化，用户不再是单向的信息受众，而是成为网络时代的产销一体者，用户有了更多的选择权和决策权。20 世纪主流的品牌运营模式面临严峻的挑战，如产品 – 营销模式、形象 – 公关模式和定位 – 广告模式等传统模式面对互联网黑洞传播效率日益低下，传统的广告模式已经无法适应现代社会的需要。因此，可口可乐公司开始以更高的视野，在更高的层次综合考虑用户各方面的需求，并选择更符合时代的品牌管理方式，即以价值增长为核心的全面品牌管理模式。

（三）国际品牌发展的特点

品牌是商业文明的集中体现。国家品牌发展呈现五大特征。

第一，国际品牌拥有比较丰富的品牌个性和价值层次。对企业来讲，首先，品牌是让消费者选择的理由；其次，品牌可以形成竞争区隔，使企业保持竞争优势，是延长企业生命周期的最好保障；最后，品牌最为重要的作用，还在于区分阶层和圈层，给消费者带来联想，传递来源地的文化。总之，品牌是搭载产品信息的重要载体，是文化输出的重要承载物，是文化传递的重要媒介。消费品牌，在某种程度上就是在享受一种与众不同的文化。在全球品牌版图上，每个品牌经济发达的国家都拥有鲜明的国家品牌形象烙印和一个能够为它代言的品牌集群。这些国际品牌中的佼佼者，不仅拥有鲜明的品牌个性，而且传递着独特的品牌信仰，成为代言消费圈层的精神标

识，最终还会发展为国家文化符号。强势国际品牌不仅带动了全球行业的发展，而且成为一国经济向外扩张的重要力量。

第二，国际品牌高度重视知识产权体系的管理和运维能力。许多国际一线品牌占据价值链顶端，对产业链和产业集群具有强拉动效应。我们耳熟能详的那些国际品牌如微软、苹果、迪士尼、耐克等，它们的创新不仅集中在芯片和通信技术上，而且服装、鞋子等日用品也是高精尖技术集中的领域。以耐克鞋为例，2018 年 6 月耐克在美国马萨诸塞州地区法院起诉 Puma 专利侵权一案，让我们对耐克这个品牌的专利保护有了一个全新的认识。该项专利侵权案中耐克声称 Puma 侵犯其在运动鞋面和鞋底的 7 件专利，分别涉及 Flyknit、Air Sole、Cleat Assembly 技术。其中，Flyknit 是一种鞋面编织技术，采用高强度的纤维和高精度的工艺，将鞋面编织成透气、耐用、密度不一的袜状结构。耐克声称在 Flyknit 技术上拥有 300 多件专利。Air Sole 是耐克 1987 年开始引进的技术，鞋底像内置了一个装满液体或气体的柔性袋子，耐克声称在这方面的专利超过 800 件。Cleat Assembly 是一种鞋底加固结构，采用剪刀差的肋条形式支撑鞋底。鞋面和鞋底的专利技术是耐克的核心竞争力，耐克在运动鞋上的专利家族超过 7000 件，在全球的专利申请多达 13000 多件。从耐克鞋面和鞋底的专利可以看出，这些看似简单的结构涉及力学、材料科学、编织工艺等基础研究和工程技术。目前在全球，鞋类领域的专利家族超过 20 万个，这些日用品品牌以技术创新领先的声誉一旦形成，就会牢牢占据消费者的心智。

第三，国际品牌注重品牌生态系统的培育和建设。从美、日、韩等国的实践来看，企业品牌的发展与壮大，与政府的引导和扶持密切相关。政府对培育国家品牌战略实施的良好生态起着重要的引导作用。如高科技企业聚集的硅谷、高档时装集中的意大利米兰、汽车产业聚集的底特律、座椅产业聚集的意大利费留利等，政府对这些产业相对聚集的区域通过科学的品牌战略规划，如采取统一的区域品牌命名，形成了具有国际品牌形象的区域品牌影响力，从而极大地推动了产业集群的发展。

区域品牌的发展还有赖于龙头企业的带动。根据品牌发展的一般规律，一个行业如果有引领级的品牌出现，这个行业及其关联产业将形成数倍乃至数十倍的增长，从而激活经济、带动消费。例如，智能手机的问世，在创造巨大经济价值的同时，也改变了人类的生活方式。苹果品牌在 10 多年的时间里，市值实现了从百亿美元到万亿美元的增长奇迹，带动了全球数百家关联企业的增长。又如，韩国仅三星、现代两大品牌创造的经济效益就占到韩国 GDP 的 1/3 以上。品牌对一国经济的意义显而易见，其重要性亦将越来越大。

第四，国际品牌注重增长的利润、可持续和稳定性。任何事物的发展都有其内在规律。不计代价地野蛮生长，在博得短暂风光的同时，带来的是无穷的弊病，这一点已被历史反复证实。西方发达国家的品牌之路已经完成了野蛮生长期的探索，开始注重"理性"与"可持续增长"。其中，"厚利多销"便是国际品牌保持利润增长的一大竞争力。企业把握供求的基本态势，确定市场可销价格，然后再开发产品，确定目标利润，推出成本上限，并在控制成本的基础上，制定相对较高的价格，提高企业的总体利润水平。苹果手机采用的便是典型的"厚利多销"模式，一部 iPhone 手机卖五六千元，而成本只有几百元，一年卖上千万台，其利润可想而知。为了更好地实现品牌的可持续、稳定性增长，许多国际品牌通过设立"首席增长官"的方式追求经济下行期的发展。相关统计显示，比例高达 86% 的快消品行业公司从 2014 年起任命首席增长官。高露洁、亿滋国际、亨氏食品、家乐氏以及美国糖果巨头好时等快消品巨头内部都聘请了首席增长官，以加速品牌增长。可口可乐公司从 2017 年 3 月开始设立"首席增长官"，将原来的广告营销、商业客户和策略三大板块合并，开启了以消费者为导向、推动利润增长的组织变革。

第五，国际品牌发展也随着经济全球化趋势呈现多极共生的局面。品牌经济的发展不是一个孤立的经济现象，而是伴随世界政治经济格局的演变而在发生微妙的变化。当前世界秩序正处于重构阶段，国际主流价值观缺失，旧规范约束力弱化，大国盛行贸易保护主义，全球治理维护者缺位，以及经济下行的压力，导致国际品牌在全球范围内构筑品牌生态圈的战略面临一系

列挑战。在这样的国际局势下,国际品牌在全球范围内的影响力也势必进入新一轮的秩序调整,新旧国际品牌势力的此消彼长将成为常态,国际品牌秩序的发展也将形成多板块、多国别、多种品牌生态、多极互补共生的新局面。

二 中国自主品牌发展现状评价

自主品牌(Self-owned Brand)是指由开发主体自主开发,拥有自主知识产权的品牌。自主品牌不仅可以从企业层面包括管理、创新、组织、文化等方面着手建设,而且可以通过产业集群参与国际分工构筑的集群品牌或区域品牌进行建设。我们发现,中国自主品牌建设正在从单纯的产品质量阶段、广告营销阶段、技术和模式创新阶段向品牌个性阶段、体系质量阶段、品牌生态培育阶段、国家整体品牌形象塑造阶段转型升级。中国自主品牌经过改革开放 40 年的积累和由粗放向精细的发展,在新旧动能转换中发挥着引领作用,中国自主品牌建设迎来了真正的以世界眼光、国际标准、中国特色塑造品牌的科学发展新阶段。

本部分将根据国家品牌发展政策以及 2018 年国内发布的中国自主品牌榜单,从经济结构、市场表现、国际化三个方面,对中国自主品牌发展现状进行分析评价。

(一)中国自主品牌经济结构分析

随着我国品牌政策的不断出台和对自主品牌建设的高度重视,中国自主品牌建设取得了一定的成就。2018 年 5 月 10 日,中国品牌建设促进会发布了首届中国品牌百强榜和重点行业价值前 50 排行榜。此次品牌价值评价围绕我国具有产业优势、占国民经济生产总值比重较高、品牌建设基础较好、品牌评价条件成熟的相关行业,遵循自愿申报与主动评价相结合的原则,入选品牌涵盖企业品牌、产品品牌、自主创新品牌、中华老字号品牌和区域品牌等。此次品牌价值评价主要综合了财务分析、市场分析和品牌强度分析的结果,《2018 中国品牌价值百强榜》见表7。

表7 《2018中国品牌价值百强榜》

排名	品牌名称	品牌价值（亿元）	所属行业	企业性质
1	腾讯	3084.03	互联网	其他
2	阿里巴巴	3066.41	互联网	其他
3	中国工商银行	2886.67	金融业	国企
4	中国建设银行	2636.99	金融业	国企
5	中国石化	2462.88	能源化工	国企
6	中国石油	2075.02	能源化工	国企
7	中国移动	2013.76	通信服务	国企
8	茅台	1876.48	酒类	国企
9	中国平安	1776.71	金融业	民营
10	中国农业银行	1421.11	金融业	国企
11	中国银行	1316.71	金融业	国企
12	华为	1177.96	电子信息	民营
13	中国中车	1125.83	机械制造	国企
14	五粮液	1079.83	酒类	国企
15	京东	1001.26	互联网	民营
16	中国人寿	972.59	金融业	国企
17	百度	950.95	互联网	民营
18	中信集团	917.84	综合	国企
19	中国建筑	875.32	建筑建材	国企
20	招商	868.37	综合	国企
21	网易	781.50	互联网	民营
22	恒大	779.51	综合	民营
23	交通银行	761.55	金融业	国企
24	兴业银行	717.14	金融业	国企
25	光大	688.25	金融业	国企
26	格力	687.53	家电	国企
27	中国人民保险	671.67	金融业	国企
28	洋河	630.55	酒类	国企
29	海康威视	580.76	电子信息	国企
30	浦发银行	576.80	金融业	国企
31	中海地产	558.94	房地产	国企
32	太平洋保险	551.91	金融业	国企
33	联想	526.89	电子信息	民营
34	上汽集团	524.57	汽车	国企

排名	品牌名称	品牌价值（亿元）	所属行业	企业性质
35	中国民生银行	478.14	金融业	民营
36	海尔	456.57	家电	其他
37	娃哈哈	450.73	食品与饮料	民营
38	美的	445.04	家电	民营
39	中国交通建设	429.64	综合	国企
40	万科	424.86	房地产	国企
41	青岛啤酒	423.85	酒类	国企
42	海信	417.48	电子信息	国企
43	泸州老窖	365.60	酒类	国企
44	长城汽车	360.47	汽车	民营
45	长安汽车	358.35	汽车	国企
46	携程	258.23	互联网	民营
47	新东方	348.67	教育	民营
48	中国邮政	324.69	综合	国企
49	云南白药	315.23	医药健康	国企
50	华润置地	284.63	房地产	国企
51	中国太平	274.98	金融业	国企
52	老凤祥	274.21	珠宝首饰	国企
53	碧桂园	273.70	房地产	民营
54	伊利	269.36	食品与饮料	民营
55	安踏	262.30	服装	民营
56	潍柴	258.20	机械制造	国企
57	吉利汽车	248.33	汽车	民营
58	张裕	237.51	酒类	民营
59	海天	212.94	食品与饮料	国企
60	东阿阿胶	198.32	食品与饮料	国企
61	分众传媒	197.23	广告传媒	其他
62	上港集团	195.99	交通运输	国企
63	龙湖地产	195.41	房地产	民营
64	华夏银行	188.51	金融业	国企
65	新希望	183.18	农副食品加工业	民营
66	红星美凯龙	173.98	家居	民营
67	东方明珠	171.77	广告传媒	国企

排名	品牌名称	品牌价值（亿元）	所属行业	企业性质
68	中国航天科工	169.96	航天制造	国企
69	国泰君安证券	167.85	金融业	国企
70	周大福	166.93	珠宝首饰	民营
71	中兴	164.90	电子信息	国企
72	同仁堂	163.72	医药健康	国企
73	北京汽车	156.62	汽车	国企
74	广汽集团	154.09	汽车	国企
75	蒙牛	147.71	食品与饮料	民营
76	新华保险	136.08	金融业	民营
77	广发证券	132.89	金融业	国企
78	双汇	132.01	农副食品加工业	其他
79	北京银行	130.36	金融业	其他
80	宇通客车	123.18	汽车	民营
81	国信证券	123.09	金融业	国企
82	上海银行	119.40	金融业	其他
83	华夏幸福	116.51	房地产	民营
84	宁波银行	115.83	金融业	其他
85	温氏	107.77	畜牧业	民营
86	中国南方航空	107.71	航空运输	国企
87	顺丰速运	106.26	快递	民营
88	比亚迪	103.55	汽车	民营
89	江苏银行	102.35	金融业	其他
90	申万宏源证券	98.21	金融业	国企
91	正泰	96.70	电气设备	民营
92	浙江能源	95.56	能源化工	国企
93	浙商银行	91.56	金融业	民营
94	上海医药	90.96	医药健康	国企
95	中国东方航空	88.11	航空运输	国企
96	中国银河证券	85.55	金融业	国企
97	保利地产	81.07	房地产	国企
98	富力地产	79.20	房地产	民营
99	心相印	78.10	纸业	民营
100	雅居乐	75.07	房地产	民营

根据《2018 中国品牌价值百强榜》，对中国自主品牌经济结构分析如下。

从上榜品牌行业来看，金融业上榜品牌数量最多，共有 26 个；其次是通信与电子科技行业，共 10 个品牌；房地产行业和汽车行业紧随其后，分别有 9 个和 8 个品牌。上述四类品牌行业集中度较高，共有 53 个品牌。

从平均品牌价值看，中国石化、中国石油和浙江能源 3 个品牌的品牌价值之和高达 4633.46 亿元，平均品牌价值为 1544.49 亿元，成为平均品牌价值最高的行业；其次为互联网行业，共有 6 个品牌上榜，品牌价值之和为 9142.38 亿元，平均品牌价值为 1523.73 亿元；酒类、金融业、通信与电子科技 3 个行业的平均品牌价值分别为 768.97 亿元、662.42 亿元、656.76 亿元，也超过百强榜的品牌价值平均值。

从品牌价值总量占比情况来看，百强榜中总的品牌价值为 56491.25 亿元。其中，金融业总的品牌价值最高，为 17222.90 亿元，占比为 30.49%；其次为互联网行业，占比为 16.18%；通信与电子科技的占比为 11.63%。以上数据充分说明我国服务业发展水平较高，机械制造业仍然有很大的发展空间。

从品牌所属企业的性质来看，国企品牌数量占总品牌数量的 50% 以上，并且有 7 个品牌位居前 10；民营企业品牌数量占总品牌数量 30% 以上，但只有 1 个品牌位居前 10。华为、京东、百度、网易和联想 5 家民营企业分别排在第 12、第 15、第 17、第 21 和第 33 位，其他为外资企业或者中外合营企业。排名前两位的腾讯和阿里巴巴的股权均被外资企业控制，注册地均不在中国。

在国企品牌中，金融业品牌数量最多，有 18 个，汽车行业品牌有 4 个，上榜的 3 个能源化工行业品牌均属于国企，没有一个互联网行业品牌属于国企；在民营企业品牌中，互联网行业品牌有 4 个。

从上述分析可以看出我国目前的品牌经济结构如下。①第三产业品牌发展较好，第一产业和第二产业品牌发展较薄弱。②国企品牌整体发展较好，占据半壁江山，尤其在传统行业和金融行业表现良好。民营企业品牌在新兴行业尤其是互联网行业表现突出。近年来，我国的经济结构不断优化，但是仍然存在不合理之处。我国的产业结构还需要调整，供需矛盾仍然突出，需要通过品牌引领加大供给侧和需求侧结构性改革的力度。

2018年7月19日，在美国《财富》杂志发布的世界500强排行榜中，中国公司上榜数量增至120家，远超排名第三位的日本（52家），接近排名第一位的美国（126家）。但是根据中国品牌在全球品牌榜单中的表现，可以看出中国企业的"硬实力"与世界一流企业的品牌"软实力"相比还有很大差距。

从全球经济结构来看，品牌经济是一种服务经济，是市场经济发展的高级形态。随着经济全球化的发展，各个国家之间的竞争越来越表现为品牌之间的竞争。发达国家已经进入品牌经济阶段，而我国的品牌经济正处于转型升级中。品牌经济的发展有利于调整我国当前的经济结构，有利于提高我国的核心竞争力，有利于进入全球一流品牌的行业。因此，我国要优化国有企业品牌结构，重视制造业品牌的发展。同时，更好地发挥民营企业品牌在新经济发展中的积极作用，持续优化品牌经济发展的生态环境，为我国的市场经济发展注入活力。

2018年，Interbrand 和 Brand Finance 也分别发布了《Interbrand 2018 中国最佳品牌排行榜》和《Brand Finance 2018 年度中国最有价值品牌 300 强》（见图8、图9），从排序中可以看出中国自主品牌发展的格局。

表8　《Interbrand 2018 中国最佳品牌排行榜》（节选自 TOP 50 榜单）

排名	品牌名称	所属行业	品牌价值（百万元）	品牌价值变化（%）
1	腾讯	科技	284096	32
2	阿里巴巴集团	科技	216873	27
3	中国建设银行	金融服务	142134	5
4	中国移动	通信	127718	3
5	中国工商银行	金融服务	127281	3
6	中国平安	金融服务	115445	20
7	中国银行	金融服务	95468	5
8	中国人寿	金融服务	81589	8
9	中国农业银行	金融服务	72209	7
10	招商银行	金融服务	49871	8

续表

排名	品牌名称	所属行业	品牌价值(百万元)	品牌价值变化(%)
11	百度	科技	48493	13
12	华为	科技	42456	13
13	茅台	酒	38494	21
14	太平洋保险	金融服务	28552	11
15	联想	科技	25424	-2
16	交通银行	金融服务	23642	-3
17	浦发银行	金融服务	18733	1
18	中国民生银行	金融服务	14465	-5
19	兴业银行	金融服务	14429	2
20	五粮液	酒	12921	14
21	中国人民财产保险	金融服务	12774	-2
22	京东	零售	12015	7
23	青岛啤酒	酒	11235	-4
24	中信银行	金融服务	11022	-2
25	安踏	运动服装	10588	14
26	周大福	零售	10078	2
27	海尔	电器	9510	13
28	云南白药	医药	7838	-1
29	新东方	教育	7711	11
30	网易	科技	7626	15
31	格力	电器	7234	11
32	洋河	酒	6930	2
33	美的	电器	6441	21
34	泸州老窖	酒	6417	6
35	中信证券	金融服务	5130	5
36	百年张裕	酒	4768	-10
37	中国太平	金融服务	4596	9
38	携程	科技	4521	16
39	伊利	快消	4216	7
40	东风汽车	汽车	3904	-10
41	光大银行	金融服务	3757	1
42	海天	快消	3562	8
43	上汽	汽车	3390	18
44	蒙牛	快消	3325	7

续表

排名	品牌名称	所属行业	品牌价值（百万元）	品牌价值变化（%）
45	东阿阿胶	医药	2954	−1
46	长城汽车	汽车	2932	−10
47	广汽	汽车	2869	新
48	中兴	科技	2836	6
49	三九医药	医药	2813	6
50	同仁堂	医药	2651	−7

表9　《Brand Finance 2018 年度中国最有价值品牌 300 强》（节选自 TOP 50 榜单）

排名	品牌名称	所属行业	排名	品牌名称	所属行业
1	中国工商银行	银行	26	中国铁建	工程建筑
2	中国建设银行	银行	27	兴业银行	银行
3	阿里巴巴	科技	28	碧桂园	房地产
4	中国移动	通信	29	中国联通	通信
5	中国银行	银行	30	友邦保险	保险
6	国家电网	公用事业	31	中信银行	银行
7	腾讯	科技	32	中国中铁	工程建筑
8	华为	科技	33	太平洋保险	保险
9	中国农业银行	银行	34	中国民生银行	银行
10	中国平安	保险	35	大连万达商业地产	房地产
11	中国石油	石油燃气	36	台积电	科技
12	中国建筑	工程建筑	37	洋河	烈酒
13	中国电信	通信	38	中国人民保险	保险
14	中国石化	石油燃气	39	万科	房地产
15	微信	科技	40	美的	科技
16	茅台	烈酒	41	哈弗汽车	汽车
17	百度	科技	42	中国中车	工程建筑
18	京东	科技	43	中国光大银行	银行
19	中国招商银行	银行	44	伊利	食品
20	恒大集团	房地产	45	吉利汽车	汽车
21	上海浦东发展银行	银行	46	中冶集团	工程建筑
22	五粮液	烈酒	47	中华电信	通信
23	中国人寿	保险	48	保利地产	房地产
24	交通银行	银行	49	中国海洋石油	石油燃气
25	网易	科技	50	周大福	服饰

在这两大榜单上，中国金融业和互联网两大行业品牌上榜数量较多，表现突出。值得关注的是，Brand Finance 在 2018 年首次将"中国最有价值品牌 300 强"按照地域进行分类。北京汇聚了一大批优秀的国有企业和其他大型企业，共有 75 个品牌入围中国品牌 300 强榜单，远远领先于其他地区；台湾和香港地区入围品牌数量分别居第 2 位和第 4 位，品牌建设发展程度较高。一个地区的品牌价值与其经济发展水平呈正相关关系，也与其所处的产业集群相关。品牌企业所属行业往往具有区域特色，如广东省汇聚了腾讯、华为、中兴等高科技型企业，香港地区和上海的服务业品牌则较为发达，内蒙古所有入围的品牌都属于乳制品行业，这在一定程度上也是品牌产业集群的具体体现。

两大国际咨询机构公布的品牌榜入围品牌与中国品牌建设促进会公布的中国品牌价值百强榜入围品牌总体上差别不大，中国品牌建设促进会发布的中国品牌价值百强榜的前十大品牌在《Interbrand 2018 中国最佳品牌排行榜》和《Brand Finance 2018 年度中国最有价值品牌 300 强》两大榜单上的排名也相对比较靠前。由此可见，在对中国知名自主品牌的价值判断上，中国评价机构与国际品牌评价机构在某种程度上具有共识。

（二）中国自主品牌市场表现分析

对我国自主品牌市场表现的分析主要是基于消费者视角进行的。中企品研（北京）品牌顾问股份有限公司（简称 Chnbrand）发布的中国品牌力指数（China Brand Power Index，C – BPI）能够客观地衡量中国自主品牌的市场表现。C – BPI 主要测定消费者购买行为的影响因素，通过调查消费者对其拥有或者使用过的产品或服务的反馈意见进行研究分析，帮助消费者做出理智的消费选择，为企业确定品牌发展方向和目标群体提供全面、深入、有价值的信息。

2018 年 4 月 10 日，Chnbrand 发布了第八届中国品牌力指数 SM（C – BPI®）品牌排名和分析报告。2018 年 C – BPI 总样本为 2666430 个，调查覆盖 159 个细分行业（其中快消品行业 69 个，耐用消费品行业 38 个，服务业行业 52 个），涉及被评价主流品牌 7800 余个。调研范围覆盖一线城市 4 个、二线城市 19 个、三线城市 17 个，共计 40 个主要城市。从地理分布来看，主要是华北地区 5 个、东北地区 4 个、华中地区 5 个、华南地区 5 个、华东地区 11 个、西北地区 5 个、西南地区 5 个。所调查的国际品牌占比为 30.2%，本土品牌占比为 69.8%。2018 年中国品牌力指数支撑中国自主品牌市场表现情况见表 10。

表 10   2018 年中国品牌力指数支撑中国自主品牌市场表现情况

品类		2018 年 C - BPI 第一品牌		
		品牌（得分）	连续年数	品牌发源地
食品	口香糖	益达（636.5）	2 年	美国
	巧克力	德芙（666.8）	8 年	美国
	润喉糖	荷氏（668.8）	1 年	英国
	膨化食品	乐事（612.8）	8 年	美国
	饼干/威化	奥利奥（601.1）	8 年	美国
	方便面	康师傅（704.0）	8 年	中国台湾
	派	好丽友（673.8）	3 年	韩国
	火腿肠	双汇（687.7）	7 年	中国河南
	速冻食品	思念（588.2）	2 年	中国河南
	冰激凌/雪糕	蒙牛（512.7）	1 年	中国内蒙古
	食用油	金龙鱼（634.2）	8 年	新加坡
	婴幼儿奶粉	贝因美（479.3）	3 年	中国浙江
	坚果/干果	三只松鼠（610.5）	1 年	中国安徽
	酱油	海天（628.3）	8 年	中国广东
	食醋	海天（570.4）	7 年	中国广东
	酱料	李锦记（596.9）	2 年	中国广东
饮品	瓶装水	农夫山泉（562.8）	1 年	中国浙江
	100% 纯果汁	汇源（685.7）	8 年	中国北京
	果汁/果味饮料/蔬菜汁	美汁源（631.8）	8 年	美国
	功能饮料	脉动（634.1）	4 年	中国广东
	茶饮料	康师傅（684.2）	8 年	中国台湾
	速溶咖啡	雀巢（707.7）	8 年	瑞士
	凉茶	王老吉（608.4）	2 年	中国广东
	乳酸菌饮料	优益 C（582.8）	2 年	中国内蒙古
	液态奶	伊利（587.2）	2 年	中国内蒙古
	酸奶	蒙牛（523.6）	8 年	中国内蒙古

续表

品类		2018 年 C－BPI 第一品牌		
		品牌（得分）	连续年数	品牌发源地
饮品	啤酒	雪花（539.5）	5 年	中国辽宁
	国产葡萄酒	张裕（562.4）	1 年	中国山东
	高档白酒	茅台（589.0）	4 年	中国贵州
	主流白酒	泸州老窖（393.0）	2 年	中国四川
生活用品	碗碟洗洁精	立白（533.0）	1 年	中国广东
	消毒液	滴露（595.1）	3 年	英国
	电动剃须刀	飞利浦（646.9）	8 年	荷兰
	牙膏	高露洁（550.3）	8 年	美国
	香皂	舒肤佳（694.2）	8 年	美国
	洗手液	蓝月亮（635.5）	8 年	中国广东
	洗面奶	玉兰油（474.4）	8 年	美国
	婴儿/儿童洗浴/润肤品	强生（607.2）	8 年	美国
	沐浴露	舒肤佳（601.9）	6 年	美国
	洗发水	海飞丝（576.0）	8 年	美国
	洗衣粉	汰渍（564.0）	6 年	美国
	洗衣液	蓝月亮（636.7）	8 年	中国广东
	衣物柔顺剂	金纺（690.5）	8 年	英国
	纸巾/卷纸	心相印（517.1）	1 年	中国香港
	婴幼儿纸尿裤/纸尿片	帮宝适（541.8）	2 年	美国
	卫生巾/卫生护垫	护舒宝（490.7）	1 年	美国
	护发素/润发露	潘婷（543.8）	1 年	美国
	男士护肤品	欧莱雅（537.5）	4 年	法国
	女士护肤品	玉兰油（473.7）	4 年	美国
时尚用品	女鞋	达芙妮（545.4）	8 年	中国香港
	男士皮鞋	金利来（475.1）	2 年	中国香港
	运动鞋	耐克（572.5）	2 年	美国
	男士正装	雅戈尔（492.8）	8 年	中国浙江
	休闲裤/牛仔裤	真维斯（504.4）	1 年	中国香港
	运动服装	耐克（514.1）	1 年	美国
	童装/婴幼儿服装	好孩子（506.1）	2 年	中国江苏
	男士商务休闲装	七匹狼（519.7）	5 年	中国福建
	快时尚服装	优衣库（488.5）	1 年	日本
	手表	天王（515.1）	1 年	中国广东

品类		2018 年 C - BPI 第一品牌		
		品牌（得分）	连续年数	品牌发源地
药品/保健品	感冒药	三九感冒灵（532.7）	4 年	中国广东
	保健型眼药水	闪亮（545.8）	2 年	中国江西
	创可贴	云南白药（595.6）	1 年	中国云南
	阿胶	同仁堂（544.7）	1 年	中国北京
其他消费品	机油/润滑油	长城（507.0）	8 年	中国北京
	保鲜盒	乐扣乐扣（657.0）	7 年	韩国
	不锈钢保温杯/瓶/壶	乐扣乐扣（539.8）	6 年	韩国
	高档香烟	中华（550.2）	4 年	中国上海
	主流香烟	红塔山（346.4）	4 年	中国云南
	户外装备	探路者（579.5）	3 年	中国北京
家电产品	彩电	三星（493.2）	8 年	韩国
	洗衣机	海尔（567.1）	1 年	中国山东
	电冰箱	海尔（554.7）	1 年	中国山东
	空调	格力（617.3）	8 年	中国广东
	电热水器	海尔（541.5）	8 年	中国山东
	抽油烟机	方太（524.7）	2 年	中国浙江
	吸尘器	飞利浦（581.0）	8 年	荷兰
	微波炉	格兰仕（622.4）	8 年	中国广东
	电饭煲	美的（616.7）	8 年	中国广东
	电磁炉	美的（625.7）	7 年	中国广东
	豆浆机	九阳（702.4）	8 年	中国山东
	榨汁机	九阳（612.6）	1 年	中国山东
	空气净化器	飞利浦（534.6）	2 年	荷兰
	净水器	美的（495.9）	3 年	中国广东
	电烤箱	美的（547.5）	3 年	中国广东
	数码照相机	佳能（609.5）	8 年	日本
	体感游戏机	小霸王（492.7）	3 年	中国广东
信息通信	手机	苹果（582.3）	5 年	美国
	笔记本电脑	联想（581.9）	8 年	中国北京
	学习类辅助工具	步步高（629.2）	6 年	中国广东
汽车/电动车	电动自行车	爱玛（577.0）	7 年	中国天津
	汽车轮胎	米其林（618.3）	8 年	法国
	主流车	一汽大众（349.1）	1 年	德国
	豪华车	奔驰（522.2）	2 年	德国
	新能源汽车	比亚迪（477.3）	1 年	中国广东

续表

品类		2018 年 C - BPI 第一品牌		
		品牌（得分）	连续年数	品牌发源地
家居用品	强化地板	圣象（544.0）	3 年	中国上海
	实木地板	大自然（532.0）	1 年	中国广东
	墙面漆	立邦（627.1）	2 年	美国
	木器漆（油漆）	立邦（570.8）	6 年	美国
	瓷砖	马可波罗（545.8）	2 年	中国广东
	床垫	喜临门（487.3）	3 年	中国浙江
	龙头/花洒	科勒（495.2）	3 年	美国
	淋浴房	箭牌（493.3）	3 年	中国广东
	太阳能热水器	太阳雨（485.1）	1 年	中国江苏
	整体厨房	欧派（523.9）	2 年	中国广东
	燃气灶	方太（561.9）	4 年	中国浙江
	坐便器	科勒（478.3）	2 年	美国
	面盆	九牧（542.2）	1 年	中国福建
批发零售业	蛋糕甜点连锁店	好利来（496.8）	8 年	中国北京
	眼镜销售连锁店	宝岛眼镜（561.0）	1 年	中国台湾
	中式快餐连锁	永和大王（487.4）	1 年	中国上海
	中式连锁餐饮	海底捞（484.6）	1 年	中国四川
	珠宝零售/连锁店	周大福（589.8）	7 年	中国香港
	茶叶连锁店	天福茗茶（575.5）	7 年	中国台湾
	咖啡连锁店	星巴克（637.9）	5 年	美国
	西式快餐连锁	肯德基（669.9）	7 年	美国
	汽车租赁连锁	神州租车（580.7）	6 年	中国北京
	酒业连锁店	华致酒行（570.6）	1 年	中国湖南
	美容美发连锁店	永琪（443.5）	1 年	中国上海
	孕婴童连锁店	乐友（457.9）	2 年	中国北京
	西式连锁餐饮	王品牛排（454.5）	1 年	中国台湾
	连锁药店	同仁堂（506.8）	3 年	中国北京
	汽车美容维修/快修连锁店	捷驶星（423.4）	2 年	意大利
	大型超市	沃尔玛（553.4）	3 年	美国
	电器城	苏宁易购（597.2）	1 年	中国江苏
	连锁便利店	7 - eleven（405.9）	1 年	美国
	大型家居卖场	红星美凯龙（524.9）	3 年	中国上海
	连锁百货商场	百盛百货（438.2）	2 年	马来西亚
	加油站	中国石油（684.3）	2 年	中国北京

续表

品类		2018 年 C－BPI 第一品牌		
		品牌（得分）	连续年数	品牌发源地
金融服务	财产险	中国平安（591.0）	8 年	中国广东
	人寿险	中国人寿（619.0）	2 年	中国北京
	汽车保险	中国平安（652.4）	8 年	中国广东
	信用卡	招商银行（523.0）	4 年	中国广东
	银行服务	中国工商银行（566.2）	8 年	中国北京
	第三方支付平台	支付宝（738.8）	4 年	中国浙江
网络服务	综合性购物网站	淘宝（691.2）	8 年	中国浙江
	互联网门户网站	新浪（632.5）	8 年	中国北京
	招聘门户网站	前程无忧（716.4）	1 年	中国上海
	婚恋网站	珍爱网（528.8）	3 年	中国广东
	视频服务网站/App	腾讯视频（516.0）	1 年	中国广东
	大型网络游戏运营商	腾讯游戏（742.1）	6 年	中国广东
	团购网站	美团（623.6）	4 年	中国北京
	搜索引擎	百度（792.5）	6 年	中国北京
	在线旅游服务	携程网（661.7）	6 年	中国上海
	特卖网站	唯品会（654.0）	3 年	中国广东
	汽车互联网平台	汽车之家（681.5）	2 年	中国北京
	二手车直卖网/交易网	瓜子二手车直卖网（478.9）	2 年	中国北京
	外卖平台	饿了么（606.8）	1 年	中国上海
一般服务	快捷酒店	7 天（521.2）	1 年	中国广东
	旅行社	中国旅行社总社（473.7）	1 年	中国北京
	连锁电影院	万达影城（647.9）	7 年	中国北京
	健身会所	浩沙（388.0）	7 年	中国香港
	培训服务	新东方（564.0）	7 年	中国北京
	高端连锁酒店	喜来登（466.1）	4 年	美国
	快递服务	顺丰速运（633.4）	4 年	中国广东
	航空服务	南方航空（558.1）	8 年	中国广东
	房产中介服务	我爱我家（456.9）	1 年	中国北京
	通信服务	中国移动（748.1）	6 年	中国北京
	专车服务	滴滴专车（700.4）	3 年	中国北京
	共享单车	ofo 小黄车（709.1）	1 年	中国北京

  由表 10 的 2018 年 C－BPI 第一品牌的分布情况可以看出中国自主品牌的市场表现。"稳中有升"是第一品牌阵营内中国自主品牌数量和行业分布

态势的主基调。在 2018 年 C－BPI 涉及的 159 个细分行业排名第一的品牌中，中国自主品牌占 70%，比 2017 年上升 3 个百分点，达到了自 2011 年以来的最高水平。

从行业分布来看，中国自主品牌继续保持在服务业中的优势地位，占据了 87% 的第一品牌席位。

在互联网行业，支付宝、淘宝、新浪、前程无忧、珍爱网、腾讯视频、腾讯游戏、美团、百度、携程网、唯品会、滴滴专车、ofo 小黄车、饿了么、汽车之家、瓜子二手车直卖网均排在其所在细分领域的第一席位，服务领域还将更加细化。

在家电、家居和信息通信等中国品牌的传统优势领域，中国品牌占据 60% 以上的第一品牌席位。在信息通信行业手机品牌细分领域的前十大品牌榜单中，中国自主品牌占据 6 席，分别是华为、OPPO、vivo、小米、联想和金立。

在汽车行业的主流车细分领域，比亚迪、宝骏、长安汽车等 11 个中国自主品牌荣登榜位，比 2017 年增加了 3 个，并且品牌力得分普遍提升；在新能源汽车细分领域，中国品牌在排名前 10 的品牌榜单中占据 8 席，并且比亚迪超越美国的特斯拉排在首位，这主要得益于在互联网时代和电动化趋势下我国对"新能源"汽车领域先机的把握和重视。

中国品牌在快消行业的表现一直欠佳。在药品/保健品领域的创可贴品牌和批发零售业的连锁药店品牌中，云南白药和同仁堂分别排名第一，二者均为 2018 年新增。

综合以上分析来看，中国自主品牌在消费者市场中的话语权逐渐增强，在服务业尤其是金融业和互联网行业中表现良好，但在食品、生活用品等快消领域，欧美品牌依然占据主导地位。

中国消费品牌历经百年发展，不同历史时期先后涌现了老字号品牌、早期知名品牌、代工企业转型品牌、互联网品牌以及文创、科创和新兴品牌。继"供给侧结构性改革"提出后，不同类型品牌均面临转型升级，中国消费品牌迎来发展新契机。2018 年 5 月 8 日，阿里研究院发布了《中国消费品牌发展报告》，运用大数据对我国消费品牌的发展状况进行了深入分析。数据显示，在阿里巴巴零售平台上，2017 年中国品牌市场占有率超过 71%。线上高端市场中国品牌表现突出，市场占有率较上年提升 3.6 个百分点，销售额三年的年均复合增长率达 51.3%。

从品牌市场占有率来看，2017 年线上消费市场中，中国自主品牌市场占有率在 71% 以上。中国自主品牌市场占有率在 80% 及以上的主要有家具、建筑装潢、家居日用和大家电 4 个品类；市场占有率为 60%~80% 的主要有食品、服装、汽车及配件、小家电、母婴及儿童用品、箱包配饰、医药保健、手机、文化娱乐 9 个品类；市场占有率不足 60% 的有运动户外、3C 数码、美妆个护 3 个品类，中国自主品牌在美妆个护品类中的市场占有率只有 42%。以 2014 年为基准，2017 年线上中国品牌市场占有率增长排名前 5 的分别是：智能设备增长 32 个百分点，手机配件增长 19 个百分点，电脑整机增长 18 个百分点，手机增长 17 个百分点，乳制品增长 16 个百分点。

从消费主体来看，85 后主流消费群体贡献了最大的份额。85 后消费群体在手机、3C 数码和大家电等品类的购买力最强，表现出其对中国自主品牌较强的偏好。

从消费市场来看，手机、建筑装潢、大家电、3C 数码、医药保健和食品五大品牌高端市场占有率增量超过均值 3.6 个百分点，其中手机品类高端市场增速超出均值 10 个百分点以上，中国消费品牌品质提升明显。在电吹风、高尔夫球杆、司机护目镜、吸奶器和瘦脸仪等消费品市场，中国自主品牌与国外品牌存在较大的价格带，这往往意味着巨大的商业机会。

中国消费品牌发展势头强劲，但仍有许多不足之处。中国消费品牌转型升级可以向以下几个方面发力，即注重营销创新、注重产品创新、注重服务创新、提升服务质量、注重渠道整合与创新、利用数字化全面提升经营效率。

（三）中国自主品牌国际化分析

2018 年 2 月 6 日，WPP 和 Kantar Millward Brown 联合 Google 发布了《2018 年 BrandZ 中国出海 50 强品牌榜》，见表 11。

表 11　《2018 年 BrandZ 中国出海 50 强品牌榜》

排名	品牌名称	所属行业	品牌力得分（分）	成长率（%）
1	联想	消费电子	1697	1
2	华为	消费电子	1530	22
3	阿里巴巴	电子商务	1101	5
4	小米	消费电子	757	6
5	中国国际航空	航空	730	3
6	智明星通	移动游戏	724	− 22
7	Anker	消费电子	612	22
8	海尔	家电	578	1
9	海信	家电	530	10
10	猎豹移动	互联网服务/移动游戏	512	3
11	大疆创新	智能设备	506	17
12	一加手机	消费电子	467	3
13	中国银行	银行	447	NEW
14	中国东方航空	航空	428	1
15	中兴	消费电子	413	1
16	IGG	移动游戏	398	20
17	趣加游戏	移动游戏	388	0
18	TCL	家电/消费电子	383	5
19	魔比神奇	互联网服务	362	− 3
20	久邦 GOMO	互联网服务	300	− 38
21	中国石化	石油和天然气	292	NEW
22	GearBest	电子商务	289	20
23	游族网络	移动游戏	285	− 8
24	SheIn	线上快时尚	282	NEW
25	Tap4Fun	移动游戏	276	− 20
26	OPPO	消费电子	258	14
27	中国石油	石油和天然气	247	NEW
28	vivo	消费电子	244	8
29	中国南方航空	航空	239	3
30	龙创悦动	移动游戏	235	NEW
31	腾讯	互联网服务/移动游戏	219	5
32	长城汽车	汽车	212	2
33	掌趣科技	移动游戏	207	− 22
34	Zaful	线上快时尚	203	NEW

续表

排名	品牌名称	所属行业	品牌力得分（分）	成长率（%）
35	科沃斯	智能设备	196	NEW
36	兰亭集势	电子商务	190	−17
37	百度	互联网服务	185	NEW
38	奇瑞汽车	汽车	175	NEW
39	银联	支付	168	NEW
40	纳恩博	智能设备	158	−28
41	中国工商银行	银行	146	NEW
42	海南航空	航空	144	NEW
43	吉利汽车	汽车	143	NEW
44	京东	电子商务	139	NEW
45	比亚迪	汽车	138	NEW
46	格力	消费电子	132	NEW
47	春秋航空	航空	130	NEW
48	棒谷网络	电子商务	116	NEW
49	AUKEY	消费电子	115	NEW
50	美的	家电	113	NEW

该榜单中的品牌力得分体现了中国品牌在法国、德国、西班牙、英国、美国、澳大利亚和日本等重点海外市场的认可度和接受度，我们可以从中分析中国自主品牌的国际化程度。

《2018 年 BrandZ 中国出海 50 强品牌榜》显示，品牌数量最多的行业是消费电子类，有 10 个品牌进入榜单，占总体品牌力得分的 33.22%；其次是移动游戏类，有 7 个品牌进入榜单，占总体品牌力得分的 13.41%；电子商务领域和航空领域也各有 5 个品牌进入榜单，有 4 个汽车品牌、2 个银行品牌、2 个石油和天然气品牌也进入 50 强榜单。与互联网有关的领域（电子商务、互联网服务、互联网服务/游戏、线上快时尚、移动游戏、支付、消费电子）有 30 个品牌上榜，显示了我国品牌在互联网行业的领先地位。

从成长率来看，成长迅速的三大中国品牌是华为、大疆创新和 OPPO。京东、百度、比亚迪、中国石化、美的等品牌首次上榜。华为在榜单中排名第二并且增速最快，在芬兰、意大利等欧洲市场的知名度较大，获得了当地

消费者的认可，实现了较快增长。2018 年，华为在意大利米兰新设旗舰店，再次实现品牌增长。华为在美国拉斯维加斯的 CES 展会上，以"WOW WAY"的海报宣传给消费者留下了深刻的印象，提升了品牌形象。华为在高端产品领域不断耕耘，推出的高端 P 系列和 Mate 系列深受欢迎。

成长率负增长的品牌多出现在移动游戏领域。相比其他行业，移动游戏更容易出现后劲不足的情况。腾讯排在第 31 位，是因为其海外事业主要投资于国外游戏公司。

联想连续两年荣登榜首，品牌力得分比排在第二位的华为高 167 分。联想 2018 年财务报表显示，联想集团的总营业收入高达 453.5 亿美元，其中海外营业收入占 75%。联想目前在中国和美国都设立了总部，业务涉及全球 160 多个国家和地区，建立起了以中国、日本、美国三地为核心的研发机构，在全球范围内配置研发资源和生产资源。联想在个人电脑和平板电脑领域保持领先地位，面对科技行业激烈的竞争，依然积极推动从个人电脑业务到多元化业务的转型，推动智能手机和智能设备（Smart Display、AR/VR 等）不断加大创新力度。联想联合迪士尼打造的全球首款沉浸式 AR 游戏设备 Mirage AR 智能头盔套装深受广大消费者喜爱，创造了不俗的业绩。

同时，Google 的搜索指数显示，中国品牌的搜索量与国际品牌的差距缩小 29%。海外消费者中 18~34 岁年龄段的消费者对中国品牌创新的认知度最高，对中国的品牌评价更加乐观。不同国家的消费者对中国品牌的评价差异较大，英国消费者更看好中国品牌，日本消费者则对中国品牌的负面评价比较多。数字化媒体和店内陈列展示是提升中国品牌海外知名度的最重要和最有效的方式。中国出海品牌非常具有国家使命感，甚至超过自身对商业目标的追求，旨在为"实现中华民族伟大复兴的中国梦"贡献自己的力量。

在数字化视角下，世界是平的，中国自主品牌依托数字化平台低成本快速进军全球市场，商品直达海外消费者。除《2018 年 BrandZ 中国出海 50 强品牌榜》之外，阿里研究院在 2018 年天猫出海战略发布会暨中国品牌全球战略合作峰会上发布了《2017 年天猫出海中国消费品牌排行 TOP 20》（见表 12）。该榜单品牌排名主要是通过分析品牌的市场规模、粉丝规模和市场规模增长率加权标准化后计算得出的。上榜的 20 个品牌涵盖家电、服装、手机、家居日用、食品、母婴及儿童用品、运动户外、家具等品类，其中服装类品牌上榜数量最多，有 6 个；其次是小家电类，有 3 个品牌上榜，食品、家居日用和母婴及儿童用品各有 2 个品牌上榜；建筑装潢、汽车及配件、箱包配饰、医药保健、文化娱乐和美妆个护 6 个品类无一品牌上榜。

表 12　《2017 年天猫出海中国消费品牌排行 TOP 20》

序号	品牌名称	品类	序号	品牌名称	品类
1	奥克斯	大家电	11	苏泊尔	小家电
2	李宁	服装	12	可优比	母婴及儿童用品
3	小熊	小家电	13	Naturehike	运动户外
4	全棉时代	母婴及儿童用品	14	骆驼	服装/运动户外
5	vivo	手机	15	恒源祥	服装/家居日用
6	韩都衣舍	服装	16	三只松鼠	食品
7	九阳	小家电	17	林氏木业	家具
8	七匹狼	服装	18	南极人	服装
9	居家家	家居日用	19	倍思	3C 数码
10	良品铺子	食品	20	优思居	家居日用

注：以上排名不分先后。

三　中国自主品牌发展面临的问题、机遇和挑战

21 世纪的中国，无论是影响力还是经济总量，在世界都具有举足轻重的地位，但与之不相适应的是中国严重缺乏与其地位相匹配的世界性品牌。当前中国需要在各行业、各领域涌现出面向全球市场的中国品牌，服务并造福于"人类命运共同体"。

（一）中国自主品牌发展的问题

当前，中国品牌发展明显滞后于经济发展，尤其是中国制造业品牌建设的质量、效益和规模，这与中国经济在世界经济中的地位不匹配。目前在世

界 500 强企业中，中国上榜企业已达 120 家，远超日本，仅次于美国，居第二位。但令人遗憾的是，虽然带有"中国制造"标签的商品遍销全球，但得到全球各个市场消费者认可的中国品牌寥寥无几。开启中国自主品牌发展的新时代，首先需要正视中国自主品牌建设方面存在的问题，我们认为有三个不足：品牌个性不足、品牌创新力不足、品牌营销力不足。

一是品牌个性不足。品牌个性主要是通过品牌情感的诉求来实现的。品牌个性好比人的个性，具有特殊性和永续性。在设计品牌的个性时就要让品牌在设计过程中获得鲜活的生命与情感，从而让顾客产生亲切感和认同感，并使其达到双向有效的交流和沟通的目的。中国企业品牌在品牌建设和传播中缺乏品牌个性的提炼、挖掘和针对性传播，缺乏品牌与消费者关系的构建，消费者对品牌的识别度较低，很难建立品牌差异化形象，也就难以实现建立在深度情感链接基础上的品牌忠诚度。

二是品牌创新力不足。创新力决定品牌竞争力。当下中国自主品牌的创新力普遍较弱。企业品牌创新涉及产品创新、技术创新、模式创新、形象创新等，更重要的是观念创新。自主品牌创新的关键是通过构建自主知识产权的方式实现关键技术、关键竞争力的创新。我国企业在研发投入上的占比低于发达国家，品牌价值评价的含金量偏低，在自主知识产权的注册、研发、保护、管理方面还有较大的提升空间。目前全球鞋类领域的专利家族超过20 万个，而在专利申请的前 50 名中没有一家是中国企业。如果排除实用新型和外观设计，中国企业在鞋类领域的专利地位几乎可以忽略。在生活用品领域技术上的追赶有时比在芯片领域更难，因为在芯片领域，客户主要是大型企业，客户习惯于根据测试数据选择性价比优良的产品；而在生活用品领域，如果将领先技术创新转化为品牌声誉，就会牢牢占据消费者的心智，要想改变其消费行为需要付出更多的努力。

三是品牌营销力不足。我国企业品牌的发展时间不长，经验不多，大多数企业缺乏品牌战略意识，在品牌营销方面的手段单一粗放，误以为做品牌就是打广告，长期依赖广告手段做品牌。品牌塑造是一项系统工程，需要针对不同用户偏好，在不同发展阶段运用多种营销工具。广告作为提高企业竞争力的有效而重要的手段之一，在产品进入市场的初级阶段效果比较明显，随着产品竞争的日趋激烈，单一广告策略无法实现品牌的持续运营。尤其是在当前信息碎片化、注意力分散的移动互联网时代，品牌营销已经贯穿企业品牌运营的全链条，单一的广告营销思维很难让企业获得良性发展。在区域公用品牌建设领域，存在"一窝蜂"的情况，导致出现区域公用品牌有标识、无品牌，有价值、无溢价的状况。在国家品牌形象建设方面，存在经济实力与品牌实力不协调、不匹配的问题，中国品牌形象缺乏文化个性。

（二）中国自主品牌发展的机遇

一是"一带一路"及全球化持续深化的机遇。"一带一路"倡议是中国品牌"走出去"的重要动力。"一带一路"主要利用现有的亚太经合组织（APEC）、亚信会议（CICA）、亚洲合作对话（ACD）等与其他国家的多边合作机制和区域合作平台，积极发展与沿线国家和地区的合作伙伴关系，实现政治互信、经济融合和文化包容。"一带一路"倡议辐射的地区范围广泛，主要包括中蒙俄经济走廊、新亚欧大陆桥经济带、中国–南亚–西亚经济带等，东边覆盖亚太经济圈，西边连接欧洲经济圈。

"一带一路"倡议在我国的品牌建设中发挥了巨大的作用。

首先，"一带一路"沿线国家和地区大多是发展中国家和新兴经济体，隐藏着巨大的消费需求，足以孕育一大批世界级的中国品牌。例如，中国的国有银行、制造业和能源化工企业等积极响应"一带一路"倡议，进入"中国出海品牌50强"榜单。

其次，在实现互联互通的过程中，基础设施的建设和投资尤为重要。很多企业积极参与到基础设施建设中，支持发展中国家的经济增长，同时也推动了企业自身品牌的发展，基础设施的建设也为企业自身发展提供了保障和机遇。例如，超过20个中国城市能够与欧洲通过铁路相连接，德国杜伊斯堡港成为中欧班列最大的停靠终点站，这座城市也吸引了100多家企业入驻。

再次，"一带一路"倡议为中国品牌的海外发展提供了机遇。国家政策

的扶持、与沿线国家贸易的不断深入以及各种产业和生产要素的重新配置，为中国企业品牌发展创造了巨大的机遇。很多企业积极在海外注册商标，设立研发中心，获得国外授权专利，为进一步打开国际市场夯实了根基。

最后，"一带一路"建设促进生产要素的全球配置，使企业可以获得低成本的优势，同时与其他国家的优质资源进行合作，提高供应链效率，推进供应链升级。

从全球经济发展趋势来看，全球经济一体化具有不可阻挡的趋势，必将推动中国这一第二大世界经济体在品牌经济发展方面加速融入世界品牌经济发展的洪流，促进中国品牌国际竞争力水平进一步提升。

二是互联网持续发展带来的机遇。互联网助推中国品牌发展。2018 年 7 月 12 日，中国互联网协会发布了《中国互联网发展报告 2018》，对我国 2017 年互联网的发展情况做了详细阐述。截至 2017 年底，我国网民规模达到 7.72 亿人，互联网普及率为 55.8%。

2017 年我国电子商务蓬勃发展，交易额高达 29.16 万亿元，同比增长 11.7%；网络市场交易规模高达 7.18 万亿元，同比增长 32.2%；无人零售市场交易规模达到 187.9 亿元。

2017 年我国非银行支付机构网络支付金额高达 143.26 万亿元，同比增长 44.32%。

2017 年我国网络游戏市场规模达到 2354.9 亿元，同比增长 31.6%，其中移动游戏市场份额达到 60%。

2017 年我国网络新闻用户规模达到 6.47 亿人，网民覆盖率为 83.8%。

2017 年我国网络广告市场规模达 3828.7 亿元，占我国总体广告市场的 50% 以上；在线视频行业广告市场规模达到 463.2 亿元，同比增长 42%。

2017 年我国大数据市场规模高达 358 亿元，年均增速达 47.3%。

互联网经济就是知识经济，品牌是知识经济时代企业最重要的无形资产。互联网引起了生产方式和生活方式的巨大转变。基于网络化、智能化、服务化和协同化的互联网生态对中国品牌建设产生了重大影响。互联网生态就是基于互联网和大数据，为用户提供深度体验，实现跨界创新和成果共享。品牌源于客户认知，用户既是品牌价值的消费者，也是品牌资产价值的分享者，更是品牌价值的共创者。互联网生态强化了消费者的主导权，推动了企业品牌营销观念的转变，企业需要从更高层次以更有效的方式与消费者建立起新型的主动性关系，其核心就是企业从经营产品到经营用户的转变。互联网生态推动了企业对品牌资产价值的重视，越来越多的"互联网＋"企业开始将企业战略重心转向以品牌价值设计、品牌价值传播、品牌价值管理为集合的品牌资产经营。

三是消费升级带来的机遇。社会环境的变化促进了消费者观念的转变和消费圈层的细分，为各行业、各领域的品牌发展带来了机遇。根据阿里研究院发布的中国消费品牌发展报告，2015～2017年，我国最终消费支出对GDP增长的贡献率在60%左右浮动，阿里巴巴中高端消费指数值上升10.5。随着我国居民可支配收入的增加，中产阶级群体迅速扩张，消费者的消费观念不断提升，对产品和服务提出了更高的要求，开始追求个性化、多样化、高端化和体验化，我国的消费水平在质和量上都发生了根本转变。随着物质生活的日益丰富，消费者更加注重多元化的精神追求。不同的消费者具有不同的精神追求、不同的审美观念和不同的生活态度。多样化的需求使消费圈层不断细分，新的细分领域不断涌现，催生了很多新的品类和新的品牌，也使现有品牌定位更加细致化。

消费升级主要体现在以下几个方面：服务型消费发展迅速，其中健身、旅游等服务型消费增速明显；个性化消费日益增多，定制化市场潜力巨大；中高端消费占比上升，消费者更加注重产品品质；消费者更加关注细小品类。在中国经济越来越需要依靠消费驱动的情况下，消费升级意味着需求侧的重大改变，品牌也迎来自身的发展机遇。明确自身的品牌定位，制定合适的品牌策略，满足消费者的需求，品牌就能够保持其核心竞争力。

四是文化自信带来的机遇。文化自信助力中国品牌崛起。中华优秀传统文化积淀着中华民族最深沉的精神追求，代表着中华民族独特的精神标识，是中华民族最深厚的文化软实力，为创造具有中国特色的自主品牌带来丰厚

滋养。由于独特的文化传统和独特的基本国情，中国注定要走出一条适合自身文化特征的自主品牌发展道路。

（三）中国自主品牌发展的挑战

1. 观念的挑战

企业只有从思想上认识到品牌的价值，才能从战略与行动上进入品牌的赛道。相当多靠政策红利和市场机遇发展起来的中国企业，不论是国企还是民企，都还没有从过度的路径依赖中解放出来，没有真正认识到品牌对企业可持续发展所起的关键作用。一部分经过多年市场竞争已经积累起品牌资产的行业领先企业对品牌资产的认识不够深入，缺少对品牌资产保值增值的体制机制，与全球大品牌相比，中国自主品牌在品牌资产的管理、保护和利用方面存在很大的差距。不少企业在并购重组国外品牌时支付了较高的品牌溢价，但在出售本土品牌时品牌资产则被低估甚至流失。中国在改革开放初期，各行业数十家优秀民族品牌的代表悉数被外资收购，给我国留下了惨痛的教训，并造成了无法弥补的损失。

国资委印发的《关于加强中央企业品牌建设的指导意见》对品牌建设的价值做了详尽的阐述，这对企业树立正确的品牌观念具有指导意义。

首先，世界一流企业都拥有一流品牌。一流品牌是知名度、美誉度和高品质的集中体现，是企业自主创新能力的标志和高附加值的重要载体。

其次，在新一轮科技和产业革命日新月异的时代，拥有差异化的品牌竞争优势日益成为企业赢得全球市场的关键。企业只有通过打造具有核心知识产权的自主品牌，才能实现由规模扩张向质量效益提升转变，由价值链低端向价值链高端转变，从而获得全球竞争优势。

再次，在全球经济一体化的竞争环境下，拥有世界一流品牌已经成为引领全球资源配置和开拓市场的重要手段。全球知名品牌企业利用品牌影响力在全球组织研发、采购和生产，实施并购重组，主导国际标准制定，赢得了更大的发展空间。

最后，品牌作为一项无形资产，是企业价值的重要组成部分，加强品牌建设是实现企业资产保值增值的内在要求。世界一流企业都将品牌作为核心资产加以严格管理和保护，这使品牌溢价大大高于同行业平均水平，同时在兼并收购过程中获得高额品牌溢价收益。

2. 战略的挑战

总体来看，目前我国企业在全球市场竞争中的参与度仍然不高，对全球知名品牌的运营规律和方法还缺乏透彻的认识。虽然国资委对央企提出了"将品牌战略作为最高竞争战略"的要求，但是对大多数企业而言，制定独创性和适合自身发展的品牌战略仍然是一个巨大的挑战。通过研究全球品牌标杆，我们可以粗略地归纳出三种品牌战略路径。第一种是走自主创新之路。通过创新和研发投入形成品牌壁垒，使其他品牌在短时间内难以超越，在整个产业链中控制话语权，在这方面可以借鉴苹果、三星、丰田、宜家、沃尔玛等企业的发展模式。第二种是走品牌联合之路。品牌联合是指属于不同公司的品牌之间在短期或长期的联系与组合。实施品牌联合的企业能够借助其他品牌的资产来影响消费者对自身品牌的印象，提高品牌的知名度。如英特尔公司与全球大部分 PC 电脑厂商分摊营销预算，让"Intel inside"标识随处可见。第三种是走品牌并购之路。品牌并购能够使企业迅速获得其他品牌的资产和市场地位，发展品牌集群，实现品牌迅速扩张。如联想集团、LV 集团等就是通过多起并购从而迅速实现扩张的。在互联网时代，这三类品牌战略出现了相同的变化趋势——从品牌营销向品牌资产经营深化，从品牌形象传播向品牌化组织建设发展。

中国很多企业虽然已经制定了品牌战略，但是如何将品牌战略落地仍然是一个不可回避的问题。品牌的建设涉及商标保护、品质保障、用户体验、客户关系管理、品牌形象及品牌传播等各方面，每一方面都为企业品牌价值增长贡献独特的价值。然而，企业资源毕竟是有限的，其最大的挑战是在互联网时代如何将品牌战略转化为一个有效的品牌商业模式。

管理大师德鲁克说，使命决定战略，战略决定组织的形式，组织的形式决定行动的结果。互联网推动了共享经济的发展，品牌已经进入"价值共识、价值共创、价值共享"的创建阶段，品牌创建活动必须高度关注利益

相关者，随之而来的是企业将突破基于资本形态组织的体制机制的束缚，向基于价值形态的品牌化组织演进。品牌化组织被定义为"以使命为导向，以文化为纽带，以产品服务为载体，以提供客户体验为核心，共同参与塑造品牌形象、创造品牌价值、分享品牌利益的网络化和动态化的价值联盟"。

品牌化组织是新经济时代品牌战略驱动的一种新的组织形式。其使命是满足人类更深层次的需求，其任务是为用户提供多方位的体验，其手段是不断创新产品和服务，其目标是建立一个利益共享的联盟，其结果则是使品牌成为能为企业持续创造价值的"无形资产"。

品牌化组织是一种与互联网时代的市场环境相适应的创造品牌的最佳方式。在一个品牌化组织中，顾客、员工、供应商及投资者的区分变得模糊不清：顾客身兼员工，员工身兼投资者，竞争者身兼供应商，品牌化组织在品牌价值链上所产生的协同效应会促进用户、员工和股东等利益相关方实现共同的价值增长。可以预见，在互联网时代，品牌战略将成为企业的终极战略，具有内生性、分布式增长能力的品牌化组织将成为企业的基本组织形态。

3. 人才的挑战

建立实体经济、科技创新、现代金融、人力资源协同发展的产业体系是党的十九大报告提出的建设现代化经济体系的物质基础。2017 年 5 月 9 日，在"中国品牌日"的通气会上，国家发改委提出了全面改善质量、创新、诚信、文化、人才、营销、环境七大品牌影响要素，以弥补我国自主品牌发展的短板。七大品牌影响要素的核心是"人才"。只要拥有了德才兼备的优秀品牌管理人才，质量、创新、诚信、文化、营销、环境等品牌影响要素就会在很大程度上得到改善。

中国自主品牌建设面临的最大瓶颈是高端品牌管理人才供给严重不足，包括品牌战略人才、行业品牌研究人才、企业品牌管理人才等。如果品牌人才建设问题不解决，将错失中国自主品牌发展的大好历史机遇。我国品牌建设人才的匮乏与经济发展结构有关。我国前 30 年的经济增长是建立在短缺经济和人口红利基础之上的，不需要依赖品牌就能发展经济，其结果就是对品牌管理人才培养的忽视。经济转型升级和品牌建设需要一大批优秀的品牌管理人才，而品牌管理人才又是一种对专业素养、知识结构、从业经验要求极高的复合型人才，这种专业人才的培养不是一朝一夕的事情。

我们可以从以下几个方面努力：鼓励高等院校积极开设品牌管理课程培养未来的品牌管理人才，鼓励高等院校与企业合作开展品牌管理的实践，提升现有品牌管理人才的管理能力和水平；企业积极建立发现、培养和激励品牌管理人才的机制，让优秀品牌管理人才脱颖而出；鼓励社会中介机构开设品牌人才培训课程，建立品牌人才评价机制等。

四 中国自主品牌发展趋势分析

伴随经济全球化不断向纵深推进，中国自主品牌发展迎来变轨加速的新时代。综合世界范围内品牌经济发展的新趋势和国家通过品牌政策营造的品牌发展生态，我们可以看到中国自主品牌发展的七个重要趋势：创建科学化——全国自上而下树立品牌科学发展观；使命战略化——塑造具有中国自主品牌气质和战略信仰的品牌形象；布局生态化——规划构建可持续发展的自主品牌生态系统；营销体验化——以消费者为中心、以增长为导向的品牌创建策略；产品个性化——在产品质量精益求精的基础上对产品独特个性的定义和塑造；价值资产化——以知识产权为核心的品牌成为引领和配置资本、技术、商品的工具；传播全球化——以整体品牌形象传播的方式向世界推介中国品牌。

（一）创建科学化——全国自上而下树立品牌科学发展观

伴随实施品牌战略成为国家意志，品牌建设已不再是单体企业赢取市场的竞争行为，而是从国家产业主管部门、区域经济、行业企业不同维度共同推动的一项国家经济战略，是发挥品牌引领作用、实现供需结构升级的主要方式。由于品牌建设的艰巨性、长期性、复杂性，需要发挥企业主体、社会参与以及政府引导的作用。企业专注于夯实质量基础，把质量当作生命；政

府则以优化法律环境、维护竞争秩序、保护知识产权等为主。正确认识品牌、科学建设品牌、有序发展品牌等已经转变为实实在在的行动。转变职能、完善标准、创新发展、健全法制、顶层设计、战略规划、行动落地成为一种全民式行动。一是政府职能加快转变，通过管理和服务方式创新，为品牌引领推动供给结构和需求结构升级保驾护航。二是科技创新支撑力不断增强，为品牌发展提供持续动力。三是完善标准体系，不断提高计量能力、检验检测能力、认证认可服务能力、质量控制和技术评价能力，不断夯实质量技术基础。四是品牌发展相关法律法规不断健全，扶持政策日益完善，市场环境不断优化。五是加强自主品牌宣传和展示，凝聚社会共识，积极培养消费者自主品牌情感，树立消费信心，扩大自主品牌消费。六是发挥行业协会作用，加强中介机构能力建设，为品牌建设和产业升级提供专业品牌服务。七是金融创新支持品牌发展边研究边落地，各方面加大对战略性新兴产业的品牌培育力度。八是在正确舆论导向的引领下，从中央级媒体到各级政府、各类媒体关注自主品牌成长，讲好中国品牌故事。

（二）使命战略化——塑造具有中国自主品牌气质和战略信仰的品牌形象

在中国梦愿景和中华民族伟大复兴战略目标的牵引下，中国品牌群所承载和凝聚的信仰力，关乎国家经济和战略的安全，关乎民族文化的传承和弘扬，关乎国家品牌战略的科学推行。对于单体品牌企业来说，确立品牌使命是实施企业品牌战略的前提。品牌战略在使命清晰的前提下，以持续创新和科学管理为两翼。而对于国家品牌战略来说，确立国家品牌战略使命是实施国家品牌战略的前提，国家品牌使命是立足于国家品牌群共性使命、愿景、价值观基础之上的。中国自主品牌的发展壮大有利于增强我国在全球经济竞争中的话语权，有利于保持经济持续健康发展。中国自主品牌战略的实施，正在将品牌经济发展纳入国家整体发展战略，从经济社会发展全局的高度推动品牌建设。

我们看到，中国自主品牌的领先者，立足新时代中国自主品牌的责任、使命和担当，正在成为新时代背景下使命战略化的实践者。华为这个民族企业一直追求在电子信息领域实现顾客的梦想，并以"盐碱地"策略深耕国际竞争对手看不上的领地，在"缝隙市场"中寻找机会，依靠点点滴滴、锲而不舍的艰苦追求，成为世界级领先企业。茅台国酒则以"弘扬国酒文化，追求创新卓越"为企业愿景，追求品牌"享誉全球"。海尔这家品牌企业战略创新的眼光和行动一直与世界前沿保持同步，并立足中国文化的根基，开展中国特色自主品牌建设的创新。在中国自主品牌融入世界的洪流中，带着中国特色的鲜明品牌烙印。这个"中国特色"包括中国的地缘文化特色、政治文化特色、经济发展特色、民族信仰特色。在大国崛起的今天，中国自主品牌正在成为中国商业文明智慧和五千年灿烂中华文化的代言者。中国自主品牌在融入世界的过程中，从自身民族根性文化的共性中找到了专属于自己的品牌个性——在产品质量上精益求精，提高中国制造的品质含金量；在产品科技上奋力创新，提高中国制造的技术含金量；在产品文化上持续升级，提高中国制造的文化承载力。不断提升品牌价值含金量，努力挖掘和培育中国品牌的专属气质，致力于中国品牌形象的个性化建设和培养。

（三）布局生态化——规划构建可持续发展的自主品牌生态系统

中美贸易战、中兴集团危机让我们认识到创新与品牌是衡量一个国家国际竞争力的重要指标之一，也认识到改善品牌发展生态的重要性和紧迫性。中国产品要变成中国品牌，仅仅拥有制造能力是不够的，还需要有技术能力、研发能力、科技力量及标准体系等支撑。全球化竞争时代的到来让我们必须重视从战略供应链的上游发力来科学构建中国品牌生态系统的竞争优势。应该看到，自主品牌生态系统关注的不仅是企业自主品牌内部成长的逻辑，而且关乎区域集群生态成长和培育的逻辑，而企业自主品牌、区域集群自主品牌的成长和培育又会成为整个国家品牌生态系统的强有力支撑，它们的成长能够对国家品牌形象的建设形成正循环，最终反哺企业自主品牌发展壮大。

未来的全球竞争，是价值链的竞争，甚至是品牌生态圈的竞争。适应品牌消费的新需求，用优质的品牌来统领产品的全价值链，用优秀的区域集群品牌的培育来提升国家品牌价值，已经成为共识。我们还应该看到，伴随中国自主品牌全球化发展步伐的加快，越来越多如联想、TCL、吉利等中国自主品牌通过兼并收购等资本运作方式拥有世界一流品牌。品牌是国家综合核心竞争力的体现，是传递文化的国家名片，代表着国家的信誉和形象。通过科学培育企业品牌、区域品牌以提升国家品牌形象，是当务之急，也是科学路径。

（四）营销体验化——以消费者为中心、以增长为导向的品牌创建策略

互联网尤其是移动互联时代的到来能够让顾客对产品或服务产生更便捷、更多触点的体验，通过刺激和调动消费者的感官、情感、思考、行动、联想等感性因素和理性因素，从而产生更好的客户使用评价，进而实现品牌的可持续成长。体验被定义为使每个人以个性化的方式参与其中的事件。在品牌营销新时代，消费者不仅仅是单一信息的接受者，还是内容的创造者。而通过营销内容的创新和体验式营销的实践，品牌可以进一步加强与消费者的情感联系，提升品牌的价值表达与价值内涵，通过线上线下融合的营销体验创新，建立全方位的品牌营销矩阵，通过科技手段和数据分析完成客户精准画像，成为助推自主品牌营销的主要手段。

营销体验化的主要方式有感官式（如"农夫山泉"通过对长白山四季故事的场景描述，增强消费者对"大自然的搬运工""水源地水"的品牌体验和联想）、情感式（如情绪饮料"江小白"采取消费互动的方式采集来自消费者的情绪文案，能够引发更多的共鸣）、思考式（如"农夫果园，喝前摇一摇"这句广告语就是在引导消费者做出多种纯天然果味融合在一起、喝前摇一摇营养更好口感更佳的消费思考）、行动式（如"小米"为发烧而存在的宣传语本质上就是通过技术男的体验引爆先期接受者，从而带动主流消费者粉丝群）、关联式（如"三只松鼠"以 IP 塑造、动漫体验、情感交

互、引导消费等多种方式构筑粉丝群体）等。

伴随品牌获取市场的思维从以"厂家"为中心向以"消费者"为中心的转变，企业品牌管理从不遗余力地推销品牌转变为想尽一切办法让目标客户享受品牌价值，更加重视通过精准的品牌定位建立更具黏性的用户社群，营销体验行为贯穿用户定位、产品定位、场景体验、销售完成、数据分析、售后服务全链条。通过"体验营销"，品牌实现了产品道具化、服务戏剧化、企业舞台化、体验交互化"四化"的建设，很多领先品牌构筑了高体验感、高文化内涵的消费体验平台，用持续提升的产品和服务满足或引领消费者对美好生活向往的需要。通过机制和手段收集分析及反馈真实的用户体验数据，将用户的使用体验融入对品牌的价值贡献，将品牌变成市场最核心的驱动因子，企业也争取到了更大的品牌价值实现而不是短期的利润回报。

（五）产品个性化——在产品质量精益求精的基础上对产品独特个性的定义塑造

中国自主品牌创建经历了重质量、重营销、重形象、重广告、重心智、重粉丝几个进阶，品牌发展的内涵越来越丰富，价值层次越来越高。在消费升级、供给升级的大背景下，同时伴随新一代消费阶层的兴起，以及市场消费主流的转换，中国自主品牌也从单纯注重质量和宣传向强调品牌定位、品牌个性和关注粉丝互动转型升级。比较有代表性的案例是茅台酒发起品牌"瘦身"运动：8个月减持163个品牌2068款产品，并出台茅台集团新的《品牌管理办法》，实行"双十品牌"战略，即每家子公司保留的品牌数不超过10个，每个品牌的条码数不超过10个。茅台酒不仅自己"瘦身"，而且在白酒抱团取暖大会上倡导中国酒业一起完成"瘦身"运动。茅台酒的"瘦身"运动是前期在良好的市场预期中无视品牌科学发展规律、实现狂飙突进式发展以及自创品牌竞争红海之后的一次自我调整，这对中国酒业市场乃至所有中国消费市场都有借鉴意义。

一个品牌如果囊括高、中、低各层次定位，对消费者市场试图一网打尽，最终的结果是在激烈的市场竞争中迷失自我。茅台酒的"瘦身"运动

让我们看到了中国自主品牌科学品牌意识的觉醒，它们从精简产品线开始正在进入品牌定位的航道，向品牌个性化领域探索。中国品牌诞生于文化精深、物产丰富、地域广博、市场广大的中国市场，只要路子对了，锻造品牌个性、形成独特的品牌魅力不是问题。尤其是互联网新生代品牌，在品牌创建方面起步较高，更容易产生良好的粉丝链接。比如"小米"这个品牌，对核心用户进行了精准到位的客户画像，确立了"为发烧而存在"的品牌信仰，通过"米粉"的传播效应，获得了较好的品牌认知。再如"三只松鼠"这个品牌也通过"小美""小酷""小贱"这三个人格化松鼠偶像的塑造，赋予了品牌独特的个性，使品牌获得了快速成长。自主品牌从以厂家为中心向以用户为中心的营销战略的变化，唤醒了大量潜在的个性化的需求，与之相适应的是品牌企业的服务和产品供给同步向定制化转型，从而给品牌企业带来一系列深远的内部变革。如服装生产领域的红领酷特实现了从消费端到工厂端的 C2M 定制化、柔性化生产；家电领域的海尔通过员工创客化、企业平台化、用户个性化实现了柔性家电生产线的创新，并获得了可持续的经济效益。

（六）价值资产化——以知识产权为核心的品牌成为引领和配置资本、技术、商品的工具

品牌作为一项无形资产，是企业价值的重要组成部分。品牌价值资产的核心来自自主知识产权的研发、注册、管理、维护和创新。品牌通过创新和营销在消费者心智中存入价值，通过知识产权控制价值，通过产品、授权和多种金融工具实现价值。

我国的品牌价值研究始于 1994 年，经过近 25 年的研究，一再证明市场竞争越激烈、品牌价值越凸显，品牌价值资产化的趋势就越明显。北京名牌资产评估有限公司提供的研究数据表明，1994 年研究评价的 80 个品牌的平均收入为 19.58 亿元，而 2017 年研究评价的 100 个品牌的平均收入为 357.69 亿元，23 年增长 17.27 倍。前 20 位品牌 1994 年的平均收入为 49.84 亿元，2016 年的平均收入为 1268.93 亿元，增长 24.46 倍。品牌必须依附于

实体经济或服务，作为连接资本市场和实体经济的纽带，资本对品牌的投入会用于改善产品品质，提升客户体验，优化供应链，而这正是资本"脱虚向实"，实现供给和消费向稳、向好、可持续发展的关键所在。品牌作为一种最有价值的资产，成为引领和配置资本、技术、商品的核心工具，可以实现三种权利：产品的定价权、供应链的议价权、资本市场的溢价权。

版权、专利权、商标权都是品牌的无形资产，是知识经济交易的核心，因此实施专业的品牌知识产权注册、保护和价值评估，可以有效认定和管理品牌资产，实现以品牌资产为核心的证券化交易。国务院办公厅发布的《关于发挥品牌引领作用推动供需结构升级的意见》要求"积极发挥财政资金引导作用，带动更多社会资本投入，支持自主品牌发展。鼓励银行业金融机构向企业提供以品牌为基础的商标权、专利权等质押贷款"。据国家市场监管总局公布的 2018 年第一季度市场环境形势分析情况，2018 年第一季度，商标注册申请量为 153.1 万件，同比增长 83.0%，创历史新高，商标有效注册量继续居世界首位。企业的创新意识和专利意识不断增强，成为带动专利增长的主要力量。截至 2018 年 3 月底，我国每万人口发明专利拥有量为 10.2 件，首次达到两位数。我国对外专利布局能力也在不断提高，受理 PCT 专利申请 1.05 万件，同比增长 12.5%。伴随品牌价值资产化的趋势，用户成为品牌资产价值的共创者和分享者，企业关注的重点从采取一切手段达成交易过渡到让消费者享受品牌的价值，消费者成为品牌价值的共同创造者和共享者，并可以通过品牌资产证券化获得财产性收益。

（七）传播全球化——以整体品牌形象传播的方式向世界推介中国品牌

国际知名品牌已经成为引领全球资源配置和开拓市场的重要手段。在国际舞台上，品牌经济早已成为引领各国实施经济竞争的利器。那些知名跨国公司利用品牌影响力在全球组织研发、采购和生产，实施并购重组，主导国际标准制定，快速实现全球化布局，占据供应链顶端。而伴随中国自主品牌的觉醒并向全球供应链顶端发展，一些领先品牌正在逐步完成从无品牌引领

向拥有自主知识产权的品牌引领过渡。中国自主品牌全球评价榜单显示，中国自主品牌在国际市场的竞争力呈现稳步上升的趋势，这得益于国家品牌意志、"一带一路"倡议、中国自主品牌全球化的品牌传播，其背后的支撑力量则是中国自主品牌竞争实力的持续增长。第一，中国品牌传播全球化的基础来自自主品牌在国际市场的崛起。在制造业领域，中国自主品牌正在完成从"贴牌"到"品牌"的转变。联想在中国和美国都设立了总部，业务涉及全球160多个国家和地区，建立起了以中国、日本、美国三地为核心的研发机构，在全球范围内配置研发资源和生产资源，成为中国自主品牌走向国际市场的领跑者。作为全球白色家电巨头的海尔，通过品牌输出实现了由"贴牌生产"到"品牌输出"的升级。第二，中国自主品牌在全球市场的表现力日趋提升。从《2018年BrandZ中国出海50强品牌榜》可以看到，中国自主品牌中消费电子、移动游戏、电子商务和互联网品牌成长迅速。英国Brand Finance发布的《2018年全球品牌500强》报告显示，中国有66家企业上榜，比2017年增加11家，其中22家跻身100强行列，比2017年增加了6家。中国"一带一路"倡议的提出和实施，必将帮助中国企业开辟一条全球化的全新路径，这对美国、日本、韩国以及欧洲各国的品牌在全球的布局带来了一定的挑战。多国强势品牌在国际舞台上出现多极共生的局面，同时以这些国际品牌引领的产业生态群落在世界范围内也在重建生态秩序。第三，国家从战略层面全方位助推中国自主品牌在全球市场的传播。中央电视台、新华社、人民网等主流媒体都在"讲好中国品牌故事"方面形成传播矩阵，通过中国品牌故事的传唱，塑造有温度、有情感、有人格的品牌，这既让世界爱上中国品牌，也让世界通过中国品牌群的载体了解中国、爱上中国。

　　人民有信仰，国家有力量，民族有希望！中国品牌世界共享，既是国家意志、国家战略，也应当是我们每个中国品牌人积极践行的使命。

借 鉴 篇

Reference Part

B.2
国际主流品牌评价体系综述

闫 肃 徐 馨*

摘 要： 本报告结合利益相关方、主营业务、价值主张、品牌定义、理论模型与评价方法、数据来源、评价报告等指标，分析解读了全球六家主流品牌评价体系。国际品牌评价体系基于成熟的市场经济和全球性的品牌数据，形成了包括品牌评价体系、品牌排行榜、品牌专业服务在内的完整的品牌服务体系。通过对比也能发现，品牌评价体系构建的背景、目的、立场、标准、品牌价值观等存在差异，导致各种评价标准体系的诉求不同、侧重点不同，评价结果也不同，但从根本上看，品牌价值观决定品牌评价标准的设计。

* 闫肃，北京国信品牌评价科学研究院特约研究员，挪威商学院工商管理硕士，研究方向为全球跨文化项目；徐馨，北京国信品牌评价科学研究院特约研究员，中央美术学院硕士研究生，研究方向为艺术经济。

关键词： 品牌评价　品牌价值　评价模型

目前国际品牌评价主要有六大体系，主要分布于美国和英国，均由营利机构建立，通过向企业提供评级服务、战略咨询、财务建议、税务咨询、品牌建设等业务而获利。这些机构的运营时间大部分长于 20 年，数据来源广泛，评价体系完备，评价类型多样，增值服务细分。国际评价标准体系主要关注文化、形象、产品、财务、知识产权、法律和行业标准等方面，涉及消费者、供应商、竞争者和股东等利益相关者。各大体系建立机构每年均会利用自身标准发布排行榜，从地区、行业等领域评价品牌。

本报告筛选出的国际评价体系必须同时满足价值主张、品牌定义、理论模型、评价方法、数据来源、评价报告、专业服务等特征要素。其他国际评价体系即便有一定的知名度，但是因为不符合我们的品牌评价对标研究口径，因此没有被收录，如《福布斯》品牌排行榜。在品牌评价研究领域提及率较高的电通模型（Brand Asset Valuator，品牌资产标量）、朗涛形象力模型以及大卫·艾克（David Aaker）品牌资产"五星"模型、品牌资产十要素模型，仅限于理论，也不做分析。在国内知名度较高的世界品牌实验室虽然长期发布全球品牌榜，但是鉴于其在国际上几乎没有任何影响，本报告中也没有涉及。

一　Brand Finance（英国品牌金融咨询公司）

（一）机构简介

Brand Finance（英国品牌金融咨询公司）是全球性的独立第三方品牌价值评估和咨询机构，总部位于英国伦敦金融城中心。该公司致力于构建市场营销与金融之间的桥梁，帮助客户对无形资产进行估价，提供以企业增值为目标的品牌战略咨询服务，为市场营销人员与金融人员建立合作纽带，驱动企业业务可持续增长。其业务范围涉及品牌战略咨询、市场研究、品牌视觉识别管理、财务金融、税务、知识产权法务等领域。Brand Finance 不仅与市场营销人员和金融人士携手合作，而且与企业家、投资者、律师、政府、税务人员等有密切的合作关系。该公司通过提供品牌估值、分析、战略及交易等服务，帮助客户进一步了解其业务和无形资产的价值。

Brand Finance 在全球设有近 30 家办事处和子公司，分布于五大洲各主要经济体，以确保其服务品质长期可持续地对所在国家和地区有精准的把握。Brand Finance 每年都会为全球约 10000 个横跨不同地域与行业的品牌进行价值计算评估，并且在媒体上发布品牌排名，以提升这些品牌的公众感知度，挖掘金融场景的使用需求，使之成为有价值、需要被妥善管理和投资的业务资产。Brand Finance 亦出版品牌及无形资产的行业研究报告，诸如"美国最有价值品牌 500 强""中国最有价值品牌 100 强""全球最有价值汽车及轮胎品牌 100 强""全球最有价值足球俱乐部品牌排行榜""全球无形资产研究（GIFT）"等，内容涵盖全球所有商业板块中的品牌。

Brand Finance 的创始人兼 CEO 大卫·海格曾是伦敦普华永道国际会计公司的特许会计师，随后从国际财务管理专业机构投身市场营销服务领域。1988 年，他创建了一家金融市场服务咨询公司，于 1990 年被阳狮集团收购。1995 年，他加入著名的品牌评价咨询公司 Interbrand 任全球品牌估值总监。1996 年，他创建了 Brand Finance。大卫·海格作为英国标准研究院的代表，参与了国际标准委员会（ISO）制定品牌评价的标准化方法和实践的项目，该委员会在 2010 年 11 月发表了品牌价值评估的标准（ISO 10668）。大卫·海格先生是该标准的主要执笔撰写人。在中国牵头制定品牌评价标准 ISO/TC289 的过程中，他于 2015 年受中方邀请，历经 3 年左右的时间，协助并指导了这一标准的制定。

2017 年，Brand Finance 在北京正式设立了全资子公司——品金品牌咨询服务有限公司，并于 2018 年将每年发布的《中国最具价值品牌 100 强》扩大为《中国最具价值品牌 300 强》。

（二）主营业务

Brand Finance 现提供四大业务：营销、估值、税务和战略。营销业务

是通过企业基于品牌驱动力的分析将品牌和企业表现联系起来。估值业务是为企业品牌和无形资产进行稽核和价值评估。税务业务是帮助品牌拥有者和政府理解不同税务的影响。战略业务是在 ISO 标准的框架内，通过对品牌各维度的表现进行定量与定性的诊断，给出咨询报告。

（三）对品牌及品牌价值的描述和定义

从广度来看，一个品牌包含所有来自消费者、员工和其他相关利益方对一个组织及其产品或服务的期待和观点。但是，当把品牌视作可以被购买、销售和许可的业务资产时，需要给出一个更具技术性的定义。Brand Finance 帮助国际品牌估值的标准（ISO 10668），将品牌定义为"与市场营销相关的无形资产，包括但不限于名字、条款、符号、标识、商标和设计，或者以上这些元素的整合体。这些元素可用于识别产品、服务或实体，抑或是这些元素的整合体可以在相关利益方的脑海里创造特有的印象和联想，并据此创造经济利益与价值"。

Brand Finance 认为，整个企业的品牌价值是由其所统辖的数个品牌化业务构成的；品牌化业务价值是从属于子品牌的单个品牌化业务所带来的价值；品牌贡献是由品牌的业务所创造的总体经济获益。最终品牌价值是品牌化业务内商标的价值（及相关的营销 IP 和所附加的商誉）。

（四）理论模型与评价方法

Brand Finance 在其品牌价值排行榜中使用"特许费率法"来计算品牌价值。这种方法包含估计由品牌所带来的预期未来销售以及计算特许费率，该费率以品牌使用来收费，即假设品牌在并未被使用者所拥有的情况下，品牌使用者所需支付的款项。换一个角度而言，即公司拥有该品牌，实际上就是节省下这笔费用，这也是品牌价值所在。"特许费率法"通常被税务机构和法庭所青睐，因为品牌价值是基于参考有记录的第三方交易而计算得出的。该计算可以通过公开可用的财务信息来完成。同时，该方法符合国际评价标准机构和 ISO 10668 的要求，可有效确定公正合理的品牌市场价值。计算步骤如下。

（1）在1~100分范围内基于一系列属性诸如情感联结、财务绩效、可持续性指数及其他指标来计算品牌强度。该得分即品牌强度指数。

（2）确定各品牌行业的特许费率范围。这一步通过审核来自 Brand Finance 的许可协议数据库及其他在线数据库中的可比较许可协议来完成。

（3）计算特许费率。将品牌强度得分应用于特许费率范围，得出特许费率。例如，如果某一品牌行业的特许费率范围为1%~5%，同时一个品牌的品牌实力得分是80分，那么其在该行业里使用品牌的适当的特许费率为4.2%。

（4）通过估计母公司由某个特定品牌带来的收益来确定品牌特定收益。

（5）通过历史收益、预期资产分析和经济成长率来确定预期品牌特定收益。

（6）将特许费率应用至预期收益来导出品牌收益。

（7）税后贴现的品牌收益即净现值，也就是品牌价值。

Brand Finance 的方法论所衍生出的最大特色是品牌评级，这一评级类似于信用评级。品牌评级由品牌强度指数（BSI）推导而来，BSI可体现对比其竞争对手的品牌投入、资产累计和未来潜力，并由D到AAA进行评级。

针对消费者、员工、投资方、社会方四个群体，Brand Finance 分析品牌所带来的广度、感知属性及印象概述，并准确捕捉这些属性给这些群体的行为所带来的影响。对于客户，品牌健康影响企业利润的增长。对于供应商和员工来说，品牌显而易见地可降低成本并带来高利润。对于投资方和融资方来说，强品牌所带来的利益可以从更低的融资成本中窥知一二。

Brand Finance 最核心的评价标准为品牌强度，由三部分构成，分别是现有表现、顾客评价和未来预期。其中，现有表现由利润、销售额、市场占有率、定价支持；顾客评价包括知名度、联想度和美誉度；未来预期可以用重复购买、竞争者策略等指标衡量。

（五）数据来源

Brand Finance 有四大数据来源，分别是：通过上市公司官网以及相关

金融机构的公开信息获取上市公司的财务表现；通过专业的数据咨询公司购买市场表现数据；与营销机构合作进行消费者印象问卷调查；从在线许可协议数据库中获取许可相关数据。

（六）主要评估报告

Brand Finance 最重要的报告为每年出具的《全球品牌价值 500 强排名》（*The Brand Finance Global 500*）。此外，Brand Finance 平均每周出具一份聚焦某一主题的评估报告或研究报告，内容涵盖互联网、金融、娱乐、电子、消费品、军工等全球所有现有商业板块品牌，其结果主要发布在公司官方网站上供市场参考。《金融时报》、《银行家》、《经济学人》、BBC 等全球主流媒体以及专业金融平台会根据需求进行数据引用。

二 Kantar Millward Brown（明略行市场咨询公司）

（一）机构简介

Kantar Millward Brown（明略行市场咨询公司）是一家世界领先的市场研究公司，该公司是世界传播业巨头 WPP 集团旗下从事市场洞悉、信息和咨询的分支机构。利用以综合研究为导向的定性和定量分析解决方案，Kantar Millward Brown 帮助客户深入了解广告效果、战略传播、媒体及品牌资产价值，实现品牌成长。

Kantar Millward Brown 在 51 个国家和地区设有超过 78 个办事处，为15000 多个品牌服务。[①] 该公司最具代表性的研究工具便是专注于品牌评价的工具——BrandZ。BrandZ 不仅是一种评价方法，更是全球最大的品牌资产数据库。Kantar Millward Brown 自 1998 年开始就开发设计了 BrandZ，并持续更新其内容。BrandZ 数据搜集每年涉及 400 个研究领域，采访超过 15000

---

① 《明略行公司简介》，明略行公司网站，http：//www.millwardbrown.com/。

人，被采访对象包括职业人士和普通消费者，每个被采访者都会被要求在他们实际购买的产品或服务分类中依据竞争环境来评价品牌。这种信息搜集方法可以从了解该产品或服务分类的人们中获取非常有价值的观点，他们可以根据对自身意义重大的品牌属性进行综合判断。

BrandZ 的数据库收录了超过 60000 个品牌在 200 个以上分类的数据，包含快速消费品、零售/电商品牌、娱乐业、零售业、制造业、服务业以及 B2B 品牌。根据 BrandZ 的数据库和品牌评价方法论，Kantar Millward Brown 每年都会进行全球及国别品牌排名，并面向全球发布。

Kantar Millward Brown 是 Kantar Group（凯度集团）的子公司，Kantar Group 是全球营销传播巨头 WPP 集团所属子公司。2006 年，Kantar Millward Brown 通过与华通现代（ACSR）成立北京华通明略信息咨询有限公司，在中国开展业务经营。

Kantar Millward Brown 属于商业服务机构，其大部分研究服务于 WPP 集团客户群的需求。作为一家专业的市场研究公司，其数据源和分析大体上保持了相对客观的看法。

Kantar Millward Brown 的领军研究人员是奈杰尔·霍利斯。奈杰尔·霍利斯自 1988 年起加入 Kantar Millward Brown，目前为公司执行副总裁兼首席全球分析师。他具有 30 年的市场研究经验，擅长制定有效的营销传播策略和保持品牌价值。2008 年，他出版了《全球品牌》一书。

（二）主营业务

Kantar Millward Brown 提供了多种解决方案以协助市场营销人员建立并发展强大的品牌。作为品牌资产管理顾问，主要指导整合媒体传播决策，监控品牌表现，评价品牌资产，并提供综合分析以及相关指导和创新思维。

Kantar Millward Brown 的服务内容包括传播评价、媒体评价、品牌表现监控和市场营销问责。将对消费者的深入理解与强有力的分析相结合，从而提出可执行的建议，帮助客户实现关键业务目标。

品牌蓝皮书

（三）核心价值主张

品牌使产品或服务始终如一传递的价值和利益更具体化，品牌为公司、消费者、投资人和其他利益相关方的决定提供透明度与指引，并引导企业在B2C和B2B领域找到正确的增长方向。品牌价值的核心属性是反映品牌吸引消费者和潜在顾客的能力，BrandZ可以独特地评价这种吸引力并通过对比销售业绩来验证这种吸引力。具备创造强大吸引力的品牌都具有如下特征：富有意义、与众不同和显著性。

（四）对品牌及品牌价值的描述和定义

Kantar Millward Brown认为，品牌代表着嵌入当代文化和现代人类意识中远多于产品或服务的独特认知，是一种符号化的存在。所有品牌的价值是所有可预期的未来收益的总和并贴现至净现值之后的数字。

（五）理论模型与评价方法

Millward Brown Optimor利用BrandZ评价品牌的方法类似于财务分析师和会计师评价企业的方法，可以称之为"经济用途法"。品牌价值基于品牌的内在价值——由其驱动需求的能力而导出。考虑到过去12个月的金融市场的震荡性，在一些案例里品牌价值与当下市场资本总额具有高度关联性，反映出其真实的价值而非当下市场的震荡性。

第一步是要计算品牌的财务价值，分为两部分，即检视公司品牌结构和计算品牌倍数。

首先，检视公司品牌结构。有一些公司只有一个品牌，所有收入都来源于该品牌；而有一些公司拥有诸多品牌，那么就将公司收益的总值分配到这多个品牌中。具体分配方法来源于对年报和其他数据源的分析，由这些分析得出的分配度量被定义为"贡献率"，然后将公司收益乘以贡献率得出品牌化收益，即某一特定品牌所获得的收益。例如，假设某个品牌的贡献率为50%，那么该公司的一半收益来源于该品牌。

其次，计算品牌倍数。为了预测品牌未来的盈利能力，BrandZ 在其计算公式中加入其他组成元素。这个计算元素对目前收益进行倍数估价以得出品牌未来收益前景，计算组成部分被称为品牌倍数。计算品牌倍数与金融分析师计算股票市场价值的方法类似，BrandZ 根据彭博财经资料所提供的信息来确定品牌倍数数值，然后将品牌化收益乘以品牌倍数得出品牌的财务价值。

完成第一步品牌的财务价值计算之后，可以了解到品牌在公司总收益价值中所占的比重，但由此计算出的数据还不是 BrandZ 所主张的品牌价值的核心。为了更精确地掌握品牌核心价值，BrandZ 设法除去某些可能影响品牌化业务的理性因素，如产品的价格、购买的便利性、品牌的可得性和品牌的地域分布等，并且试图对品牌的独特性、品牌创造需求的能力、品牌培养忠诚度的能力、品牌脱颖而出的能力等进行评价。集合以上品牌的相关作用因素，BrandZ 统称为品牌贡献（以百分比来呈现）。

BrandZ 通过线上调查和面对面访谈等方法，在全球各地持续性地定量消费者群体进行深度研究，并且以品牌种类和国家区域为基础建构全球性的品牌数据库。在品牌贡献计算步骤中，BrandZ 数据库中的调查数据成为极其重要的评价依据。

BrandZ 品牌评价程序的最后一步，是将品牌的财务价值乘以品牌贡献，确定合适的风险率并作为计算品牌价值的品牌倍数（也可以称之为相乘系数），然后三者相乘得出品牌价值（即财务价值 × 品牌贡献 × 品牌倍数）。需要注意的是，在最后一个步骤里，BrandZ 把这些品牌收益的增长潜力考虑在内，并使用财务预测和消费者数据进行综合分析（消费者分析数据主要来自 BrandZ 数据库中关于消费者与品牌绑定层级系数，简单来说，就是得到更多与品牌绑定的人意味着品牌将拥有更多的忠诚客户）。一般而言，BrandZ 参照职业分析师群体所使用的方法得出收益倍数。

该指标还将品牌特定增长机会和阻力考虑在内。对每个品牌成长性的品牌动能（Brand Momentum）度量标准即基于这一评价。该品牌动能指标显

示为一个 1 ~ 10（最高）范围内的指数，被 BrandZ 视作代表品牌未来风险或贴现率，并将其纳入最后折回净现值的考量因素。

Kantar Millward Brown 利用 BrandZ 进行分析的一切指标并非静态的，而是由公司分析师根据其庞大的数据库和每年不断变化的市场估值、财报、市场震幅指数来进行动态分析及设定指标或系数。在其计算品牌贡献的过程中，消费者对品牌的忠诚度利用层级金字塔（Brand Dynamics™ Loyalty Pyramid）来计算，主要参考因素有存在感、相关性、性能、优势和纽带，以上因素层层递进。

（六）数据来源

BrandZ 的数据来源包含超过 200 个产品和服务的分类。自 1998 年起，每年就 400 个研究领域对超过 15000 人进行采访，被采访对象包括职业人士和普通消费者。现有彭博社、Datamonitor 和 BrandZ 数据库。

（七）主要评价报告

主要评价报告有《最具价值全球品牌 100 强》《最具价值中国品牌 100 强》《中国出海品牌 50 强》。

Millward Brown Optimor 年度"百强品牌"是一个将品牌资产中消费者的衡量标准与财务数据相结合的品牌排名，它每年在《金融时报》进行国际性发布。

三　Interbrand（国际品牌咨询公司）

（一）机构简介

Interbrand（国际品牌咨询公司）创立于 1974 年，是全球最大的综合性品牌咨询公司，Interbrand 在全球 28 个国家和地区设有 42 个办事处。其客户群体覆盖全球财富 100 强中约 2/3 的公司。作为全球广告、营销和传播巨头宏盟集团（Omnicom Group）的成员企业，Interbrand 从属于恒美广告（DDB），并与 BBDO、TBWA 两大广告营销公司保持紧密的合作。

目前 Interbrand 旗下拥有 3 家子公司，分别是 Interbrand Health（医疗品牌服务公司）、Interbrand Design Forum（零售品牌服务公司）和 HMKM（致力于为零售机构提供品牌视觉设计服务的工作室）。

Interbrand 的全球品牌评价总监是麦克·罗查，负责领导 Interbrand 的品牌评价业务。麦克·罗查毕业于剑桥大学，同时拥有特许会计师和特许营销师证书。他在品牌管理和品牌评价领域工作超过 15 年，认为最有效的评价方式应为涵盖定量和定性分析方法的整体评价，并考量企业组织内外的品牌强度，发挥营销外的力量，为企业创造持续活跃的路径，强化品牌体验，并驱动企业成长。

（二）主营业务

Interbrand 提供的服务包括品牌价值研究、品牌资产估值、品牌战略制定、品牌命名与品牌设计、品牌宣传、品牌管理以及品牌保护等。

Interbrand 运用研究、分析和创意，以深入获取了解与品牌、客户及市场相关的未满足的需求和机遇，以此为商业创造价值；通过清晰地定义品牌目的、识别和角色为未来建造有战略性和创意性的根基，为商业创造识别、区分忠诚客户及其价值；利用产品、服务、行为、沟通与环境的创造和整合，创造独特并具有整体性的体验，把人和品牌通过有意义的方法连接起来；通过战略计划、技术平台及内部参与，把品牌体验带到市场，以增强内部市场营销和品牌管理能力。

自 2001 年起 Interbrand 进入中国，并推出反映中国品牌现状的品牌评价研究报告。

（三）价值主张

Interbrand 认为"品牌评价可以为公司的品牌表现提供通用语言。品牌

强度因素所涵盖的责任可以被分配给不同职能部门，为横跨企业组织的品牌创造联系和责任意识"。

Interbrand 主张企业应重视品牌评价，因为 Interbrand 认为品牌评价可以在以下三个大的领域里被应用并施加影响：财务、品牌管理、战略与案例发展。

（四）对品牌及品牌价值的描述和定义

Interbrand 认为品牌是代表一家公司的一系列产品或服务的感知信息和印象信息，品牌代表了一家公司对所交付的产品或服务的承诺及体验。品牌可以让买家较容易地识别一家公司所提供的任何东西，品牌的发展要通过具有一致性关键信息的广告传播、家人亲友同事同学的推介、与公司及其代表的互动、生活中使用产品或服务的体验等方式在长期内实现。

Interbrand 对品牌价值的描述就是贴现后的品牌未来收益净现值（Net Present Value of Brand Earnings）。

（五）理论模型与评价方法

Interbrand 认为，应该以未来收益为基础评价品牌资产。[①] 在该方法中，将企业的市场占有率、产品销售量以及利润状况作为基础信息，结合专家分析判断的品牌强度，计算出品牌价值。其计算公式为：

$$E = I \times G$$

其中，E 为品牌价值，I 为品牌给企业带来的年平均利润，G 为品牌强度。

在这个评价公式中，品牌强度 G 在评价品牌价值中起着关键作用。

Interbrand 研究品牌强度涉及 7 个测量指标，即领导力、稳定力、市场力、国际力、趋势力、支持力和保护力。Interbrand 分别对每个指标规定了不同的权重（见表1）。

---

① 刘元启：《品牌价值的评估与管理策略》，《创新科技》2007 年第 2 期，第 50 ~ 51 页。

表 1　Interbrand 模型评价指数及权重

评价指标及其属性		品牌实力评价指标的含义	权重（%）
领导力 （Leadership）	1. 市场占有率 2. 品牌知名度 3. 品牌定位 4. 竞争者状况	指品牌影响市场、占有市场份额，并成为主导市场力量的能力。它反映品牌在同行业中所处的竞争地位	25
稳定力 （Stability）	1. 品牌寿命 2. 连续性 3. 一致性 4. 品牌识别 5. 风险	指品牌建立在消费者忠诚和历史基础上的长期生存的能力。它反映品牌在市场上生存能力的大小	15
市场力 （Market）	1. 市场类型 2. 市场特性 3. 市场容量 4. 市场动态性 5. 进入壁垒	指品牌交易的环境，如增长前景、变动性、进入壁垒等。它反映品牌目标市场状况	10
国际力 （Internationality）	1. 地理扩散 2. 国际定位 3. 相对市场占有率 4. 品牌声誉 5. 品牌雄心	指品牌超越地理和文化障碍的国际化能力。它反映品牌蕴意的文化包容性	25
趋势力 （Trend）	1. 长期市场占有率表现 2. 预计品牌表现 3. 品牌计划的敏感性 4. 竞争者行动	指品牌正在发展的方向和品牌保持时代感及与顾客保持一致的能力。它反映品牌在多大程度上与社会发展趋势相一致	10
支持力 （Support）	1. 信息的一致性 2. 开支的一致性 3. 高于或低于基准水平 4. 品牌特许	指营销宣传活动的数量和频率。它反映品牌与社会公众，特别是与目标市场群体沟通的有效程度。获得持续投资和重点支持的品牌通常更具有价值	10
保护力 （Protection）	1. 商标注册与可注册性 2. 普通法律保护 3. 争议或诉讼	指品牌所有者的合法权利。它反映品牌的合法性与受保护的程度	5

Interbrand 品牌评价步骤如下。

估值的三个关键部分：一是品牌化产品或服务的财务分析；二是消费者采购决策中的品牌因素；三是品牌竞争强度。

（1）评价带给企业投资人的经济利润等财务收益。在这里，经济利润是指品牌税后运营利润减去用于实现品牌收益和利润的资本所得的结果。

（2）评价购买决定中品牌所占的比重与其他因素对比的比例（如购买驱动因素包含价格、便利性或产品特性等），利用品牌作用指数（RBI）将其量化为百分比。在评价过程中，计算该百分比的方法主要有三种：第一手资料研究、品牌在行业中的历史角色定位、专家评审小组评审。

（3）品牌强度用来评价品牌创造忠诚度及由此产生的未来可持续性需求和利润。品牌强度分析基于 Interbrand 所评定的 10 个可以左右品牌成长的因素。品牌强度分析可以呈现一个品牌的优势和劣势。

（4）通过对比同行业世界顶级品牌的表现，评价特定品牌的表现。

（5）计算未来品牌收益的净现值，按照品牌贴现率进行贴现，所得数值即品牌价值。

（六）数据来源

Interbrand 的数据来自消费者产品数据、汤森路透公司、被评价公司的年报、社交媒体信息来源和社交媒体分析支援。

（七）主要评价报告

Interbrand 每年发布具有较强影响力的年度全球最佳品牌排行榜和新锐品牌排行榜，另外还有最佳医药品牌排名、最佳荷兰媒体品牌排名、最佳零售品牌排名、最佳荷兰保险品牌排名、最佳绿色品牌排名以及各个国家或地区的最佳品牌排名。关于中国，Interbrand 发布《最佳中国品牌》。

从 2001 年开始，Interbrand 每年与《商业周刊》联合发布《全球最佳品牌报告》。2017 年，Interbrand 尝试与更多媒体合作，如《时尚商业》《市场周刊》《时尚芭莎》《商业内参》等，目前已暂停在《商业周刊》上发布。

四 Futurebrand（未来品牌咨询公司）

（一）机构简介

Futurebrand（未来品牌咨询公司）成立于 1999 年，是一家全球性的品牌设计与咨询公司，总部位于英国伦敦，并在全球 25 个城市保持运营。Futurebrand 致力于关注实际生活中的实时消费者趋势、产品或服务的创新。作为一家专业的品牌和体验设计公司，Futurebrand 专长于品牌 Logo 及视觉识别系统设计、视觉设计、品牌感知研究与评价。其服务的主要客户有宝洁（P&G）、微软（Microsoft）、英特尔（Intel）、雀巢（Nestle）、万事达卡公司（MasterCard）、联合利华（Unilever）、百事可乐（Pepsi-Cola）等。

Futurebrand 从属于世界著名的市场营销集团 IPG。在 IPG 体系内，Futurebrand 从 属 于 广 告 创 意 及 制 作 公 司 麦 肯 · 埃 里 克 森（McCann Erickson），其与 IPG 集团旗下的 Healthcare Worldwide（健康世界）和 McCann Worldwide（麦肯世界）等营销传播公司保持紧密的合作关系。

汤姆·亚当姆斯是 Futurebrand 的全球战略总监，是一名具有全球经验的品牌战略专家。他曾创建并成功运营了全球排名前 100 的数字营销机构——Mook，在此期间积累了与跨国公司客户携手合作的丰富经验。此后，汤姆·亚当姆斯在数家全球顶尖营销传播机构从事战略工作。现在，他在 Futurebrand 是全球核心领导层的一员，负责企业战略、集团发展以及公司的全球方法论发展。

（二）主营业务

Futurebrand 分 为 三 大 事 业 部，FutureBrand Speck、Hugo & Cat 和 FutureBrand UXUS，分别主营产品和行业设计、数字在线设计及零售业务。三大事业部同时提供咨询、调研、战略设计、品牌系统设计、产品设计和品牌运营服务。

（三）价值主张

Futurebrand 有以下价值主张。

（1）数字转型是企业业务增长的重中之重。数字转型是近年来所有企业组织关注的核心领域，由先端技术应用所带来的具有更紧密联结性的客户体验为企业品牌带来极高的附加值。

（2）"未来品牌"的驱动因子转向体验改善。一个品牌如果想保持着眼未来的潜力，需要不断改善产品、服务、客户、员工几大方面的体验。

（3）客户服务重于技术研发。消费者越来越重视客户服务体验，良好的客户服务体验会在新时代极大地提高客户对品牌的忠诚度。

（4）面向消费者业务的品牌在联结性经济中的地位越来越重要。面向消费者业务的品牌在未来联结性经济模式中将具有明显的典范性，而且会走在品牌联结性体验改善的前列。

（5）注重新客户体验是未来主流。随着市场竞争的加剧，新的竞争对手层出不穷，不论是 B2B 企业还是 B2C 企业都面临不断吸引新客户的挑战，如何不断刷新新客户体验是决定品牌黏性的关键。

（四）对品牌及品牌价值的描述和定义

Futurebrand 并未给出特定的关于"品牌"二字的定义，但是从其为客户提供的服务范围来看，其对品牌的理解涵盖视觉、性格、消费者体验、数字、创新、雇员体验、产品与服务等领域。在 Futurebrand 看来，这些元素是现代商业品牌的核心组成部分。

作为一家致力于品牌设计与管理而非品牌财务表现评价的公司，Futurebrand 也未给出品牌价值的定义。

（五）理论模型与评价方法

Futurebrand 的品牌感知度排名以 6 个维度下属 18 个指标为基础进行构建。通过向全球范围内一定层次的人群进行问卷调查（集中于 18 个指标），然后将问卷调查结果进行定量排列，即可得出综合评分。

Futurebrand 由此还制作了 Futurebrand 品牌感知度雷达图（见图 1），可以根据维度图直观地看出一个品牌在哪些方面强势，在哪些方面存在不足。

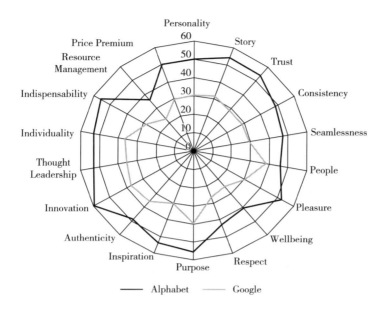

图1　Futurebrand 品牌感知雷达图示例

此外，通过理念维度图重叠对比，可以看出品牌感知度的趋势，为品牌建设自我改进提供直观的战略依据。此外，根据平均目的得分（Average Purpose Score）和平均体验得分（Average Experience Score），FutureBrand 将100 个品牌划分为五大类：普通品牌（Corporate Brand）、最受欢迎的品牌（Most Admired Brand）、注重体验的品牌（Experience Brand）、注重目的的品牌（Purpose Brand）以及未来品牌（Future Brand）。其中，"未来品牌"是指在"目的性"和"体验性"上保持绝佳平衡的公司，这些公司可以被视为"最未来"的公司。

如前文所述，Futurebrand 品牌感知度排名的方法论非常直观，主要通过单选题形式的问卷调查收集调查结果，然后进行定量分析及数据排序，即可得出雷达图。其指标即前面所述的 18 个指标，这些是问卷调查的子主题。由于其品牌感知体系与算法无关，所以这 18 个指标并不存在百分比或者分解。

这 18 个具体指标包括 Personality（魅力）、Story（情怀）、Trust（信任）、Consistency（持续性）、Seamlessness（无漏洞）、People（人）、

Pleasure（愉悦感）、Wellbeing（幸福）、Respect（尊敬）、Purpose（目的）、Inspiration（灵感）、Authenticity（可靠性）、Innovation（创新）、Thought Leadership（思想领导力）、Individuality（个性）、Indispensability（不可缺少）、Resource Management（资源管理）、Price Premium（溢价）。

（六）数据来源

Futurebrand 调查的数据来自 17 个国家满足以下条件的 3000 名成员。

（1）了解 100 强中的 7 家或以上企业，同时还要展示出理性的认识能力。

（2）年龄从 21 岁到 75 岁，男女均衡，不包含未就业人士和学生。

（3）其中含有大量的专业人士、董事会成员、总经理、总裁、高级经理、意见领袖等，同时也有初级管理者、初级执行者、店主、小企业主、教师、护士等高知识人群。

其榜单入选的 100 强企业来源于普华永道（PwC）定期发布的"全球市场资本总额 100 强公司"。

（七）主要评价报告

自 2005 年起，Futurebrand 开始发布品牌指数排行榜"Futurebrand Index"。与其他专业的品牌价值评价机构相比，Futurebrand 只定期发布与企业相关的排名，即全球品牌感知度 100 强排名（Global TOP 100）。这份报告的 100 名对象来自普华永道全球资产排名前 100 的企业，但不同于常规的榜单，市值及营收等财务数据并非排名的首要权重，而是"感知"。并且，该榜单还根据品牌在"感知"层面的表现来预测其未来走向。

五　Y&R's BAV Group（扬罗必凯公司）

（一）机构简介

Y&R's BAV Group（扬罗必凯公司）成立于 1923 年，是世界知名的市场传播营销机构之一，目前在全球 90 个国家和地区拥有多达 190 个运营据点。Y&R's BAV Group 同 Kantar Millward Brown 一样都是全球最大的营销传播巨头 WPP 集团旗下的子公司。Y&R's BAV Group 的口号是"拒绝平庸"，致力于创意、营销传播内容生产及制作、数字化策略、品牌战略及策划、社交媒体策略、移动端市场营销、新兴媒体传播策略等。

Y&R's BAV Group 旗下的品牌资产计数器业务（BAV Lab），是通过对品牌各项数据的分析，提高品牌的创造力，激发消费者对品牌的热情，帮助企业为其品牌战略做出更好的决策。

BAV 业务主席迈克尔·萨斯曼负责 Y&R's BAV Group 旗下 BAV 业务群的运营，负责领导策略团队发展和完善 BAV 业务的模型及应用。他所领导的团队以定量和定性的方式与各领域的品牌合作，其客户包含 NFL、NHL、Harley、Davidson、Dell、Netflix、Target、Hilton。他同时也为一些著名的广告业内杂志撰稿，如 *Advertising Age*、*Advertising Week* 以及 *Campaign US*，还是耶鲁大学、纽约大学、哥伦比亚商学院等知名院校的客席讲师。迈克尔·萨斯曼在霍夫斯特拉大学获得了博士学位。

1986 年，Y&R's BAV Group 与中国国际广告公司和日本电通广告公司合资成立了中国第一家合资 4A 广告公司——中国电扬广告公司，在中国推广国际专业广告公司的品牌实践经验及模式。

（二）主营业务

Y&R's BAV Group 主要从事顾问咨询、品牌创意、品牌传播、媒介策略、广告策略、销售/促销策略、市场整合方案，以及印刷制作和代理发布、基于数据库的互动行销等业务。

（三）价值主张

Y&R's BAV Group 认为不仅要帮助客户理解品牌的不同作用，而且要深入探索品牌在企业文化中的角色。将数据背后的事实延展成品牌故事，深入研究将品牌和顾客联结起来的共识。集中资源讲述品牌故事，持续创新孵化。

（四）对品牌及品牌价值的描述和定义

Y&R's BAV Group 通过四大维度定义优秀品牌，即差异性、相关性、尊重度和认知度。

（五）理论模型与评价方法

Y&R's BAV Group 品牌资产评价模型（Brand Asset Valuator）的前身是朗涛形象力模型（Landor Image Power）。该公司每三年进行一次消费者调查，采用邮寄方式由消费者自填问卷，调查范围覆盖 19 个国家的 450 个全球性品牌以及 24 个国家的 8000 多个区域性品牌。从品牌差异性、相关性、尊重度和认知度 4 个维度衡量[1]，形成了 Y&R's BAV Group 品牌资产标量方法论。

1. 差异性（Differentiation）

差异性是确保品牌同其竞争对手区别开来的立足点。一个品牌需要尽可能地具有独一无二的特征，品牌的健康程度是基于向消费者提供一系列的差异化承诺来构建并维护的。

2. 相关性（Relevance）

相关性是品牌对于最广泛的消费者细分群体来说具有实际意义并有可能被感知的重要性的部分。相关性用来评价品牌对消费者的个人适应性，并应与以家庭为单位的渗透度紧密相连。

3. 尊重度（Esteem）

尊重度是关于消费者针对品牌增长或减少的流行度，由被感知到的质量和消费者感知度导出。尊重被两个因素驱动：知觉的质和量；不同国家的文化、知觉的质和量因素有什么不同。

4. 认知度（Knowledge）

认知度是消费者对品牌及其身份的理解程度和知识广度。对品牌的认知度高，意味着消费者知晓品牌的意味和内涵，显示出消费者和品牌的亲密关

---

[1]　李津：《基于隐性需求的动漫品牌资产形成研究》，天津财经大学博士学位论文，2009。

系。品牌知识的形成建立在差异性、相关性和尊重度的基础之上。[1]

在消费者评价结果的基础上,该模型建立了两个因子:①品牌强度(Brand Strength),等于差异性与相关性的乘积;②品牌高度(Brand Stature),等于品牌地位与品牌认知度的乘积。进而构成了品牌力矩阵,可用于判断品牌所处的发展阶段。

(六)数据来源

调查数据来自遍布全球的 10000 名调查对象,以邮寄问卷的形式每三年对 10000 多个品牌(400 多个全球性品牌、8000 多个区域性品牌)进行覆盖性问卷调查。25 年来,Y&R's BAV Group 获得了来自 52 个国家 59000 个品牌的 90 亿份数据。

(七)主要评价报告

每年 Y&R's BAV Group 和 US News、World Report、The Wharton School 共同发布《最佳国家报告》。除国家评级报告外,Y&R's BAV Group 还有分国家或地区的品牌报告,分析描述该国家或地区品牌在国际上的表现,如《英国品牌表现报告》。

六 Reputation Institute(声誉研究所)

(一)机构简介

Reputation Institute(声誉研究所)是一家以声誉研究为基础的世界级咨询和顾问公司,由宾夕法尼亚大学沃顿商学院查尔斯·福伯恩(Dr. Charles Fombrun)教授和荷兰伊拉斯姆斯大学鹿特丹管理学院塞斯·B. M.·范瑞尔(Dr. Cees van Riel)教授于 1997 年共同创立。Reputation Institute 帮助许多

---

① 李津:《基于隐性需求的动漫品牌资产形成研究》,天津财经大学博士学位论文,2009。

世界一流企业通过更为自信的商业决策来开发和保护声誉资本,分析风险和可持续议题,提升竞争优势。Reputation Institute 最为知名的声誉管理工具是声誉测评模型(RepTrak® Model),用于分析企业和机构的声誉;所发布的全球企业声誉测评百强榜(Global RepTrak® 100),是世界上规模最大、体系最完备的企业声誉研究成果。Reputation Institute 的国家声誉景气度模型(Country RepTrak®)和城市声誉景气度模型(City RepTrak®)也成为既定地域内跨组织声誉研究的典范。

Reputation Institute 是声誉管理和衡量的标准制定机构,探索利益相关者收购、投资和运营该公司的可能性,发现运营企业的最佳路径,为企业领导者做出更自信的业务决策提供帮助,致力于建立、保护企业的声誉资本并驱动其竞争优势。

Reputation Institute 在北京设有办事机构。

(二)主要业务

Reputation Institute 主要帮助客户了解其顾客需求,描绘 15 大经济体的公司声誉地图,识别公司声誉风险和机会,指导公司营销和交流战略,从而提升业绩。20 多年来,Reputation Institute 一直致力于建立测量公司声誉的"黄金准则"。目前,Reputation Institute 将目光投向把可靠的时间、可落地的方案和有效投资投入公司运营,从而更加深入地分析公司运营状态。Reputation Institute 网站提供咨询建议服务、资讯中心,以及声誉管理知识等内容。其业务分为三类。

(1)学术:出版季刊,举办年会,建立博士后流动站,提供培训。

(2)研究:发布企业、城市、国家声誉的数据、模型和公共性报告。

(3)咨询:声誉开发、维护、风险管理。

(三)价值主张

Reputation Institute 主张开发声誉管理学科前沿知识与技术,引领声誉管理应用尖端设计与实践。

（四）对品牌和品牌价值的描述和定义

从竞争的角度看，品牌一般仅面对消费市场，是营销传播的主导工具之一，其核心价值在于强化消费方认同，为企业创造产品溢价。品牌对与消费者以外的利益相关方的作用极为有限。随着信息对称性的日益提升，品牌对消费者的作用逐渐弱化，竞争会回归品质较量。

从传播的角度看，品牌突出企业诉求，却不体现其他利益相关方的诉求，更难以确立双向沟通。因此，营销传播不仅依靠品牌，更需要通过公关、推广、活动、赞助等其他手段来强化对消费市场的影响效力。

从声誉的角度看，品牌的价值、作用可以通过声誉来体现。

（五）声誉定义

Reputation Institute 将声誉定义为保证以下行为的情感纽带：顾客购买产品和服务；顾客识别公司；员工工作认同；投资者支持；政策制定者颁布经营执照；雇员传递公司战略。

（六）理论模型与评价方法

Reputation Institute 主要通过 4 项感性认知描绘公司声誉，分别是好感、信任、欣赏、尊重。企业有 7 大维度提升声誉，分别是产品和服务、创新、领导力、职场、公司治理、企业公民、业绩。地域的 3 大领域是文化、经济、治理。

针对 7 大维度，Reputation Institute 设计了不同的提升声誉的具体行为，并证明了这些行为确实提升了公司声誉。

理论模型包括 Corporate RepTrak® 企业声誉景气度模型、Country RepTrak® 国家声誉景气度模型、City RepTrak® 城市声誉景气度模型、CSR RepTrak® 企业社会责任声誉指数模型、RepTrak® Risk 企业声誉风险指数模型。

评价方法为量化及定性研究。

（七）数据来源

Reputation Institute 调查了来自 40 个国家 25 个行业超过 7000 家公司的 15 组以上的利益相关者，建立了自己庞大的声誉数据库。

（八）主要评价报告

Reputation Institute 发布的全球企业声誉测评百强榜（Global RepTrak® 100）是世界上规模最大、体系最完备的企业声誉研究成果，出版的学术刊物有《企业声誉评论》（*Corporate Reputation Review*）；《全球国家声誉报告》，对全球"50 ＋"国家的政治、经济和文化进行声誉测评；《全球城市声誉报告》，对全球"50 ＋"城市的政治、经济和环境进行声誉测评；《全球声誉百强企业报告》，对全球"3000 ＋"企业进行声誉测评。出版书籍多部，其中中文版有《企业传播原理》《协同力》《声誉与财富》。

七　总结

国际品牌评价体系基于成熟的市场经济和全球性的品牌数据，形成了包括品牌评价体系、品牌排行榜、品牌专业服务在内的完整的品牌服务体系，因此有影响力的全球性品牌评价体系都符合我们设定的全球品牌评价对标研究的重要特征。通过对比也能发现，品牌评价体系构建的背景、目的、立场、标准、品牌价值观等存在差异，导致以上评价标准体系的诉求不同、侧重点不同，评价结果也不同，但从根本上看，品牌价值观决定品牌评价标准的设计。无论用哪种评价标准和方法评价全球品牌，都无法形成一个被业界或社会公认的"完美标准"。但是有一个事实不容忽略，绝大部分进入全球品牌榜单的品牌，本身就具有全球领先、高识别度、拥有行业定价权、企业生命周期长等特征，可见品牌行业影响力、品牌定价权和长期收益价值是全球大品牌的共同属性。

研究与实践表明，国际品牌评价体系也存在很多不足之处。例如，

Interbrand 是基于品牌未来收益对品牌进行评价的模式，对处于成熟且稳定市场的品牌而言，这一品牌估价方法相对有效。但是如果经济发展波动较大，就会导致对未来若干年的销售额和利润的预测存在较大的不确定性，从而影响其评价结果的可靠性。另外，Interbrand 评定品牌强度的 7 个因素是否涵盖所有反映品牌价值的重要方面、各个方面的权重是否恰当，以及对于同行业来说其权重分值设置是否适用，都是在评价具体品牌时不可回避的问题。

再如，Brand Finance 的评价基准是以"权利金节省法"为核心的评价模式，非常具有创造性，并且从各项指数分解来看，尤其是其使用贴现现金流量来导出净现值这一点，使其评价方法论所带来的评价结果具有很强的客观性。但是一些基于免费经济模式的互联网企业，即使拥有非常高的知名度和庞大的用户群体，但其盈利能力有可能在可预见的时间内是非常差的，用这一品牌评价方法就难以衡量这类企业的品牌价值。

横向比较国际上被公认为权威的品牌评价方法论体系，BrandZ 的评价体系是唯一一个通过大量访查数据从而将消费者的意见纳入品牌评价考量的体系，这使该品牌评价的最终数字具备相对全面的特征，在公众传播中具有更强的说服力。尽管 BrandZ 有十分富有逻辑性的方法论以及相对庞大的数据库做支撑，但其品牌贡献率和品牌倍数的计算过程在很大程度上依赖内部分析师团队的分析。这种方法使 BrandZ 品牌评价的主观经验因素比例相对较高。对于公众而言，一旦注意到其包含相对较高比例的主观性因素，可能会对其品牌评价的公信力产生怀疑。

Futurebrand 品牌感知度排名的核心关注点是消费者对品牌各个维度的印象，该排名体系为各企业追踪自己的业务运营和品牌建设情况提供了最直观的依据，为其实际业务调整指明方向。但是此排名体系对 B2B 业务品牌难以评价，因为 B2B 品牌的产品或服务的专业性门槛相对较高，绝大部分普通消费者对 B2B 品牌的印象也只是泛泛而谈，其调查问卷采集无法完全真实反映 B2B 品牌给企业级客户的最真实体验。

Y&R's BAV Group 品牌资产标量的可借鉴之处是简单易用，覆盖范围

广，有问卷调查作为基础，突出了品牌力的评价，有利于企业进行自身品牌定位的再认知，以便及时做出品牌策略的调整。该评价方法完全没有考虑品牌的盈利能力，对品牌实际意义上的价值没有涉及，只能当作战略咨询中一个变量极大的参考信息，而不能用来进行品牌价值评价。

与国际品牌评价体系相比，中国自主品牌评价体系目前还处于探索阶段。国际品牌评价体系虽然也存在一些不足，但有一点是值得中国借鉴的，就是品牌价值判断要符合品牌的内在规律，品牌评价标准体系的设计要符合品牌价值属性，品牌评价要服务于企业品牌价值管理目的。

ISO 10688品牌评估国际标准解读

杨曦沧　徐　馨*

摘　要： 国际化标准组织（ISO）2010年发布的ISO 10668（第一版）《品牌评估　品牌货币化评估要求》是国际标准组织第一次对品牌定义、品牌价值来源、品牌评估目的、品牌评估基本原则、品牌评估财务模型做出规范性说明的文件，并被中国品牌评价国家标准《品牌评价　品牌价值评价要求》（GB/T 29187—2012）等同采用，同时为Brand Finance、Interbrand等国际主流品牌评价机构所理解与接受，对其进行分析研究有助于中国自主品牌评价体系与国际接轨。

关键词： 国际标准　品牌定义　价值来源　财务模型

2010年9月，德国、中国联合12个国家发布了国际标准ISO 10668（第一版）《品牌评估　品牌货币化评估要求》，该标准第一次以国际标准形式规范了品牌定义以及品牌价值评估的概念，给出了品牌货币化评估的原则、路径、目的以及报告要求的一般指导原则，为品牌价值评估提供了财务、行为和法律方面的一致且可靠的方法。我国发布了《品牌评价　品牌价值评价要求》（ISO 10668，IDT）国家标准。

---

* 杨曦沧，品牌中国战略规划院副院长，北京国信品牌评价科学研究院院长，研究方向为品牌评价、品牌金融；徐馨，北京国信品牌评价科学研究院特约研究员，中央美术学院硕士研究生，研究方向为艺术经济。

国际标准化组织（ISO）成立于 1946 年，中国于 1978 年成为该组织正式成员。ISO 现已发布了 17000 多个国际标准，包括 ISO 9000 质量管理系列标准。ISO 10668 是由国际标准化组织/品牌评价技术委员会（ISO/TC231）起草的。鉴于该标准是由国际标准化组织在全球颁发的第一个品牌货币化评估标准，又被我国品牌评价国家标准《品牌评价　品牌价值评价要求》（GB/T 29187—2012）等同采用，同时为 Brand Finance、Interbrand 等国际主流品牌评价机构所理解与接受，因此对其进行解读有助于我国自主品牌评价体系与国际接轨。

本报告对国际标准化组织 2010 年发布的 ISO 10668（第一版）《品牌评估　品牌货币化评估要求》予以分析、解读，涉及范围和定义、价值来源、评估目的、基本原则、财务评估方法五个主要方面。

一　范围和定义

ISO 10668 第一、第二部分介绍了该标准的功能、框架，以及对品牌、资产等核心术语的明确定义。该框架包括目标、评估依据、评估方法、数据来源和基本假设，明确了准则的基本结构，只有在基本框架下才能生成合理的评估体系。

ISO 10668 定义部分明确了"资产"的权益属性，即特指一个实体所控制的合法权益或可组织的资源，这些权益和资源具备产生经济利益的能力。同时，说明品牌的价值即可转让的货币单位测量的经济价值，用贴现价值表现。

针对品牌定义各要素，该标准界定了品牌这一无形资产的法律范畴、财务范畴和行为范畴，并将品牌定义为：与营销相关的无形资产，包括（但不限于）名称、用语、符号、形象、标识、设计或其组合，用于区分产品、服务和（或）实体，或兼而有之，能够在利益相关方意识中形成独特印象和联想，从而产生经济利益（价值）。可以看出，ISO 10668 对品牌的定义与美国市场营销协会（AMA）对品牌的定义，以及 WTO《与贸易有关的知识产权协定》（TRIPS）中对商标的定义相契合。需要指出的是，该品牌定义突出了品牌是与营销有关的无形资产这一资产属性，同时强调了品牌能在利益相关者意识中形成独特形象和联想从而产生经济利益这一价值属性。其界定的利益相关者范围包括但不限于客户、消费者及潜在消费者、雇员及潜在雇员、供应商、股东、投资者、意见领袖、政府和非政府组织等。

二　价值来源

ISO 10668 提出了品牌经济价值来源，对构建品牌价值评估维度提供了指引。

品牌经济价值体现在三个方面：①品牌通过信息的连接，能创造更好的认知，从而提高公司各种沟通活动的效率，有利于提高品牌经营的利润率；②品牌促进产品和服务的差异化，从而对顾客的购买行为产生积极影响，最终带来财务增长；③品牌有利于获取和保留顾客，从而增强业务的可持续性，并降低公司的经营风险。[①] 以上对品牌价值的界定与美国市场营销协会在 1999 年提出的品牌评价必须有明确定义和维度特征等要求相一致，对确定品牌评价维度具有重要价值。

ISO 10668 强调品牌的核心价值在于利益相关方与资产相关联产生的价值，因此评价时要充分考虑利益相关方的不同诉求并进行横向和纵向对比。ISO 10668 将财务评估方法和品牌行为相结合，这一方法同样适用于互联网品牌的价值评估。

三　评估目的

ISO 10668 规定了品牌评估的目的和内容，其中品牌评估的目的涉及财务、法律和运营，包括信息管理、战略计划、价值报告、会计业务、清算、

---

① 中国资产评估协会：《品牌·价值·评估》，厦门大学出版社，2013。

法律执行、授权许可、诉讼支持、解决争议、纳税计划和符合性、贷款和集资。针对行为、法律、财务等不同的评估目的，以及不同的评估体系和机构，可以运用国际标准开展品牌评估业务。主要的机构有：资产评估机构，从事与品牌价值有关的授权许可、诉讼支持、解决争议和融资等业务；会计师事务所，从事与品牌价值有关的会计业务、清算、法律执行、税务计划和融资等业务；品牌评价机构，从事与品牌价值有关的信息管理、价值报告、授权许可、诉讼支持和解决争议等业务；品牌咨询机构，从事与品牌价值有关的战略计划等工作。目前国际知名品牌排行榜多由品牌咨询机构编制发布。

四　基本原则

针对不同的企业行为和市场形势要采用适宜的评估途径和准确的评估数据，这是 ISO 10668 确立品牌评估准则的基本原则。具体来说，要全面、细致地评价重要的利益相关方对品牌的感知以及与竞争品牌的差异，从而确立消费者忠诚度等品牌价值特征，再确立评估体系。同时特别强调，如果品牌评价缺乏利益相关方对品牌与竞争品牌感知情况的全面、细致的比较分析，那么对品牌价值和品牌特定风险的评价通常是无意义的。

在该原则下，ISO 10668 认为品牌行为和法律表现在品牌评价中至关重要。行为评价包括品牌强度、品牌对需求的影响等。品牌强度的测量包括认知度、感知特征、知识、态度和忠诚度等。鉴于为品牌评估提供的品牌强度数据的质量和数量在品牌之间有显著差别，因此需要在同类品牌中进行横向比较。ISO 10668 认为关于现在和未来的品牌价值应考虑品牌关联性指标，因为该指标能够影响品牌未来在目标市场中的表现。

法律评价的标准包括不同国别下商标、版权、设计权的注册保护，以及持有人的明确细则。对于影响市场感知的法律权益变动，以及重名商标、授权的行为对品牌价值的稀释等相关法律参数都应计入考量。ISO 10668 一并强调，除了有少数例外（如欧盟商标体系），只在国家层级有保护品牌的合法权益。

五 财务评估方法

财务评估的前提是基于原则满足对行为的分析。财务评估的具体方法包括收入法、市场法和成本法。当采用收入法时，为了确定可归因于品牌的货币比例以及在确定贴现率时评价与品牌相联系的风险，必须对品牌的行为方面进行分析。当采用市场法时，为了确定适当的倍数，必须分析品牌的行为方面。当采用成本法时，为了确定建立相等效用的类似品牌的成本，必须分析品牌的行为方面。除了以上针对不同方法的行为评定外，整体还应确定消费者行为、竞争活动、商标强制执行等行为。

收入法包括溢价法、批量溢价法、收入分割法、多周期超额利润法、增量现金流量法和特许使用费免除法六种（见表1）。收入法依据品牌价值定义，要在经济寿命期内预期收到的经济利益的现值测量品牌价值，并排除税收。溢价法要找到无品牌产品，或在行为上判断感知度和忠诚度等品牌强度低的品牌。批量溢价法要考虑在市场不完善或市场份额较大或市场份额增长较快情况下的数据处理。收入分割法要通过重复购买和口碑评述等行为，识别品牌对增加收益或减少成本的贡献。增量现金流量法不仅要考虑增量，而且应注重品牌授权降低营销成本等间接收益。贴现率反映品牌特殊风险，在预测时要评价行为、市场和法律等方面的影响。当采用市场法时，作为可比的品牌应具有与接受评价的品牌相似的特性，如品牌优势、货物和服务、经济和法律状况。同时，在市场法下，评价应考虑独立第三方在交易中所做的实际议价可能反映现在的持有人不能实现的战略价值和协同效果这一事实。

在财务评估方法中，市场法要测量其他购买者在市场上为被合理地认为与接受评价的资产相类似的资产所支付的价值；成本法要根据在创建品牌的投资成本或替换品牌、复制品牌的成本来测量品牌的价值。[①]

---

① 郭政、季丹：《ISO 10668 的内容、影响与应对之策》，《标准科学》2011 年第 9 期，第 16 ~ 19 页。

表1 财务评估方法

评估途径	方法描述	适用范围	考虑因素	法律与行为	数据来源
收入法之溢价法	通过参考品牌产生的溢价估计品牌的价值	需要无品牌产品用来比较，或用品牌优势最低的品牌产品替代	是否要节约成本从而采用批量溢价法、品牌的可用经济寿命	品牌强度，包括感知度和忠诚度等	企业现金流量数据、评价人员识别
收入法之批量溢价法	通过参考产生的批量溢价估计品牌价值	为了节约成本且市场份额带来的现金流量可计算	不完善市场中垄断等情况、市场份额较大或市场份额上升较快、品牌的可用经济寿命	品牌强度，包括感知和忠诚度等	企业现金流量数据、评价人员识别
收入法之收入分割法	评价归因于品牌经济利益部分的品牌价值的现值	行为导致的收益变化可计算	品牌的可用经济寿命、消费者行为	用户重复购买、口碑	企业资本占用费、净经营利润、评价人员识别
收入法之多周期超额利润法	扣除经营企业所需的所有其他资产的收益后评价品牌价值的将来残余现金流量的现值	有形资产和无形资产的资本成本可分离计算	折现率、品牌的可用经济寿命	无形资产相关行为	企业内部数据、评价人员识别
收入法之增量现金流量法	与没有品牌的企业比较，计算收益增量和成本减少	可以找到没有此种品牌的企业	收益增加、成本降低、品牌的可用经济寿命	确定可归因于品牌的货币比例	企业收益或成本降低数据
收入法之特许使用费免除法	假设并不拥有品牌而是通过特许使用权使用品牌，通过节省特许权使用费的现值	特许权使用费确定	特许权使用费、品牌的可用经济寿命	特许权使用和直接品牌对利益相关者的影响	市场通行费用、现有使用特许权经营的企业
市场法	测量其他购买者在市场上为被合理地认为与接受评价的资产相类似的资产所支付的价值	合理出售价格可估计	可比的品牌应具有与接受评价的品牌相似的特性，如法律状况、战略选择和协同效果	明确法律状况、关联优势、战略认同等	市场上其他可比品牌的出售价格
成本法	根据在创建品牌的投资成本或替换品牌、复制品牌的成本来测量品牌的价值	创建和保护品牌所花费的所有费用是可以估算的	对认知和优势造成的潜在损失进行调整	利益相关者行为相似	品牌建立过程中的经验数据

六　总结

ISO 10668 是国际上第一个有明确品牌定义的评估标准，同时明确了不同的评估目的应采用不同的评估途径。不同的评估目的也为不同机构如资产评估公司、会计师事务所、品牌评价机构、咨询公司等制定品牌评估标准、开展品牌评估工作提供了依据。如 Interbrand 在 2010 年就成为全球第一家获得 ISO 10668 认证的品牌策略顾问机构。

ISO 10668 作为标准的标准，将决定品牌资产价值的财务、法律和行为等方面的因素纳入考量范畴，其中财务确定品牌的货币化价值，法律确认品牌所有权，行为则是二者发生的基础，只有在行为发生、未来可预测的情况下，财务评估才是有意义的。

中国政府积极参与国际品牌评价标准的制定。2013 年中国联合美国向 ISO 提出了成立品牌评价标准化技术委员会的提案。2014 年 1 月，ISO 正式批准中美联合提案，成立了国际标准化组织品牌评价技术委员会 ISO/TC7289，中国担任秘书国，中国品牌建设促进会作为秘书处承担单位。在 2017 年奥地利召开的 ISO T7289 第四次全体会议上，由中国和奥地利牵头会同 12 个成员国共同研究制定的品牌评价基础和国际标准已经过会员国投票顺利通过。在此次全体会议上，中国代表团提出的地理标志产品区域品牌和旅游城市品牌两项分类国际标准提案也获得支持，其中地理标志区域品牌评价已经获得立项投票通过。中国开始在国际品牌评价标准建立上发挥重要作用。

评价篇

Evaluation Part

B.4
中国自主品牌评价体系发展综述

徐 馨 何建磊*

摘 要： 中国自主品牌评价体系自1983年我国恢复商标统一注册开始，在政府主导下，逐渐完成了中国名牌认定标准、中国驰名商标认定标准、中华老字号认定标准和中国地理标志认定标准的设立、取舍与完善。目前中国自主品牌评价体系形成了政府主导，行业协会及社会组织、学术研究机构、商业服务机构共同推进的局面。同时，共同面临价值判断和品牌定义、评价目的和评价主体、评价模型和行业认可等问题。中国自主品牌评价标准体系建设只有在真正理解品牌价值和满足标准作用的基础上，才能发展出立足中国国情、体现中国特色、瞄准世界前沿、具有全球话语权的品牌

---

* 徐馨，北京国信品牌评价科学研究院特约研究员，中央美术学院硕士研究生，研究方向为艺术经济；何建磊，北京国信品牌评价科学研究院研究员，研究方向为品牌管理。

评价标准体系。

关键词： 自主品牌　品牌认定　评价体系　团标建设

一　中国自主品牌评价发展回顾

品牌价值评价随着品牌在经济活动中地位的提升而逐步显现出来。我国自 1982 年《中华人民共和国商标法》颁布恢复商标注册以来，到 2017 年 5 月 10 日国务院批准设立"中国品牌日"，品牌价值评价的发展呈现三个特征：从依据国家标准进行品牌认定，到依据品牌评价指标模型进行品牌价值评价；从自主申报获得品牌认证，到通过市场调查进行品牌评价；从建立品牌国家及行业品牌评价标准，到积极参与建立国际品牌评价标准体系建设。这些发展体现了我国自主品牌评价体系建设向社会化、规范化、数据化、实用化、国际化发展的积极变化，这一切与我国经济快速发展、品牌在市场竞争中的作用日益显著密不可分。品牌是一个生态系统，品牌价值评价是品牌生态系统的重要组成部分，只有对中国品牌评价生态系统进行系统性的观察、分析和总结，才有助于中国打造具有国际影响力的品牌评价体系，也才有助于培育具有公信力的品牌评价机构。

中国自主品牌评价体系自 1983 年我国恢复商标统一注册开始，在政府主导下，逐渐完成了中国名牌认定标准、中国驰名商标认定标准、中华老字号认定标准和中国地理标志认定标准的设立、取舍与完善。

1996 年，随着《质量振兴纲要（1996～2010 年）》的发布，中国进入大面积评选中国名牌的发展阶段。2001 年 12 月 29 日，国家质量监督检验检疫总局局务会审议通过《中国名牌产品管理办法》并发布施行［2001 年 6 月 18 日国家质量监督检验检疫总局发布的《中国名牌产品评价管理办法（试行）》同时废止］。由此国家质量监督检验检疫总局每年举办一次"中国名牌产品"评选，入选企业可以使用"中国名牌"标志，并于 2005 年又推

出"中国世界名牌产品"的评选。2008 年，根据《中国名牌产品管理办法》规定，名牌标志被陆续禁用，中国名牌产品有效期满后（最晚的至 2012 年期满），不得再继续使用中国名牌产品标志。

虽然中国名牌认定标志已经被禁用多年，但是其认定标准、申报方式、激励机制等继续被国家主导的品牌认定办法所采用。

在中国自主品牌评价体系建设中，政府主导的中国驰名商标认定标准、中华老字号认定标准和中国地理标志认定标准具有示范作用，至今还发挥着重要作用。

中国驰名商标（Famous Trademark of China）是指经过有权机关（国家工商行政管理总局商标局、商标评审委员会或人民法院）依照法律程序认定为"驰名商标"的商标，其含义可以概括为：在中国为相关公众广为知晓并享有较高声誉的商标。2003 年 4 月 17 日，根据《驰名商标认定和保护规定》（国家工商行政管理总局令第 5 号），我国开始推动驰名商标认定。2014 年 7 月 3 日，国家工商行政管理总局对 2003 年 4 月 17 日颁布的《驰名商标认定和保护规定》（国家工商行政管理总局令第 5 号）进行了修订，发布了《驰名商标认定和保护规定》（国家工商行政管理总局令第 66 号）（《驰名商标认定和保护规定》见附录 1）。

中华老字号（China Time-honored Brand）是指历史悠久，拥有世代传承的产品、技艺或服务，具有鲜明的中华民族传统文化背景和深厚的文化底蕴，取得社会广泛认同，形成良好信誉的品牌。

1991 年，中华人民共和国国内贸易部将 1600 余家历史悠久的商号品牌授予"中华老字号"称号，其中有一个硬性指标是 1956 年（公司合营）前成立。2006 年 4 月，商务部发布了《"中华老字号"认定规范（试行）》和《"振兴老字号工程"工作方案》，中华老字号的认定工作在暂停 14 年后再次启动，从而使中华老字号认定工作制度化、规范化，并以商务部的名义颁发牌匾和证书。据统计，商务部于 2006 年、2011 年分两批认定的中华老字号共有 1128 家。为进一步规范中华老字号认定评审办法，自 2018 年开始，商务部有关部门开始就《中华老字号认定管理办法（草案）》征求意见，内容主要涉及"中华老字号"的定义、认定条件及程序、管理措施及所依据的法律法规等焦点问题〔《中华老字号认定管理办法（征求意见稿）》见附录2〕。

国家质量监督检验检疫总局发布的《地理标志产品保护条例》明确规定，地理标志产品是指"产自特定地域，所具有的质量、声誉或其他特性本质上取决于该产地的自然因素和人文因素，经审核批准以地理名称进行命名的产品"。中国在20世纪90年代引入原产地概念，建立了原产地标记制度。1999年8月17日，国家质量技术监督局发布施行《原产地域产品保护规定》。2005年，中国政府共批准了67项产品为地理标志产品（原产地域产品）。2005年7月，国家质量监督检验检疫总局发布《地理标志产品保护条例》，《原产地域产品保护规定》同时废止，已批准的原产地域产品自动转成地理标志产品（《地理标志产品保护规定》见附录3，《地理标志产品保护工作细则》见附录4）。

以上由政府主导的品牌认定方式具有如下特征：一是基于国家政策、法规或依据国际惯例，均属于官方认定；二是由政府指定或授权的专门认定机构承担认定工作；三是都设置了一定的评价标准和准入门槛；四是都采用申报制；五是认定目的是保护和激励。对被认定的企业品牌而言，政府认证提升了企业信用，因此这些政府主导的品牌认定被企业广泛用于传播。为了避免不正当竞争，2014年5月1日起实施的新《商标法》第14条规定："生产、经营者不得将'驰名商标'字样用于商品、商品包装或者容器上，或者用于广告宣传、展览以及其他商业活动中。"党的十九大报告提出，"坚决破除制约使市场在资源配置中起决定性作用、更好发挥政府作用的体制机制弊端"，这是我国建设现代化经济体系和增强经济质量优势的总指导原则，与这一总指导原则相适应的一系列国家品牌政策，为我国构建社会化、市场化、国际化的中国自主品牌评价体系创造了有利条件。

二　中国自主品牌评价标准体系建设情况

中国自主品牌评价体系建设是在国家品牌政策引领下快速发展的。国务

院及所属部委在 2016～2017 年发布了多个涉及品牌价值评价的政策性文件。

2016 年 4 月 4 日，国务院办公厅发布《关于印发贯彻实施质量发展纲要 2016 年行动计划的通知》，要求完善品牌国家标准体系，指导企业加强品牌建设。主导制定品牌评价的国际标准，推动中国品牌"走出去"。

2016 年 5 月 19 日，中共中央、国务院发布《国家创新驱动发展战略纲要》，要求制定品牌评价国际标准，建立国际互认的品牌评价体系，推动中国优质品牌国际化。

2016 年 5 月 26 日，国务院办公厅发布《关于开展消费品工业"三品"专项行动营造良好市场环境的若干意见》，要求完善品牌价值评估体系，为企业品牌创建提供咨询评估。

2016 年 6 月 10 日，国务院办公厅发布《关于发挥品牌引领作用推动供需结构升级的意见》，提出培育若干具有国际影响力的品牌评价理论研究机构和品牌评价机构，开展品牌基础理论、价值评价、发展指数等研究，提高品牌研究水平，发布客观公正的品牌价值评价结果和品牌发展指数，逐步提高公信力。开展品牌评价标准建设工作，完善品牌评价相关国家标准，制定操作规范，提高标准的可操作性；积极参与品牌评价相关国际标准的制定，推动建立全球统一的品牌评价体系，增强我国在品牌评价中的国际话语权。

2016 年 8 月 15 日，工业和信息化部、国家质量监督检验检疫总局、国家国防科技工业局印发《促进装备制造业质量品牌提升专项行动指南》的通知，要求开展质量和品牌指标体系、信息渠道和共享机制研究，支持开展品牌价值评价、品牌竞争力评价和中国品牌"走出去"等活动，制定实施品牌管理体系和品牌价值评价国家标准，进一步完善品牌价值评价标准体系。

2016 年 9 月 6 日，国务院办公厅印发《关于印发消费品标准和质量提升规划（2016～2020 年）的通知》，要求制定消费品品牌管理和评价国家标准，开展品牌价值提升应用示范，指导企业提升品牌价值。建立国际知名消费品品牌指标库，推动品牌评价国际标准制定实施。建立与国际接轨的品牌价值评价体系。

2016 年 12 月 16 日，国家质量监督检验检疫总局印发《质量品牌提升"十三五"规划》（国质检质〔2016〕595 号），要求培育具有国际影响力的品牌评价理论研究机构和品牌评价机构，构建具有中国特色的品牌价值评价机制，完善品牌评价相关标准，积极参与品牌评价相关国际标准的制定。开展区域品牌价值评价，对区域品牌价值评价结果进行分析研究，指导各类园区不断提升区域品牌的价值和效应。

2017 年 1 月 12 日，国务院印发《"十三五"市场监管规划》（国发〔2017〕6 号），要求提升商标品牌服务能力，培育一批具有较强影响力的专业服务机构，加强人才培养，建立并完善商标品牌评价体系，开展商标品牌评价。

2017 年 1 月 13 日，商务部发布《商务部等 16 部门关于促进老字号改革创新发展的指导意见》（商流通发〔2017〕13 号），要求建立和完善老字号品牌价值评估体系，量化老字号无形资产价值并依法确认所有权。开展品牌价值评价、发布、推广、技术服务等活动，实施商标品牌战略，不断提升老字号品牌价值，推动打造国际知名的老字号品牌。

2017 年 5 月 17 日，国家工商行政管理总局发布《关于深入实施商标品牌战略推进中国品牌建设的意见》（工商标字〔2017〕81 号），要求加强品牌商誉保护，完善商标产权评估制度，有效促进商标产权的运用与保护。支持中国商标品牌研究院等研究机构建立科学的商标品牌价值评价体系和标准，稳步开展商标品牌价值评价工作，发布《中国商标品牌价值排行榜》和《中国商标品牌发展报告》。

2017 年 5 月 9 日，国家发展改革委联合中宣部、工业和信息化部、农业部、商务部、国家工商行政管理总局、国家质量监督检验检疫总局、国资委、国家食品药品监督管理总局在京共同召开"中国品牌日"媒体通气会，把"着力补齐自主品牌发展短板，全面改善质量、创新、诚信、文化、人才、营销、环境等品牌影响要素，构建品牌发展良好生态，形成我国特色的品牌发展理论"作为下一步的重要工作。通气会提出七个品牌影响要素，对构建中国自主品牌评价标准体系提供了方向。

三　中国自主品牌评价标准体系建设形态

目前，我国（不含港澳台地区）参与品牌评价标准体系建设主要有四种形态：①政府机构推动的品牌评价标准体系；②行业协会及社会组织推动的品牌评价标准体系；③学术研究机构推动的品牌评价标准体系；④商业服务机构推动的品牌评价标准体系。

（一）政府机构推动的品牌评价标准体系

2011 年，以 ISO 10668 国际标准发布为契机，我国立即组织开展了与国际接轨的品牌价值评价制度建设工作。2012 年 11 月 30 日，全国品牌价值及价值测算标准化技术委员会（SAC/TC532）成立。2012 年 12 月 10 日，由全国品牌价值及价值测算标准化技术委员会牵头组织中国标准化研究院等单位起草"品牌价值"评价有关标准。

2013 年 6 月 18 日，中国品牌建设促进会成立，成为全国品牌价值及价值测算标准化技术委员会秘书处承担单位。全国品牌评价（原名为品牌价值及价值测算）标准化技术委员会在品牌评价 4 项国家标准的基础上起草了包括质量、服务和技术创新在内的三个方向的品牌评价国家标准，以及 14 个行业的品牌评价国家标准，包括：①银行与保险业；②农产品；③交通运输业；④食品加工、制造业；⑤零售业；⑥纺织服装、鞋、帽业；⑦家用电器制造业；⑧酒、饮料和精制茶制造业；⑨石油和化学工业；⑩互联网及相关服务；⑪机械设备制造业；⑫旅游业；⑬餐饮业；⑭电子商务。

2017 年 12 月，国家工商行政管理总局公告了"商标品牌价值评价研究项目"，目的是制定并完善企业商标品牌价值评价办法与标准体系，提升我国在商标品牌评价领域的国际地位和话语权，其研究成果值得期待。

本部分选取国家质量监督检验检疫总局、中国国家标准管理委员会发布的品牌国家标准（推荐标准）予以介绍，包括由全国品牌价值及价值测算标准化技术委员会归口管理的 21 个品牌评价国家标准，以及由中国商业联合会归口管理的《商业企业品牌评价与企业文化建设指南》品牌评价国家标准。同时，也对国家工商行政管理总局商标品牌价值评价研究项目中关于"测算和评价企业商标品牌价值"的任务和要求做了归纳整理，方便业界参考。

1. 《品牌评价 品牌价值评价要求》（GB/T 29187—2012）等系列国家标准

（1）发布标准及归口单位

自 2012 年起，国家质量监督检验检疫总局、中国国家标准管理委员会先后发布了《品牌评价 品牌价值评价要求》（GB/T 29187—2012）等 21 个国家标准。该标准确定了 4 个品牌评价的方向，涵盖了 14 个不同的行业，由中国品牌建设促进会作为秘书处进行社会化推动。

全国品牌价值及价值测算标准化技术委员会（SAC/TC532）是《品牌评价 品牌价值评价要求》（GB/T 29187—2012）（见附录 5）等 21 个国家标准的归口单位，相关标准见表 1。全国品牌价值及价值测算标准化技术委员会于 2012 年 11 月 30 日在京成立，其工作任务是全面总结相关工作经验，制定科学、公正的品牌评价制度体系，建立健全与国际接轨的品牌评价国家标准体系，做好品牌评价标准的宣贯实施等，指导广大企业提升品牌价值和效应，加快国际化发展。

表 1　全国品牌价值及价值测算标准化技术委员会归口管理的
21 个国家品牌评价标准

标准编号	标准名称	实施日期
GB/T 29185—2012	品牌价值 术语	2013 年 3 月 1 日
GB/T 29186—2012	品牌价值 要素	2013 年 3 月 1 日
GB/T 29187—2012	品牌评价 品牌价值评价要求	2013 年 3 月 1 日
GB/T 29188—2012	品牌评价 多周期超额收益法	2013 年 3 月 1 日
GB/T 31041—2014	品牌价值 质量评价要求	2014 年 12 月 31 日
GB/T 31042—2014	品牌价值 服务评价要求	2014 年 12 月 31 日
GB/T 31043—2014	品牌价值 技术创新评价要求	2014 年 12 月 31 日
GB/T 31044—2014	品牌价值评价 银行与保险业	2014 年 12 月 31 日
GB/T 31045—2014	品牌价值评价 农产品	2014 年 12 月 31 日
GB/T 31046—2014	品牌价值评价 交通运输业	2014 年 12 月 31 日

标准编号	标准名称		实施日期
GB/T 31047—2014	品牌价值评价	食品加工、制造业	2014 年 12 月 31 日
GB/T 31277—2014	品牌价值评价	零售业	2014 年 12 月 1 日
GB/T 31278—2014	品牌价值评价	纺织服装、鞋、帽业	2014 年 12 月 1 日
GB/T 31279—2014	品牌价值评价	家用电器制造业	2014 年 12 月 1 日
GB/T 31280—2014	品牌价值评价	酒、饮料和精制茶制造业	2014 年 12 月 1 日
GB/T 31281—2014	品牌价值评价	石油和化学工业	2014 年 12 月 1 日
GB/T 31282—2014	品牌价值评价	互联网及相关服务	2014 年 12 月 1 日
GB/T 31283—2014	品牌价值评价	机械设备制造业	2014 年 12 月 1 日
GB/T 31284—2014	品牌价值评价	旅游业	2014 年 12 月 1 日
GB/T 31285—2014	品牌价值评价	餐饮业	2014 年 12 月 1 日
GB/T 31482—2015	品牌价值评价	电子商务	2016 年 1 月 1 日

（2）实施推广机构：中国品牌建设促进会

中国品牌建设促进会成立于 2013 年 6 月，是由财政部、工业与信息化部、国家质量监督检验检疫总局、中国国际贸易促进委员会、中国中央电视台五家单位联合发起，经国务院同意、民政部批复成立的从事品牌建设工作的全国性社会团体。中国品牌建设促进会遵循"科学、公正、公开、公认"的原则，开展品牌价值评价发布并从事品牌培育、调查研究、国际交流、技术合作、信息管理、咨询培训、宣传教育、评价考核、授权发布等活动。

（3）品牌定义

《品牌价值　术语》（GB/T 29185—2012）（见附录6）对品牌、品牌资产、品牌价值、品牌知名度、品牌认知度、品牌美誉度、品牌忠诚度、品牌联想等做了定义。

（4）评价公式

评价公式来源于《品牌评价　多周期超额收益法》（GB/T 29188—2012）模型，即

$$V_B = \sum_{t=1}^{T} \frac{F_{BC,t}}{(1+R)^t} + \frac{F_{BC,T+1}}{(R-g)} \frac{1}{(1+R)^T}$$

式中：

V_B——品牌价值；

$F_{BC,t}$——t 年度品牌现金流；

$F_{BC,T+1}$——$T+1$ 年度品牌现金流；

T——高速增长时期，根据行业特点，一般为 3～5 年；

R——品牌价值折现率；

g——永续增长率，可采用长期预期通货膨胀率。

（5）品牌强度指标

品牌强度指标见表 2，来源于《品牌评价 多周期超额收益法》（GB/T 29188—2012）。

表 2 品牌强度指标

一级指标	二级指标	三级指标
组织行为	质量先进性	质量管理水平 质量安全状况 质量信用总体情况 质量保障能力 企业标准体系建设情况 执行标准先进性 国家级、省级等产品质量监督抽查情况 进出口分级分类情况
	创新能力	企业创新能力总水平 拥有专利数量与销售额比重 研发经费投入占销售额比重
	品牌建设	在广告、品牌维护、品牌建设等方面的经费投入力度 品牌管理机构与专职人员设置情况 履行社会责任及发布社会责任报告情况
客户关系	客户关系	品牌形象 顾客满意度 品牌忠诚度
市场地位	市场地位	企业或企业集团在行业中的领导地位 品牌知名度 国际市场开拓情况 品牌历史

续表

一级指标	二级指标	三级指标
法律权益	法律权益	是否属于国家鼓励类产业 参与地方、行业、国家、国际标准制定情况 获得驰名商标、(省级)中国品牌、中华老字号等称号情况 获得地理标志产品、原产地证书等情况 是否属于知名品牌创建示范区范围 知识产权保护情况,如注册商标、著作权、科技成果权 传统知识、遗传资源

注：评价数据来源于企业申报披露、省级质监部门或有关行业协会审查数据。

（6）评价对象

全国满足条件的企业自愿申请。

（7）评价流程

评价流程分为 9 步。

- 企业自愿申报。

- 省级质监部门或有关行业协会进行审查。

- 中国品牌建设促进会有关人员进行文审。

- 文审合格后，组织专家进行评审打分。

- 财务核算综合评价。

- 价值测算。

- 结果验证。

- 评价发布工作委员会对结果进行审核。

- 联合发布。

（8）评价标准应用

自 2013 年 12 月 12 日首次举办中国品牌价值评价信息发布会并发布"中国品牌价值百强榜"，至 2018 年 5 月 9 日已经连续发布了 6 次。参评企业超过千家，品牌涉及多个行业、地区和品类。

2018 年评价对象主要面向我国具有产业优势、占国民经济生产总值比重较高、品牌建设基础较好、品牌评价条件成熟的相关行业。

2017 年，该标准在品牌评价中采用了基于市场与财务维度、信誉与环境维度、心理与行为维度、功能与品质维度、技术与创新维度的"品牌价值五要素"评价模型（见表3）。

表 3 品牌评价维度及品牌价值五要素

评价维度	品牌要素
市场与财务维度	包含"品牌价值五要素"中的"有形资产"要素，如品牌拥有者的有形资产，诸如设备、设施、建筑物、土地、存货（有形产品）等，同时也包括成本、溢价、利润率等指标，此外还包括市场影响力、公司市场活动、利益相关者支持等
信誉与环境维度	包含"品牌价值五要素"中的"无形资产"要素，如品牌历史与文化、品牌认知与品牌联想、品牌保护三个方面的内容，此外还包括环境影响、竞争因素、品牌受欢迎的程度等
心理与行为维度	包含"品牌价值五要素"中的"服务"要素，如服务设计能力、服务提供能力、顾客感知服务价值等，此外还包括顾客的心理反应和顾客行为反应等
功能与品质维度	包含"品牌价值五要素"中的"质量"要素，如产品客观质量、感知质量、组织质量管理能力等，此外还包括企业履行社会责任状况以及产品质量监督等
技术与创新维度	包含"品牌价值五要素"中的"技术创新"要素，如研究能力、研发管理能力、顾客感知创新、创新投入等，此外还包括服务创新、管理创新等

2.《商业企业品牌评价与企业文化建设指南》（GB/T 27925—2011）国家标准

（1）发布标准及归口单位

2009 年 7 月 23 日，国家标准化管理委员会下达通知，中国商业联合会承担并组织起草《商业企业品牌评价与企业文化建设指南》的国标制定任务。2011 年 12 月 30 日，国家质量监督检验检疫总局和中国国家标准化管理委员会发布《商业企业品牌评价与企业文化建设指南》（GB/T27925—2011），于 2012 年 2 月 1 日正式开始实施。中国商业联合会是《商业企业品牌评价与企业文化建设指南》（GB/T27925—2011）的归口单位。该国家标准规定了在对商业企业品牌进行评价时应遵照的原则、指标和方法，并对企业文化建设提出了指南。

（2）品牌定义

品牌，"是指企业（包括其商品和服务）的能力、品质、价值、声誉、

影响和企业文化等要素共同形成的综合形象，通过名称、标识、形象设计等相关的管理和活动体现"。简言之，品牌是一种"形象"，是通过"相关管理和活动体现"的。

（3）品牌评价目的

通过商业企业品牌评价，对企业品牌进行完整、权威、系统的解释，使各行业深入了解企业品牌的内在意义与价值。通过企业文化建设，从精神文化建设、制度文化建设、物质文化建设三方面阐述企业文化建设的内涵与外延。

（4）应用领域

适用于组织内部和组织外部（包括第三方机构）对商业企业品牌的评价，适用于组织内部企业文化建设的指导。

（5）品牌评价指标

《商业企业品牌评价与企业文化建设指南》包括5个一级指标、17个二级指标（见表4）、33个三级指标以及近百个四级指标。

表4　商业企业品牌评价一级指标与二级指标及其分值

一级指标	二级指标	分值（分）
能力（150分）	品牌规划	30
	品牌管理	60
	保障机制	60
品质（300分）	企业品质	60
	商品质量	120
	服务质量	120
声誉（250分）	品牌知名度	30
	品牌美誉度	30
	品牌忠诚度	30
	社会责任	100
	诚信	60
企业文化（150分）	精神信念	20
	宣传推广	50
	顾客感知	30
	业界交流	50
影响（150分）	行业影响	80
	社会影响	70

根据指标组成 1000 分制评分；企业品牌水平按照评价结果分为四级：

● 950 分以上（含 950 分），五星品牌。

● 900 分以上（含 900 分），四星品牌。

● 800 分以上（含 800 分），三星品牌。

● 700 分以上（含 700 分），二星品牌。

● 700 分以下，说明企业品牌水平较低，不能符合标准的要求。

（6）评价数据来源

中国商业联合会数据库、企业提供数据等。

（7）评价标准应用

自 2013 年起到 2017 年，中国商业联合会联合有关单位每年发布《中国品牌发展报告》。

3. 国家工商行政管理总局"商标品牌价值评价研究项目"

（1）发布机构

2017 年 12 月国家工商行政管理总局公告了"商标品牌价值评价研究项目"。该项目围绕"测算和评价企业商标品牌价值"提出了五大任务和要求。

一是制定并完善企业商标品牌价值评价办法与标准体系，提升我国在商标品牌评价领域的国际地位和话语权。

● 评价办法及标准体系的制定应立足中国国情，体现中国特色，瞄准世界前沿，构建的商标品牌价值评估模型应具有批量评估的特点和反映商标品牌价值超额收益的特征。

● 评价办法及标准体系应体现工商行政管理特色。

● 评价办法及标准体系应完备详尽，具有可操作性，能够为商标品牌价值评价工作提供理论指导。

● 评价项目、指标设置应科学、客观。

二是根据商标品牌的价值特征，测算和评价企业商标品牌市场价值，揭示商标品牌价值的核心影响因素和商标品牌发展的内在规律。

● 对企业的商标品牌价值做出科学合理的评价，力求公正、客观、科学。

● 提出影响企业商标品牌价值的核心因素，如净资产收益率、总资产规模、超额收益等，明确评价企业为沪深上市公司，涉及全行业，筛选评价对象，初评范围为600家企业，最终评价企业为250家。

● 对商标品牌价值评价结果进行具体说明与详细分析，如评价范围、评价依据、价值表现、呈现规律等，研究并阐述商标品牌折现率的特征。

三是调查、分析中国商标品牌消费者认知度、满意度、忠诚度，为全面掌握中国品牌形象、把握商标品牌培育的成功路径和成长规律提供理论支撑。

● 调查对象：中国消费者。要保证对拟测评的商标品牌全覆盖，保证获取样本的有效性、真实性及充足性。

● 调查范围：调查样本范围有效覆盖被调查品牌市场覆盖区域。

● 整体调查涉及不少于200个企业品牌，总体有效样本不少于20000个。

四是组织召开新闻发布会，发布和宣传企业商标品牌价值评价结果，并介绍测算和评价相关信息。通过广泛的媒体宣传，提升商标品牌的影响力，发挥商标品牌的引领作用，促进研究成果尽快转化为促进商标品牌经济发展的力量。

五是根据企业商标品牌价值评价结果撰写分析报告，该报告应详细分析影响企业商标品牌价值变化的因素，揭示商标品牌发展规律。以此增强企业商标品牌培育意识，提升商标品牌核心竞争力，助推中国商标品牌国际化建设与发展，增强公众商标品牌意识，引导理性消费。

（2）承担单位

"商标品牌价值评价研究项目"由2015年7月由中华商标协会和中国人民大学合作成立的中国商标品牌研究院承担。2016年5月10日，中国商标品牌研究院推出《商标品牌价值评价模型》，该模型综合考虑了品牌收益与品牌强度表现，通过消费者评价、品牌建设投入与品牌管理三类要素对品牌进行评价。2017年6月26日，中国商标品牌研究院以上市公司公开财务数据为基础，在京发布《2016沪深上市公司商标品牌价值排行榜》。该排行的评价目的是立足中国上市公司品牌运营现状，发现和揭示企业商标品牌价值。

政府主导的品牌评价标准体系具有社会引导作用，但也要对其价值有一个客观判断。公认的"标准"的定义是：为了在一定范围内获得最佳秩序，经协商一致制定并由公认机构批准，共同使用和重复使用的一种规范性文件。一个标准是否具有社会价值取决于是否满足产业发展的需求，是否满足质量发展的需求，是否满足技术创新与产品创新的需求，是否满足国际贸易的需求，是否满足保护公众利益的需求，是否满足社会可持续发展的需求，是否满足政府监管的需求。

（二）行业协会及社会组织推动的品牌评价标准体系

除了政府推出国家品牌评价标准及发布年度品牌评价结果外，我国还有众多事业单位、协会、社会化组织等非营利机构从事品牌评价标准的研究及发布，如中国质量协会、中国包装联合会、中国市场学会品牌管理专业委员会、北京国信品牌评价科学研究院等。这些机构有的侧重于企业品牌评价，有的侧重于行业品牌评价，有的侧重于产品品牌评价，有的侧重于综合评价。这些机构经过10余年的努力，基本完成了各种类型的品牌标准体系的研究、构建与应用，成为中国自主品牌评价的主要社会力量。

国家关于鼓励有条件的学会、协会、商会、联合会等先行先试，开展团体标准试点的政策，将推动行业协会等社会组织开展品牌团体标准的建设。

1.《中国包装优秀品牌认定标准》

（1）发布机构及评价体系

中国包装联合会是经国务院批准成立的具有独立法人资格的全国性行业协会，业务主管为国务院国有资产监督管理委员会。

"中国包装优秀品牌"是中国包装联合会根据《中华人民共和国商标法》《中华人民共和国商标法实施条例》的相关规定及标准，由中国包装联合会成立的"中国包装优秀品牌"专项工作团队进行认定实施的。自2010年起开始在行业内评选"中国包装优秀品牌"，截至2016年已评出"中国包装优秀品牌"百余个。2017年，工业和信息化部消费品工业司将"中国包装优秀品牌"工作列为重点工作，并纳入2017年消费品工业"三品"专

项行动。2018年2月26日，工业和信息化部消费品工业司发出《关于做好2018年包装行业品牌建设重点工作的通知》，要求中国包装联合会加强对历年开展的"中国包装优秀品牌"培育评价工作的总结分析，进一步完善包装品牌培育体系，引导企业增强品牌意识，建立消费者评价、市场评价、专家综合评价相结合的品牌评价制度，认真做好2018年包装品牌评价活动，力争使评价活动科学规范，得到行业的广泛认可，有效推进企业品牌竞争力持续提升。

（2）品牌评价目的

展示中国包装品牌建设的成就，促进中国包装行业品牌标准化建设，鼓励、引导行业内企业增强品牌意识、实施品牌战略、提升品牌竞争力。发挥品牌的示范效应，培育一批社会责任感强、信誉度好、具有自主知识产权和业内竞争力较强的优势企业，促进企业和经济社会良性发展，推动企业和行业增强创新意识。

（3）评价指标体系及模型

优秀品牌评审标准包括五个维度，共20个子项，以审计优秀企业关键成功要素、激励企业更好发展为目的，评审标准以利于企业对标加强企业品牌建设、持续提升核心竞争力为重点，打造中国优秀品牌。评价指标体系及模型见表5。

表5 评价指标体系及模型

编号	评估项目	评估内容	评分标准（分）
1	市场维度		25
1.1	产品销售额	公司近五年的销售额	5
1.2	产品利润率	公司近五年的销售利润率	5
1.3	市场占有率	公司近五年的市场占有率	5
1.4	产品溢价水平	公司近五年相对市场均价的产品溢价水平	5
1.5	纳税额	公司近五年的纳税额	5
2	品牌维度		30
2.1	品牌形象	品牌标识、公司形象、产品形象、服务形象	5
2.2	品牌价值	品牌价值定位、品牌价值	5
2.3	品牌知名度	客户知名度、公众知名度	5

续表

编号	评估项目	评估内容	评分标准（分）
2.4	品牌美誉度	客户满意度、公众美誉度	5
2.5	品牌营销投资	包括媒介公关投入、客户营销与终端投入	5
2.6	品牌管理模式	品牌管理组织、制度、流程、运营模式	5
3	管理维度		15
3.1	公司管理	公司治理结构、运营管理系统、资本运作	5
3.2	公司人力资源管理	人力资源管理模式、制度、方法	5
3.3	公司企业文化	企业文化理念、制度、行为、物质展现	5
4	产品服务维度		20
4.1	产品竞争力	产品与服务模式、渠道与促销模式、客户关系	5
4.2	产品质量	产品质量管理体系、质量标准、客户质量评价	5
4.3	产品创新	公司创新体系、创新成果、专利数量	5
4.4	服务水平	服务体系、服务质量、业绩、客户评价	5
5	环保公益维度		10
5.1	环保节能	环保认证情况、节能认证情况	5
5.2	社会公益	社会公益投入、活动	5
总计			100

（4）评价数据来源

企业提供数据、中国包装联合会数据库。

（5）评价方式

"中国包装优秀品牌"采取企业自愿非集中申报形式，常年可以申报。申报企业的条件如下。

- 申报品牌企业必须在中国境内依法注册，具有法人资格。

- 申报品牌产品已拥有注册商标。

- 申报品牌企业经营状况良好，产值、销售收入、出口总额、净利润、纳税额和产品研发费用等主要经济指标居同行业前列。

- 申报品牌企业质量管理体系健全并有效运行，未出现过重大质量责任事故。

- 申报品牌产品经国家产品质量检测合格。

- 申报品牌知名度及美誉度均居国内同类产品前列。

- 申报品牌企业须是中国包装联合会会员。

品牌蓝皮书

（6）评价体系应用

每年度"中国包装优秀品牌"评选结果在中国包装联合会官网公示发布，并且在线下举办活动并颁奖。入选品牌可以获得"中国包装优秀品牌"证书，有效期为两年。

2.《中国企业品牌竞争力指数评价体系》

（1）发布机构及评价体系

中国市场学会经民政部批准于1991年3月在北京成立，是具有独立法人资格的全国性社会团体，学会主管部门是中国社会科学院。中国市场学会品牌管理专业委员会成立于2010年4月，是中国市场学会下设的二级机构。

2011年8月15日，中国社会科学院、中国市场学会品牌管理专业委员会将《中国企业品牌竞争力指数理论研究》的初步成果予以公布。该研究成果在推广应用中又进行了持续改进和完善。

（2）品牌评价目的

帮助各级政府了解全国和区域企业的品牌竞争力发展状况及行业结构，从而为调控行业结构和引导行业发展服务；帮助企业发现企业自身在品牌运营方面的优势和劣势，从而有针对性地加强对品牌资产的培育和利用，增强企业品牌竞争力；帮助消费者了解自己所关心行业、产品的品牌排名和发展状况并作为选择产品的依据，从而获得更好品牌所提供的优质的产品和服务；为中介机构、投资者、研究机构、科研人员提供有效的信息及分析工具。

（3）评价指标体系及模型

①"四位一体"CBI理论模型

借鉴国内外关于企业品牌竞争力评价指标体系的现有研究成果，按照全面性、系统性、本土性以及可测量性的原则，在业界公认的品牌财务表现力、市场竞争表现力、消费者支持力三个指标的基础上，提出"品牌发展潜力"这一评价指标，构建"四位一体"的企业品牌竞争力指数理论模型。该模型具有以下特点：第一，品牌竞争力指数具有能力比较性；第二，品牌竞争力指数具有目的利益性；第三，品牌竞争力指数具有竞争动态性；第四，品牌竞争力指数的形成具有过程性。

②评价指标

中国企业品牌竞争力指数评价指标分为4个一级指标、12个二级指标、54个三级指标（见表6）。

表6 中国企业品牌竞争力指数评价指标

一级指标	二级指标	三级指标
品牌盈利能力	效率	净资产收益率
		总资产报酬率
		资本收益率
	规模	净资产
		净利润
		销售收入
	增长	近三年销售收入增长率
		近三年净利润增长率
品牌市场竞争力	市场占有能力	市场占有率
		市场覆盖率
		品牌存续年限
		品牌产品销售量
		广告影响度
	超值获利能力	品牌溢价率
		品牌销售利润率
	国际市场影响力	品牌产品出口利润率
		品牌产品海外销售比重
品牌发展潜力	品牌技术创新力	有效专利发明数
		研发经费（R&D）支出占主营业务收入的比重
		新产品更新的周期
		新产品开发率
		科技人才比例
		技术投入比例
	品牌资源筹供力	总资产周转率
		流动资产周转率
		资产负债率
		速动比率
		已获利息倍数
		销售利润率
		资本保值增值率
		资本密集度
		资本积累率

续表

一级指标	二级指标	三级指标
品牌发展潜力	品牌市场成长力	品牌强度系数
		品牌价值折现率
		永续增长力
		品牌现金流增长率
		税收摊销收益
		广告营销投入占主营业务收入的比重
		注册商标权和商标所有权
		政策符合性
消费者支持力	品牌知名度	不提示知名度
		提示知名度
		品牌再识率
		品牌回忆率
	顾客满意度	顾客投诉率
		产品返修率
		用户满意度指数
	品牌忠诚度	品牌溢价性
		品牌偏好性
		重复购买率
		顾客保有率
		需求价格弹性
		忠诚指数
		顾客推荐率

③指数模型

CBIS 是一套采用多指标综合评价分析方法，以指数形式反映中国企业品牌竞争力强弱和品牌竞争力发展趋势的指数集合系统，包括企业品牌竞争力指数（CBI），品牌竞争力分指数（CBI－X）、品牌竞争力应用指数（CBI－Y）、品牌竞争力分指标指数（CBI－Z）。

④评价数据来源

中国企业品牌竞争力数据库样本包括中国 22 个省、4 个直辖市和 5 个自治区的上千家拥有自主民族品牌的上市企业和非上市企业。

⑤评价对象

选择符合财务指标、市场指标、消费者指标和品牌发展潜力指标等标准的企业作为调查对象，具体标准如下。

- 品牌应该是中国企业原创的。
- 企业旗下有一个以上的产品品牌能够在一定的区域内为主流消费者所熟知。
- 入选的企业在行业内的销售额排名必须达到前 300 名。
- 入选企业具有充足的经第三方严格审计的公开财务信息。
- 品牌创造的经济附加值（EVA）必须为正，也就是说在考虑公司运营和财务成本的基础上，品牌化的业务还是盈利的。如果有些品牌虽然根据其公司报表计算的 EVA 为负，但是其品牌化收入部分（Brand Earnings）受财务成本和运营成本分摊的影响较小或者没有关系，品牌 EVA 仍为正数，也会考虑这些品牌。

⑥评价范围

面向中国 22 个省、4 个直辖市和 5 个自治区。根据国家统计局现行的《国民经济行业分类》（GB/T4753—2002）标准的 20 个行业，将 CBI 的调查行业划分为 44 个行业。

⑦评价体系应用

2012 年 4 月 13 日，中国社会科学院和中国市场学会品牌管理委员会发布了 16 个行业的 CBI 报告，同时发布了由社会科学文献出版社出版的蓝皮书《中国企业品牌竞争力指数报告（2011～2012）》。

《中国企业品牌竞争力指数报告》从 2012 年开始到 2017 年，已经发布了 6 次。

3. 品牌资产质量（BAQ）-利益相关方评价模型

（1）发布机构及评价体系

北京国信品牌评价科学研究院于 2013 年 9 月在北京成立，是国内品牌评价领域第一家依法设立的非营利性第三方品牌评价社会服务机构，其业务涵盖品牌研究、咨询和培训。研究院致力于传播品牌信托理念，探索品牌信

托体系，培育品牌信托人才，提供品牌信托工具，提升中国自主品牌的创建与管理能力。研究院还组织中外专家力量，推动品牌评价团标建设，为企业提供品牌评定、评价、评估、评级服务。

研究院自成立以来，资助完成了"品牌度量框架与品牌资产评估方法研究"项目，承担了中国科协所属全国学会品牌和传播评价研究项目及住建部标准设计研究院相关品牌课题，参与了中国质量协会品牌团标的制定，与品牌中国战略规划院合作设立"国际品牌评价研究中心"，对全球品牌评价体系做了系统性研究，开展了品牌信托系统的设计与品牌金融指数产品的研究。目前拥有依据国际品牌评估标准 ISO 10668 开发的与国际接轨的具有独立知识产权的《品牌资产质量－利益相关方评价模型》，该模型研究文章被收录在 2012 年中国资产评估协会编著的《品牌·价值·评估》和 2014 年中国质量协会编著的《全面品牌管理》等正式出版物中。

（2）评价目的

通过品牌价值报告帮助企业正确识别和理解企业品牌账户的资产价值，并依据企业品牌资源禀赋制定品牌营销策略、品牌竞争策略、品牌定价策略，同时为品牌信托管理和品牌金融解决方案提供品牌价值支撑。

（3）品牌定义

遵循国际标准化组织 ISO 10668《品牌评估　品牌货币化评估》和国家标准《品牌评价　品牌价值评价要求》（GB/T 29187—2012）关于品牌的定义。

（4）评价依据

引用国际标准化组织 ISO 10668《品牌评估　品牌货币化评估》关于品牌价值、品牌经济价值产生方法、品牌价值驱动因素、品牌关联性、品牌强度、法律保护等表述，以及国际标准化组织 ISO 10668 和美国营销科学研究院关于品牌评价要求、品牌评价目的的表述。

针对用户认知对品牌价值的重要作用，BAQ 评价模型把品牌认知度作为重要的评价维度。品牌认知度由知名度、联想度、美誉度三项关键指标构成。

针对用户行为对品牌价值的重要作用，BAQ 评价模型把品牌参与度作为重要的评价维度。品牌参与度由关联度、感知度、偏好度三项关键指标构成。

针对用户价值对品牌价值的重要作用，BAQ 评价模型把品牌忠诚度作为重要的评价维度。品牌忠诚度由满意度、信用度、传承度三项关键指标构成。

（5）评价指标体系及模型

品牌资产质量－利益相关方评价模型（见图 1）是以品牌交易为导向的

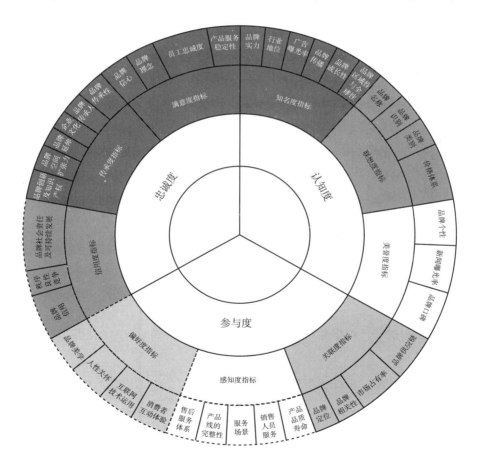

图 1　品牌资产质量－利益相关方评价模型

品牌评价模型，其核心是根据 ISO 10668《品牌评估 品牌货币化评估》品牌价值产生的三种方式，将国内外著名品牌评价模型的相关指标进行归类排序，确立了品牌认知度、品牌参与度、品牌忠诚度三大品牌价值评价维度，设计了用于评测三大维度品牌资产质量的 9 个关键指标、39 个品牌影响因子，涵盖了所有影响品牌价值产生的关键因素。品牌三大维度与品牌三大经济价值形成强关联，构成了一个完整的品牌评价体系，9 个关键指标之间属于相互支撑关系而非因果关系。39 个品牌影响因子成为评价品牌价值的数据来源。

BAQ 评价模型将二级指标分解为 39 个影响因子及替换因子，其中认知度评价、参与度评价、忠诚度评价各有 13 个，并根据每个指标对品牌价值的贡献对 39 个影响因子赋予不同权重。评价结果直观可信，便于品牌决策利益相关方达成共识。

运用该品牌分析工具得出的品牌评价结果能够直接体现品牌价值，品牌价值的高低反映了品牌资产质量的优劣和品牌在重要利益相关者群体中的强度。其结果可以帮助企业客观了解品牌资产质量状况，并为企业品牌管理决策提供依据。

（6）评价方法

评价方法包括市场调研、行业数据分析、用户测评、员工测评、利益相关方测评等。

（7）评价流程

• 确定评价品牌及评价目的。

• 确定指标：根据品牌评价目的和不同行业的特点，选取相匹配的评价指标。

• 数据搜集：根据选取的指标进行数据采集，包括内部与外部的实际调查。

• 数据分析：将通过行业分析、实际调查及数据整理等途径获得的数据，导入品牌评价模型进行分析。

• 整理计算：将得出的分数根据公式进行加权换算，得出该品牌的总分值。依据品牌评价所计算出的分值可以转换为品牌分级，品牌分级代表品牌资产的稳定性、风险水平和可延伸能力。所得分值亦可作为评价品牌货币化价值的关键指标，代入品牌财务评估公式中，得出品牌资产的货币化价值。

● 结论：根据得出的总分值及研究分析结论，出具品牌价值报告。

（8）评价体系应用

● 品牌价值报告：用于帮助企业识别品牌资产账户的存量资产、品牌潜力与发展机遇，做出及时正确的品牌营销与管理决策。

● 品牌评估报告：用于企业品牌授权、信托、诉讼以及交易定价参考。

● 品牌评级报告：用于帮助企业理解品牌在生命周期中的风险状况，为品牌风险管理提供决策依据。

4.《基于顾客感知的品牌评价指南》（CAQ/T 0221—2016）

（1）发布机构及评价体系

中国质量协会于 1979 年 8 月 31 日成立，是具有法人资格的非营利性、全国性科技社团组织。业务主管部门为国务院国资委，并接受国家市场监督管理总局和中国科学技术协会的业务指导。

2016 年 10 月 23 日，中国质量协会发布中国质量协会社会团体标准《基于顾客感知的品牌评价指南》（CAQ/T 0221—2016）。该标准适用于组织对个人消费者市场的经营性品牌（包括商号、商标、产品等）进行数据分析，并对品牌经营状况进行评价。

（2）品牌定义

品牌能为组织带来溢价，产生增值的无形资产，包括（但不限于）名称、用语、符号、形象、标识、设计或其组合，用于区分产品、服务和（或）实体，或兼而有之，能够在利益相关方意识中形成独特印象和联想，从而产生价值。

该标准还对品牌相关概念等做了定义（见表7）。

表7 《基于顾客感知的品牌评价指南》的品牌定义

品牌概念	定　义
品牌质量	描述品牌能够持续、稳定发展的程度
品牌知名度	消费者及其他利益相关方对特定品牌的知晓程度
品牌认知度	消费者及其他利益相关方对品牌定位、内涵、个性、形象、价值等的理解和认识程度
品牌美誉度	消费者及其他利益相关方对特定品牌的偏好、信任和认同程度
品牌忠诚度	消费者购买决策中多次表现出对某品牌具有偏向性的行为反应

（3）评价模型及计算公式

该评价模型的基础理论是《品牌信息本论——品牌信息本质的确定及其量的度量理论》（周云著）。该理论认为，品牌符合信息的一切属性，关于品牌在经营中的作用机理，都可以在品牌信息本论中得以解释，其主要作用和交易一致，就是降低交易中的不确定性，从而降低交易风险带来的交易成本，在经营中品牌可以直接代替交易信息。该理论认为，每个品牌因其包含的信息量不同而截然不同，也因为在各自市场上的总信息量不同而存在差异。该理论将信息的单位比特作为品牌度量的标准，认为有量的精准度量才能使品牌价值评估具有充分的科学依据。

品牌信息度量模型规定了品牌经营数据的来源、品牌信息量的计算模型、品牌质量定量分析的指标和参数以及评价阈值，包括获取经营数据的标准步骤、操作方法、计算模型的使用规范、指标的参考阈值及其解释。品牌术语定义见表8。

表8 品牌术语定义

品牌术语	定　义
品牌信息总量	品牌集合能够降低交易中不确定性的信息总量
品牌信息质量比	品牌信息总量中，品牌质量贡献率与基本量贡献率的比值
品牌信息均值比	大众消费者、目标消费者、品牌所在地消费者所拥有的品牌信息均值之间的比率关系
品牌稳定性	品牌保持现状的能力

①品牌信息总量

品牌信息总量Q_E的计算公式为：

$$Q_E = \left[S \times Z + (R_{\max} - 1) \times r \times m \times s \right] \times N_Z^{\frac{\alpha - \bar{\alpha}}{\bar{\alpha}}}$$

其中：

Q_E 为品牌信息总量；

S 为消费者人群总数；

Z 为品牌知名度；

$R_{\max}$ 为一个消费者完全知道一个品牌所要传播的信息量的极值；

r 为品牌平均认知度；

m 为由知名度而来的品牌基本信息量；

s 为已经知晓品牌的消费者人群总数；

α 为品牌美誉度；

$\bar{\alpha}$ 为一个行业的平均美誉度；

N_z 为调整系数指数函数中的底数。

品牌信息总量的参考阈值：品牌信息总量可用来评价品牌的规模，参考阈值见表9。

表9　品牌信息总量参考阈值（以 2013 年全国总人口为基数）

单位：亿比特

范围	类型	备注
≤0.660	微小品牌	全国范围
(0.660,2.178]	小规模品牌	全国范围
(2.178,7.884]	中等规模品牌	全国范围
(7.884,19.863]	大规模品牌	全国范围
>19.863	超大规模品牌	全国范围

②品牌信息质量比

品牌信息质量比的计算公式为：

$$品牌信息质量比 = \frac{品牌信息质的贡献率}{品牌信息基本量的贡献率}$$

品牌信息质量比的参考阈值：品牌信息质量比可用来判定品牌质量的高低，参考阈值见表10。

表 10 品牌信息质量比参考阈值

范围	类型
>1	奢侈品特征、小众化经营
(0.4,1]	质有余而量不足
(0.3,0.4]	最优区间质量最优
(0.15,0.3]	优良
(0.07,0.15]	良好
(0.03,0.07]	一般
(0,0.03]	合格略高于行业平均水平
≤0	低于同行业品牌质量平均水平

③品牌信息均值比

品牌信息均值比的计算公式为：

$$品牌信息均值比 = \frac{目标人群平均信息量}{全国人口平均信息量}$$

品牌信息均值比的参考阈值：品牌信息均值比可用来反映品牌地域差异、消费不同类别的信息集中程度，参考阈值见表11。

表 11 品牌信息均值比参考阈值

范围	类型
>7.449	专业特征
(1,7.449]	专营特征
(0,1]	大众化特征

④品牌稳定性

品牌衰减系数的计算公式为：

$$\Gamma = N_2 \times \left(\frac{\overline{t}}{\frac{t_i}{\alpha}} \right)$$

其中：

Γ 为品牌衰减系数；

N_2 为调整参数；

$\dfrac{\bar{t}}{t_i}$ 为多镒信息重复率；

α 为品牌美誉度。

品牌稳定性的参考阈值：品牌稳定性可用来反映品牌保持现状的能力，参考阈值见表 12。

表 12　品牌稳定性参考阈值

范围	类型	范围	类型
>15	极强稳定性	(3,7.49]	一般稳定性
(9,15]	强稳定性	(1,3]	弱稳定性
(7.49,9]	较强稳定性	≤1	极弱稳定性

（4）评价数据来源

根据调查目的、样本情况以及预算选择适宜的数据收集方法，常用的数据收集方法有电话调查、面访调查、在线调查等。

在选择数据收集方法时，应综合考虑以下因素：调查对象所属行业特性；调查对象的类型；调查对象的流动性；调查对象群体比例；等等。

（5）评价体系应用

2016 年发布《中国白酒行业品牌发展质量报告》。

（三）学术研究机构推动的品牌评价标准体系

1996 年，国务院发布《质量振兴纲要（1996～2010 年）》，提出"实施名牌战略，振兴民族工业"，国家制定名牌发展战略，鼓励企业实行跨地区、跨行业联合，争创具有较强国际竞争能力的国际名牌产品。从这个时候起，中国学术研究机构对品牌价值的评价研究也拉开了帷幕。经过 20 年的发展，学术机构对中国自主品牌评价体系的研究发挥了重要作用。

鉴于学术研究机构对品牌评价的研究主要以课题方式展开，课题结束、论文发表，研究便结束，缺乏持续性和实践性。已发表的大部分学术研究成果仅仅是对中文品牌评价体系的分析、探讨和总结，真正深入品牌评价实践

并市场化的研究成果并不多。但是也有一些学者对品牌评价研究持之以恒，锲而不舍，形成了具有实用价值的品牌评价研究成果，并应用于实践。从事中国自主品牌评价标准学术研究的主要是依托大学设立的品牌研究中心，也有以学术带头人为核心的课题组形式开展的。国家对品牌评价标准体系建设的重视，将转化为学术机构对品牌评价研究的深入推进，进一步提高中国自主品牌评价研究的理论水平。

本部分重点介绍在品牌评价细分领域具有一定代表性的农业品牌、文化品牌、老字号三类评价体系。

1. 中国农产品品牌价值评估体系

（1）研究机构及研究成果

浙江大学 CARD 农业品牌研究中心隶属教育部人文社会科学重点研究基地、国家"985"工程人文社会科学 A 类创新基地——浙江大学中国农村发展研究院（英文简称：CARD），是国内高等院校中首家专注于农业品牌的研究机构。中心首席研究员由浙江大学传播研究所博士生导师胡晓云教授担任。

中心自 2009 年成立以来，自主研发了"中国农产品区域公用品牌价值评估模型""中国农事节庆影响力评估模型""品牌新农村建设指标体系""中国农产品品牌网络声誉评价体系"等相关品牌评估理论模型，通过农产品品牌价值评估、农业品牌战略规划、品牌培训咨询等方式进行成果转化，助推中国农业品牌化进程。

2007 年，胡晓云出版专著《中国农产品的品牌化——中国体征与中国方略》。该书针对中国农业现实，提出了"区域公用品牌"的概念，也提出了"建立中国农产品品牌价值评估体系"的初步模型建议。此后，胡晓云带领团队研制了"中国农产品区域公用品牌价值评估模型"（简称 CARD 模型 1）、"中国农产品企业产品品牌价值评估模型"（简称 CARD 模型 2）。2009 年底，与农业部信息中心合作发布了基于 CARD 模型 1 的数据处理与分析而形成的《2009 中国农产品区域公用品牌价值评估报告》。2010 年，在《中国广告》杂志上发表了论文《中国农产品区域公用品牌的价值评估研究》，详细描述了中国农产品区域公用品牌评价评估模型。2013 年 9 月，出版专著《品牌价值评估研究：理论模型及其开发应用》（浙江大学出版社）。2017 年，胡晓云教授作为课题带头人，开展国家自然科学基金课题"基于区域化、网络化视角的农业品牌价值体系建构与管理策略研究"的研究。

（2）品牌定义

品牌是基于品牌主体与消费者经由物质生产、体验感知、符号体系等要素的系统生产、互动沟通、价值赋予而形成的独特的利益载体、价值系统与信用体系。利益载体，指的是创造满足消费者需求的物质、精神、文化、情感等方面的需求；价值系统，指的是品牌建设必须在产品品质独特性的基础上，整合文化等资源体系、无形价值，构建、创造、提升品牌的价值系统；信用体系，指的是每一个品牌都需要有一套产品品质保障系统，并以符号表现产品的利益与价值，让消费者看到品牌符号就能够安心消费，减少选择困难，降低选择成本。

（3）品牌评价目的

为政府制定农业和农村发展战略、相关政策提供决策参考，为企业科学决策与管理提供咨询服务。

（4）评价指标体系及模型

①品牌强度指标体系构成及权重

品牌强度指标体系构成及权重见表 13。

表 13 品牌强度指标体系构成及权重

一级指标	权重（%）	二级指标	权重（%）
品牌带动力	10	品牌的区域联动程度	30
		品牌的区域经济地位	40
		品牌的区域文化地位	30
品牌资源力	30	品牌的历史资源	28
		品牌的文化资源	35
		品牌的环境资源	37
品牌经营力	30	标准体系	17
		检测体系	15
		认证体系	12
		组织管理执行	56

续表

一级指标	权重(%)	二级指标	权重(%)
品牌传播力	20	知名度	30
		认知度	34
		好感度	36
品牌发展力	10	品牌保护	26
		市场覆盖趋势	25
		生产趋势	22
		品牌营销趋势	26

②品牌强度的指标体系说明

一级指标说明见表14。

表14　一级指标说明

一级指标	说　明
品牌带动力	品牌带动力是反映农产品区域公用品牌管理中各项资源配置与组合情况的指标,也是在市场调节环境中消费者对品牌产品信赖程度及品牌效益的间接表现
品牌资源力	品牌资源力是农产品区域公用品牌各项历史与现实资源的综合反映,也是历史传承与文化体验的考量指标
品牌经营力	品牌经营力是全面反映农产品区域公用品牌在经营、管理方面从体系化配套规则到实际实施情况的指标
品牌传播力	品牌传播力是衡量农产品区域公用品牌在消费者心中处于何种位置的指标
品牌发展力	品牌发展力是农产品区域公用品牌表达未来发展空间的指标

资料来源:胡晓云、程定军、李闯、詹美燕:《中国农产品区域公用品牌的价值评估研究》,《中国广告》2010年第3期。

二级指标说明见表15。

表15　二级指标说明

二级指标	说　明
品牌的区域联动程度	品牌的区域联动程度体现的是农产品区域公用品牌所在区域内各类型从业人员的响应与配合程度,传达出区域内协作与作业水平的高度,直接影响产品的品质与数量

二级指标	说　明
品牌的区域经济地位	品牌的区域经济地位反映的是农产品区域公用品牌所在的产业在本区域内经济中的相对重要程度,它直接指向该区域对该产业的资源配置和政策支持的力度以及该区域公用品牌对该区域经济的贡献度
品牌的区域文化地位	品牌的区域文化地位反映的是农产品区域公用品牌在该区域内的文化影响力。它表现为该品牌在区域文明构成中的重要程度、对区域形象的传播能力以及在多大程度上可以将它视为区域传播符号(或之一)。鉴于区域文化构成的复杂性和多样性,该指标既评估品牌对区域文化的单一贡献,又兼顾其他文化因素的重要性比较
品牌的历史资源	品牌的历史资源指的是关于农产品区域公用品牌在生产、管理、创建、经营过程中发生的相关事件、记载、阐释、说明等表达品牌历程的长期性、特殊性的资源综合。该指标体现了一个品牌的年龄和品牌的独特历史价值
品牌的文化资源	品牌的文化资源是指在农产品区域公用品牌长期发展过程中积累起来的与其相联结的凝聚、寄托品牌情怀的各类文化因子的综合。该指标体现了附着在一个品牌身上的独特的文化力量
品牌的环境资源	品牌的环境资源是指农产品区域公用品牌生存和发展的特殊地理条件因素、现实政策环境因素等的综合。该指标立足农产品是自然风物的前提,对区域地理条件的要求相对于工业产品高的重要特征,并从更现实、更宽泛的环境意义上来体现环境资源价值。品牌的环境资源价值对一个农产品区域公用品牌的贡献和价值具有其特殊性
标准体系	标准体系反映的是农产品区域公用品牌在种养殖、生产或加工技术环节的标准化及其标准体系建立的情况,体现品牌在行业中的地位及规范化进程。农产品类别繁多,不同的产品有不同的标准化要求,因此,该指标的落实和评价有充分考虑不同类别农产品的不同标准化要求,其重要的参照标准是国际、国家、地方或行业的标准体系
检测体系	检测体系是反映农产品区域公用品牌在种养殖、生产加工及成品商品化过程中对品质管理掌控的规范化程度的指标。该指标对农产品品牌的安全性和高品质产生重要影响力,各农产品区域公用品牌在生产、营销过程中对环境因素、土壤因素、各种理化指标的检测是否构成科学的检测体系,并得到国际、国家等相关权威机构的认可,是评估该指标的重要参照
认证体系	认证体系是标示第三方管理机构在农产品区域公用品牌生产环境、品质安全管理等方面介入及认可的指标。与检测体系的技术性因素不同的是,该指标着重参考一个品牌是否通过农产品相关的认证体系,如绿色食品、有机食品、HACCP、ISO 9000 体系等各种相关认证体系
组织管理执行	组织管理执行是反映一个区域政府、行业协会等的品牌管理的主导意识和主导性、品牌主体的品牌创建与管理维护能力以及一个区域在农产品区域公用品牌管理中整合区域力量、具体实施能力的指标。该指标重视品牌意识和品牌管理执行两方面的表现

二级指标	说　明
知名度	知名度是反映农产品区域公用品牌被包括目标消费人群在内的公众所了解的程度的指标。该指标是一个品牌进入市场的基础性指标，有了一定的知名度，才有可能达到一定程度的市场占有
认知度	认知度是衡量消费者对农产品区域公用品牌内涵及价值的认识和理解深度的指标，是消费者在长期接受品牌传播并使用该品牌的产品后逐渐形成的对品牌的认识和体验。该指标充分体现了消费者和品牌之间的深层次认知关系
好感度	好感度是衡量消费者对农产品区域公用品牌的偏好程度及特殊情感的指标。该指标是消费者对品牌产生忠诚度的前提
品牌保护	品牌保护指的是农产品区域公用品牌管理单位为保护品牌共有人共同的品牌利益而采取排他性合法措施的行为的指标。在农产品品牌发展的各个阶段，品牌保护的意识和措施的有效性都显得尤为重要
市场覆盖趋势	市场覆盖趋势是反映农产品区域公用品牌在国内外市场开拓及发展方面增长或减弱趋势的指标。该指标体现了品牌在市场推进层面的未来空间尺度。在品牌成长期，该指标决定了一个品牌对未来市场占有和扩大的可能性；在品牌成熟期，该指标相对价值减弱，而更侧重于单位销售额的品牌超值价值的体现
生产趋势	生产趋势是反映农产品区域公用品牌在产品生产方面增长或减弱趋势的指标，体现了品牌在生产层面的未来空间尺度。该尺度在品牌成长的不同时期意义也不同，规模扩大和品牌超额价值的体现之间并不呈现必然关系
品牌营销趋势	品牌营销趋势是反映农产品区域公用品牌在传播与行销投入和影响力方面增长或减弱趋势的指标，是品牌体验黏性强弱的表征，也体现了品牌在传播与行销层面的未来空间尺度。在前端生产流程、市场覆盖达到一定的水平之后，该指标在新的信息传播环境中显现出特殊价值

资料来源：胡晓云、程定军、李闯、詹美燕：《中国农产品区域公用品牌的价值评估研究》，《中国广告》2010年第3期。

③CARD 价值评估模型

CARD 价值评估模型为：

农产品区域公用品牌价值 = 品牌收益 × 品牌强度乘数 × 品牌忠诚度因子

其中：品牌收益=年销量×（品牌零售均价－原料收购价）×（1－产品经营费率）；品牌强度乘数是由农产品区域公用品牌强度所决定的决定品牌未来收益能力的一个乘数；品牌忠诚度因子=（过去三年平均售价－销售价格标准差）÷过去三年平均售价。

（5）评价数据来源

由品牌持有单位提供相关数据及其他公开可得信息。

（6）评价体系应用

《中国农产品区域公用品牌价值评估研究》，2009 年首次在《农产品市场周刊》发布，截至 2018 年已连续开展 10 轮评估研究。

《中国茶叶区域公用品牌价值评估报告》，2010 年首次发布，截至 2018 年已经发布 9 次。

《中国茶叶企业产品品牌价值评估报告》，2011 年首次发布，截至 2018 年已经发布 8 次。

《中国农产品区域公用品牌发展报告（2009～2012）》，中国农业出版社出版。

《中国畜牧品牌价值评估报告（2016）》，在《农产品市场周刊》上发布。

《2016 中国果品品牌价值评估报告》，在中国果品流通协会会刊上发布。

《2017 中国果品区域公用品牌价值评估报告》，在中国果品流通协会会刊上发布。

《价值决胜——中国茶叶品牌价值成长报告》（数据跨度：2007～2017 年），浙江大学出版社出版。

2. "中国最有价值文化品牌榜"评估体系

（1）研究机构及评价体系

中国文化产业品牌研究中心是中南大学"十一五"人文社会科学校级重点研究基地，由中南大学文学院教授、博士生导师欧阳友权教授担任中心主任。自 2006 年起研究建立"中国最有价值文化品牌榜"评估体系，发布《中国文化品牌发展报告》和《中国文化品牌价值排行榜》，并参与制定了《中国文化产业产权市场价值评估方法与指标体系》。

2008 年发布的首届"中国文化品牌榜"包括 9 个大类共 78 个品牌，2011 年发布的第二届中国文化品牌价值榜分为"总榜"和"分类榜"两种，包括 15 个大类共 200 个品牌。《中国文化品牌发展报告》于 2012 年首次被纳入国家蓝皮书系列。该书包括 1 个总报告、16 个分类业态报告和 33

个典型品牌案例报告。

（2）品牌评价体系及模型

中国最有价值文化品牌评价公式可以简单表述为：

$$P = M + S + D$$

其中，P 为品牌的综合价值，M 为品牌的市场占有能力，S 为品牌的超值创利能力，D 为品牌的发展潜力。

在评价公式中，关键指标是销售收入、利润额、影响力系数。在 M 部分，重点考察文化企业的销售收入指标；在 S 部分，借鉴一般商标评估中的收益法；在 D 部分，引入世界最有价值品牌评价中的利润倍数法。

入选文化品牌榜单的标准为：①拥有较大的市场份额；②具有较高的超值创利能力；③具有较强的出口能力；④商标具有较广泛的法律效力和不断投资的支持；⑤具有较强的超越地理和文化边界的能力。

（3）评价对象

入选"中国文化品牌价值排行榜"需要符合 4 个条件：①中国自主创建的文化品牌；②按照销售收入和利税两大指标排名居于行业领先地位的文化品牌；③必须是进入市场的消费品类文化品牌；④提供必要的信息数据。

（4）评价范围

"中国文化品牌价值排行榜"涉及的中国文化品牌包括电影品牌、广播电视品牌、动漫游戏品牌、新媒体品牌、出版发行品牌、数字出版品牌、报业品牌、期刊品牌、会展品牌、文化创意品牌、体育休闲与文化旅游品牌、演艺娱乐品牌、艺术收藏与拍卖品牌、文化制品品牌和其他文化品牌共 15 个类型。

（5）遴选标准

依据"经济体量、年度业绩、业界声誉、社会影响、品牌价值"的总原则，经举荐、调研、评审、公示反馈等环节，遴选出位居我国文化产业各行业前列的顶尖级年度文化品牌。

（6）评价体系应用

分别于 2008 年、2011 年、2014 年发布 3 次"中国文化品牌价值排行榜"。

3. 老字号品牌价值评价模型

（1）研究人员及研究成果

王成荣教授是老字号品牌价值评价模型研究的学术带头人，现任北京财贸职业学院院长、党委副书记。曾主持"中国名牌战略研究""品牌价值的评价与管理研究"等国家级和省部级重点课题研究 19 项。先后提出中国品牌梯级发展战略以及具有中国特色的品牌价值评价体系与方法等。2014 年出版《品牌价值论》，并与王玉军合作完成《老字号品牌价值评价模型》一文，刊登在《管理评论》杂志 2014 年第 26 期上。

（2）品牌定义

品牌是企业通过各种营销手段，在市场上刻意塑造的产品（服务）或公司的形象、个性、主张、联想和承诺，它外在表现为一系列区别性的符号和标记，内在的实质则是消费者对产品或服务价值和利益的情感认同，体现了产品或服务对消费者物质和情感需求的体现与满足。

品牌商品与非品牌商品的本质差别在于劳动投入质量与数量的差异。由于人们对品牌商品投入的劳动在质和量两个方面都高于非品牌商品的投入，因此品牌商品包含更多的价值和交换价值。"品牌由名牌员工创造。"因此，要创造名牌，就要打造一流的员工队伍。

（3）品牌评价目的

将老字号悠久的历史、深厚的文化所积累的价值激活并使之变成消费者愿意为之支付的品牌附加值。

（4）品牌评价体系及模型

老字号品牌的研究表明品牌三种价值的转化有三种可能：一是品牌的社会价值和文化价值直接转化为品牌的市场价值，即叠加效应；二是品牌的社会价值和文化价值影响到品牌的市场价值，作为品牌市场价值的"乘数"发挥作用，即乘数效应；三是叠加效应和乘数效应同时发挥作用。

老字号品牌价值评价模型（Time-honored Brand Value，THBV）的构建如下。

①老字号品牌价值的特征对评价方法的要求

首先，市场价值仍然是品牌价值的归宿。消费者是品牌最终服务的对象，品牌也只有在市场中才能获得经济回报，才具有生存和发展的基础。虽然在老字号品牌价值的构成中，社会价值和文化价值非常突出，但是这两类价值只有转化为市场价值，才具有经济意义；基于财务因素的品牌价值评价，其主要方法也是通过考量品牌的市场表现或预测品牌在市场上的未来收益进行的。因此，老字号品牌价值评价应以基于市场因素的评价方法为基础，同时要把财务和市场要素纳入评价体系之中。

其次，消费者因素在老字号品牌价值评价中具有重要作用。目前主要的评价方法，或者是单一的财务指标，或者是市场要素、财务要素或消费者要素的两两结合，这种现象不是简单的排列组合，而是体现了研究者对品牌价值构成的不同认识。采用单一财务指标评价品牌价值，体现了研究者将品牌视为企业无形资产的组成部分，即将品牌资产化的思路；采用市场要素和财务要素结合评价品牌价值，体现了研究者在当期收益的基础上，对品牌因市场地位而获得的未来收益的关注；采用市场要素和消费者要素结合评价品牌价值，则体现了研究者对消费者在品牌价值实现过程中的作用的重视。

根据分析，提出品牌的社会价值和文化价值在向市场价值转化的过程中，需要市场的"认同"，即消费者在了解到品牌的社会价值和文化价值之后所愿意为品牌付出的溢价，因此必须把消费者因素考虑到评价方法之中，结合前文的分析，这意味着老字号品牌价值的评价将综合涉及市场、财务和消费者三类要素。[①]

最后，应考虑老字号品牌社会价值和文化价值的不同转化方式以创新评价方法。品牌的社会价值和文化价值有两种转化方式：一种是直接通过影响

---

① 王玉军：《北京老字号品牌价值形成特点及评价研究》，北京工商大学硕士学位论文，2010。

消费者在心理层面的满足感而形成的市场价值；另一种是通过推动社会发展进而影响消费者而形成的市场价值。这两种方式在评价方法的设计中都应有所体现。因此，老字号品牌价值的评价模型包含当前主流的品牌价值评价方法，类似 Interbrand 方法和《金融世界》评价法的品牌因子（乘数）指标，但是具体的内涵有所不同。①

在借鉴国内外主要品牌价值评价体系的基础上，考虑到中国市场的特点和老字号品牌的独特性，将社会价值和文化价值转换成市场价值，提出一种适合老字号品牌价值评价的 THBV 评价法。采用此评价法对老字号品牌价值进行评估更具科学性。

②THBV 评价方法的基本公式

THBV 评价方法的基本公式为：

$$品牌价值(BV) = 品牌优势值(BAV) \times 品牌乘数(BM)$$

其中：品牌优势值（BAV）＝现实品牌优势值（$RBAV$）×潜在市场优势乘数（$PBVM$）。

这一公式体现了以下设计思路。

第一，公式中的品牌优势值和品牌乘数两个指标可以对品牌价值的形成过程进行最简化的概括，品牌优势值是指品牌在市场上能够获得溢价的程度，而品牌乘数则是品牌的社会和文化意涵对品牌溢价能力的杠杆作用。

第二，社会价值和文化价值的乘数效应和叠加效应在公式计算中都将有所体现。公式中品牌优势值和品牌乘数相乘的关系直观地体现了品牌社会价值和文化价值的乘数效应；而品牌优势值的计算则不仅仅要考虑品牌现实的溢价能力，还要考虑消费者在了解到品牌的社会和文化意涵后的反应，这体现了品牌社会价值和文化价值的叠加效应。②

---

① 王玉军：《北京老字号品牌价值形成特点及评价研究》，北京工商大学硕士学位论文，2010。
② 王玉军：《北京老字号品牌价值形成特点及评价研究》，北京工商大学硕士学位论文，2010。

③评价指标计算

第一，品牌优势值的计算。

品牌优势值是衡量公司品牌在单位时间（一般是一年）内相对于无品牌企业的超额价值，需要计算两个指标：一个是现实品牌优势值；另一个是潜在品牌优势乘数。老字号品牌现实品牌优势值计算步骤及公式见表16。

表16　老字号品牌现实品牌优势值计算步骤及公式

步骤	项目	公式
（1）	销售额	实际数
（2）	利润率	（行业）
（3）	利润额	（1）×（2）
（4）	资本比率	（行业）
（5）	理论资本	（1）×（4）
（6）	一般利润	（5）×5%
（7）	品牌利润	（3）－（6）
（8）	修正利润	三年的权重为3∶2∶1
（9）	税率	（行业）
（10）	理论纳税	（8）×（9）
（11）	纯利润	（8）－（10）
（12）	现实品牌优势值	（11）／（2）

现实品牌优势值是因品牌的市场优势而获得溢价的能力。现实品牌优势值有两种计算方法：一种是超额利润法；另一种是超额定价法。基本思路是首先计算企业的超额利润，或者市场溢价能力，再进行贴现。因为老字号具有持续生存和发展的能力，假设老字号在可估量的时间内是永续存在的，当前的超额利润或者超额定价能力代表了其持续的收益能力，因此贴现时间假设为无限大，贴现率则采用市场平均利润率。

用超额利润法计算现实品牌优势值的公式为：

$$RBAV = (P - AP)/APR$$

其中，P 为被评价品牌税后利润，AP 为同行业平均税后利润，APR 为同行业平均利润率。

品牌优势乘数的设计是为了分析消费者因老字号品牌的社会和文化意涵，由于情感和心理方面的满足感而对品牌的倾向性影响，反映在市场上则体现为品牌溢价能力的进一步提高，因此以乘数的方式与现实品牌优势相结合，可以形成对老字号品牌优势的全面认识。

这一指标的计算将采取回归计算的方式获得。根据公式 $RAV = RBAV \times RBVM$，可以计算出品牌优势值。[①]

第二，品牌乘数的计算。

考察社会和文化因素对品牌市场价值的影响，是形成品牌乘数这一指标的原因，因此将针对品牌的社会和文化意涵来设计相应的因子。

因子设计。根据长期对老字号品牌社会和文化意涵的研究，可以将品牌历史、文化积淀、经营理念与谋略、传统技术与技艺、建筑遗存与文物五个方面作为评价因子。为了便于各类专家学者评价，又在这五个因子下设立了若干子因子（见表17）。

表17　老字号品牌强度乘数因子及其内涵

品牌强度乘数评价因子	内涵
品牌历史	历史的厚重感 品牌故事与传说的流传和影响 蕴含的人文价值与教育价值 对丰富历史文献的贡献
文化积淀	某种传统与习俗的载体 某种消费方式的载体 对本企业文化的影响 对品牌个性和顾客忠诚度的影响
经营理念与谋略	承载传统商业智慧 对企业发展与品牌营销的影响 对其他企业的影响 对现代营销理论形成的贡献

---

① 王玉军：《北京老字号品牌价值形成特点及评价研究》，北京工商大学硕士学位论文，2010。

续表

品牌强度乘数评价因子	内涵
传统技术与技艺	非物质文化遗产 技术与技艺的独特性和神秘性 对产品品质与个性的影响 对行业发展的贡献
建筑遗存与文物	社会变迁的活化石 承载字号的个性与经营之道 城市商业建筑文化的标识 对城市商业街区形成的影响

评价方法。品牌的社会和文化因素对其市场价值的影响具有复杂性,应当通过专家评估来实现。专家评估包括三个方面:利益非相关专家评估(主要是学术专家)、竞争企业专家评估和受评老字号内部专家评估。三个角度的评估各有侧重,能够通过因子表达和权重分配得到较为客观的平衡。

因子权重。老字号品牌属于相对小众的品牌群体,对其有充分了解的群体规模有限。因此,采取专家咨询的方式,设计这五个因子的权重。

由于社会生活方式和企业发展过程中的变迁,老字号品牌的发展呈现不均衡性,既有贵州茅台、王老吉、同仁堂、全聚德等行业领先者,也有仅剩一块招牌难以为继的困难企业,这五个因子对老字号品牌的影响和意义并不相同。因此,将老字号品牌按核心能力和传统事业领域两个维度来划分。[①]

按照核心能力和传统事业领域两个维度,可以将老字号品牌分为四类。

- A 类是事业领域和核心能力仍然存在的老字号。
- B 类是事业领域逐步消失,但是核心能力仍然存在的老字号。
- C 类是事业领域仍然存在,但是核心能力基本消失的老字号。
- D 类是转型类,即事业领域基本消失,同时核心能力也基本消失的老

---

① 王玉军:《北京老字号品牌价值形成特点及评价研究》,北京工商大学硕士学位论文,2010。

字号。①

依据以上分类，得出了 THBV 评价法中品牌强度乘数因子的构成（见表18）。

表18　THBV 评价法中品牌强度乘数因子的构成

品牌强度乘数评价因子	因子分值			
	A 类	B 类	C 类	D 类
品牌历史	20	20	25	25
文化积淀	20	25	25	25
经营理念与谋略	20	5	20	15
传统技术与技艺	20	30	5	5
建筑遗存与文物	20	20	25	30
总计	100	100	100	100

（5）评价体系应用

2010 年，以北京餐饮业中的三家老字号品牌便宜坊、东来顺和鸿宾楼为例进行了评价测试。

（四）商业服务机构推动的品牌评价标准体系

我国最早开启中国自主品牌评价的商业服务机构是北京名牌资产评估公司。该公司于 1995 年在国内首次发布《中国最有价值品牌研究报告》，并率先提出"品牌是最有价值的资产"这一观点，使当时社会上对中国品牌的认知不再局限于各种名牌认定，开始认识到品牌价值是可以被量化和测算的，唤起了中国企业及社会各界对品牌资产的重视。

在国际上，从事品牌评价的机构大部分属于商业服务机构，在市场经济发达、信用体系健全的市场环境下，商业服务机构提供的品牌评价服务更贴近用户的需求，但是也需要更清晰的、差异化的定位。

---

① 王玉军：《北京老字号品牌价值形成特点及评价研究》，北京工商大学硕士学位论文，2010。

1. 中国品牌价值100强（原中国最有价值品牌）

（1）发布机构

北京名牌资产评估有限公司于 1995 年 2 月经国家国有资产管理局批准成立。作为国内最早从事品牌价值比较研究的专业机构，其服务定位为：研究品牌价值内涵，通过品牌价值评估，推动品牌价值资本化，使品牌成为最有价值的资产。公司于 1995 年发布第一个"中国最有价值品牌"榜单，该榜单以 1992～1994 年全国 500 家企业以及轻工业 200 家企业为基础，选择其中的消费品类品牌进行研究评价。根据研究结果，从中选择了 80 个品牌作为中国最有价值品牌予以发布。由于入选的 80 个品牌是从全国销售额和利润表现优秀的企业中选出来的，因此几乎囊括了当时市场上比较有影响的消费品行业品牌，其榜单被媒体广泛传播。

（2）评价指标体系及模型

北京名牌资产评估有限公司的评估体系以 Interbrand 公司的 7 项强度指标为框架，结合中国实际和未来发展，构建了品牌市场份额、出口能力、超值创利能力、扩张能力、投资支持以及商标的法律效力等评价指标。

公司设计的中国品牌价值 100 强评价公式可以简单表述为：

$$P = M + S + D$$

其中，P 为品牌的综合价值，M 为品牌的市场占有能力，S 为品牌的超值创利能力，D 为品牌的发展潜力。通过对品牌的市场占有能力、超值创利能力、发展潜力的综合考量，最终以品牌价值来表述其品牌的行业地位以及发展轨迹。

M 部分（品牌的市场占有能力）取企业的销售收入指标。

公司认为，销售收入最能够代表消费者对这个品牌的认可程度。在同行业中它具有相对可比性，同时也代表着品牌所形成的市场规模。市场占有率主要以品牌的销售收入为依据，同时要考虑不同行业规模中的企业规模。在这个指标中，没有把利润作为品牌测算的基数。公司还认为，如果依照 Interbrand 公司利润×强度倍数这个公式，由于中国企业的利润受行业政策、地方保护、政府关系等因素影响很大，中国非常有影响力的品牌其品牌价值很可能为零。

S 部分（品牌的超值创利能力）借鉴了一般商标评估中的收益法。

品牌的超值创利能力是品牌竞争力的质量指标，它必须高于同行业的平均利润水平。也就是说，行业平均利润率只能是产品本身竞争力的表现，高于行业平均水平的超额利润部分，才体现为品牌竞争力，或者说是由品牌所带来的超值收益。品牌的超值创利能力需要根据不同行业的平均利润率进行调整。如果利润率低于行业平均利润水平，这个部分的价值将是零。

D 部分（品牌的发展潜力）借鉴了 Interbrand 评价中的利润倍数法。

根据品牌的法律保护状况、品牌的技术创新与保护情况、品牌的历史、品牌超越地理文化边界的能力、品牌维护力度等情况确定倍数。品牌的发展潜力主要看品牌未来的超值创利能力，是通过对品牌的技术开发投入、广告营销投入、企业文化状况、出口能力及国际化程度等因素的考察来测算的。

公司的评价公式主要用于确定行业修正系数。品牌价值统一量化的最大难度是不同行业之间的比较。如果行业之间不建立一套可比系数，评价的结果就会被汽车、烟草等规模性行业占满，相当多的消费类产品就排不进来。这也不符合品牌在实际生活中的影响。

（3）评价对象

评价对象按照以下标准筛选。

• 中国自主品牌（包括中外合资企业在中国共同创建的品牌）。

• 行业市场份额领先。

• 产品能够被消费者感知。

• 消费者对产品有选择权。

• 能够提供评价所需的相关材料数据。

（4）评价范围

以消费品类的品牌为主，不含垄断型企业。

（5）评价数据来源

依据公司成立 23 年来建立的品牌数据库，包括企业直接提供的有关品牌资料、财务报表以及上市公司等其他公开数据。目前所评价的 100 个品牌中，90% 以上是上市公司。公司已经把直接获取上市公司公开数据作为重要依据。

（6）评价体系应用

从 1995 年至今已经持续发布了 23 年"中国最有价值品牌"。2005 年 10 月，企业管理出版社出版《品牌有价：1995～2004 中国品牌价值报告》一书。

2. 中国品牌力指数（C‒BPI）

（1）发布机构及评价体系

中企品研（北京）品牌顾问股份有限公司（简称 Chn-brand）是一家致力于全面品牌价值提升的专业服务机构，围绕提升用户价值、品牌价值、营销价值、生态价值，为企业提供品牌数据研究、品牌战略咨询、品牌体验管理、品牌生态社群四类业务。中国品牌力指数（China Brand Power Index，C‒BPI）是由 Chn-brand 研发实施的中国品牌价值评价制度。自 2011 年起，Chn-brand 开始发布基于中国市场消费者之声、测量消费者体验的评级研究报告，形成了覆盖全品类的多维度评级体系。目前中国品牌力指数（C‒BPI）、中国顾客满意度指数（C‒CSI）和中国顾客推荐度指数（C‒NPS）获得工业和信息化部品牌专项扶持资金支持。

（2）评价目的

C‒BPI 每年公布相关行业由品牌认知和品牌关系构成的 Brand Power 调查结果，该结果可以作为企业进行战略性品牌管理的基础性参考指标。企业可以通过比较分析相关品牌的指数，寻找其品牌的相对优势，优化品牌战略管理系统，以增强其品牌力量。

（3）评价指标体系及计算方法

C‒BPI 模型以戴维·阿克的品牌接受度模型、品牌资产五星模型（品牌知名度、品牌认知度、品牌忠诚度、品牌联想、其他品牌资产）、品牌资产模型为基础，结合中国品牌实践开发而来（见图 2）。

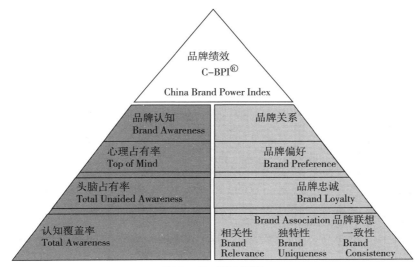

图 2　C – BPI 模型

（4）评价指标

C – BPI 可以体现消费者在认知品牌资产过程中各相关要素对品牌认知和品牌关系的影响力，以此预测消费者的购买行为。C – BPI 从消费者认知结构出发，进行以品牌认知和品牌关系为中心的调查。对品牌认知加权50%（其中，心理占有率25%、头脑占有率15%、认知覆盖率10%），对品牌关系加权50%（其中，品牌忠诚20%、品牌偏好15%、品牌联想15%），以1000分为满分，计算出品牌力指数。

一级指标品牌资产是品牌力的集中、量化体现，由品牌认知和品牌关系两个方面的二级指标构成。品牌认知衡量品牌传播的广度、强度、吸引力，考察市场端实力；品牌关系衡量品牌形象、情感，考察品牌与消费者的沟通与联系。

品牌认知指标由心理占有率、头脑占有率、认知覆盖率子指标构成，其中心理占有率是指在无提示情况下，消费者在目标品类内首先想到的品牌为目标品牌的比例，代表品牌认知的深刻度；头脑占有率是指在无提示情况下，消费者在目标品类内能够自发想到目标品牌的比例，代表品牌的有效认知；认知覆盖率是指经过提示，消费者知道目标品牌的比例，是最广泛和浅层的认知。

品牌关系指标由品牌偏好、品牌忠诚、品牌联想子指标构成，而品牌联

想又包含相关性、独特性、一致性三个细分指标。品牌偏好是指消费者最喜欢的品牌为目标品牌的比例；品牌忠诚是指消费者对当前使用品牌继续使用的意愿；品牌联想是指所有品牌在形象建设方面都应具备的共性的特征，由相关性、独特性、一致性三方面内容构成。

品牌联想下的四级指标中，独特性体现在品牌有着区隔于其他品牌的清晰而独特的品牌形象，并且该品牌通过更加感性或个性化的方式来影响消费者；一致性体现在品牌通过不同的产品类别，传递一致的品牌形象，并且品牌传递的品牌形象与信息是一致的，自始至终贯穿于其广告、市场活动和店内活动中；相关性体现在品牌的产品或传递的信息是与消费者相关的，并且消费者不仅了解这个品牌所提供的产品，而且知道这个品牌和公司的更多信息。

C - BPI 还拥有一系列转化率指标。独占转化率反映了被访者对目标品牌从有效认知到深度认知的转化率；有效认知转化率反映了被访者对目标品牌从最泛泛的认知到有效认知的转化率；留存率反映了被访者对目标品牌从试用到持续使用的转化率；试用转化率反映了被访者对目标品牌从有效认知到试用的转化率。

（5）计算方法

C - BPI 的计算公式为：

$$C - BPI = 1000 \times (0.5 \times 品牌认知 + 0.5 \times 品牌关系)$$

其中：品牌认知 $= 0.5 \times$ 心理占有率 $+ 0.3 \times$ 头脑占有率 $+ 0.2 \times$ 认知覆盖率；品牌关系 $= 0.3 \times$ 品牌联想 $+ 0.4 \times$ 品牌忠诚 $+ 0.3 \times$ 品牌偏好。

C - BPI 品牌力评估可以从消费者角度对品牌资产进行评估，将不同时间段品牌力进行对比，直接掌握营销活动的有效性，了解品牌在消费者心中的地位变化，找出与竞争对手的差距。C - BPI 评估结果对品牌主的品牌建设、营销活动具有直接指导意义。

（6）评价范围

2018 年 C - BPI 项目共调查了 159 个行业，其中快速消费品大类中调查了69个行业，耐用消费品大类中调查了38个行业，服务业大类中调查了52个行业。具体行业见表19。

表19　2018 年 C－BPI 项目调查行业覆盖

大类1	大类2	大类3	品类名称
快速消费品	食品	糖果制品	口香糖、巧克力、润喉糖
		一般食品	膨化食品、饼干、威化、方便面、派、火腿肠、速冻食品、冰激凌/雪糕、食用油、婴幼儿奶粉、坚果/干果
		调味品	酱油、食醋、酱料
	饮品	饮料	瓶装水、100％纯果汁、果汁/果味饮料/蔬菜汁、功能饮料、茶饮料、速溶咖啡、凉茶
		乳饮品	乳酸菌饮料、液态奶、酸奶
		酒类	啤酒、国产葡萄酒、高档白酒、主流白酒
	生活用品	卫生用品	碗碟洗洁精、消毒液、电动剃须刀、牙膏、香皂、洗手液、洗面奶、婴儿/儿童洗浴/润肤品、沐浴露、洗发水、洗衣粉、洗衣液、衣物柔顺剂、纸巾/卷纸、婴幼儿纸尿裤/纸尿片、卫生巾/卫生护垫
		美容用品	护发素/润发露、男士护肤品、女士护肤品
	时尚用品	鞋类	女鞋、男士皮鞋、运动鞋
		服装	男士正装、休闲裤/牛仔裤、运动服装、童装/婴幼儿服装、男士商务休闲装、快时尚服装
		配饰	手表
	药品/保健品	药品/保健品	感冒药、保健型眼药水、创可贴、阿胶
	其他消费品	其他消费品	机油/润滑油、保鲜盒、不锈钢保温杯/瓶/壶、高档香烟、主流香烟、户外装备
耐用消费品	家电产品	黑色家电	彩电
		白色家电	洗衣机、电冰箱、空调
		小家电	电热水器、抽油烟机、吸尘器、微波炉、电饭煲、电磁炉、豆浆机、榨汁机、空气净化器、净水器、电烤箱
		数字家电	数码照相机、体感游戏机
	信息通信	信息通信	手机、笔记本电脑、学习类辅助工具
	汽车/电动车	汽车/电动车	电动自行车、汽车轮胎、主流车、豪华车、新能源汽车
	家居用品	家具/家装	强化地板、实木地板、墙面漆、木器漆（油漆）、瓷砖、床垫
		厨房/卫浴	龙头/花洒、淋浴房、太阳能热水器、整体厨房、燃气灶、坐便器、面盆

大类1	大类2	大类3	品类名称
服务业	批发零售业	特许经营	蛋糕甜点连锁店、眼镜销售连锁店、中式快餐连锁店、中式连锁餐饮店、珠宝零售/连锁店、茶叶连锁店、咖啡连锁店、西式快餐连锁店、汽车租赁连锁店、酒业连锁店、美容美发连锁店、孕婴童连锁店、西式连锁餐饮店、连锁药店、汽车美容维修/快修连锁店
		大型连锁零售事业	大型超市、电器城、连锁便利店、大型家居卖场、连锁百货商场、加油站
	金融服务	金融服务	财产险、人寿险、汽车保险、信用卡、银行服务、第三方支付平台
	网络服务	网络服务	综合性购物网站、互联网门户网站、招聘门户网站、婚恋网站、视频服务网站/App、大型网络游戏运营商、团购网站、搜索引擎、在线旅游服务、特卖网站、汽车互联网平台、二手车直卖网/交易网、外卖平台
	一般服务	康乐文化服务	快捷酒店、旅行社、连锁电影院、健身会所、培训服务、高端连锁酒店
		运输/物流	快递服务、航空服务
		其他服务	房产中介服务、通信服务、专车服务、共享单车

（7）评价数据来源

C-BPI 覆盖全国40个主要城市的消费者品牌态度及行为数据，涵盖快速消费品、耐用消费品、服务业、政府等"150＋"品类领域"7000＋"品牌"100万＋"样本，365天不间断进行调研与数据反馈，是最大的品牌价值与顾客关系月度跟踪调查"国家级大数据库"。

（8）评价体系应用

2018年4月10日，发布2018年（第八届）中国品牌力指数SM（C-BPI®）品牌排名和分析报告。

2017年10月11日，发布2017年（第三届）中国顾客满意度指数SM（C-CSI®）品牌排名和分析报告。

2016年10月19日，发布2016年（第二届）中国满意度指数SM（C-CSI®）品牌排名和分析报告。

四 推动中国自主品牌评价体系的团标建设

以上我们介绍了政府机构、行业协会及社会组织、学术研究机构、商业服务机构推出的品牌评价标准体系，在国际接轨、行业引导、理论创新、数据库建设、细分领域应用等方面都各有建树，满足了企业品牌创建与管理不同阶段的实际需求，形成了中国自主品牌评价标准体系建设百花齐放的格局。但是不论哪种评价标准，检验的唯一标准是能否对中国自主品牌建设有实际推动作用并获得社会认可。

通过上述对中国自主品牌评价体系的分析我们可以看到，中国自主品牌评价体系建设已经形成了政府机构、行业协会及社会组织、学术研究机构、商业服务机构四种力量，其中政府主导的评价体系带有明显的官方认定色彩。在政府主导的品牌评价视角下，品牌经营是企业经营的重要内容，从营销工具到自主创新，从资产权益到知识产权，由此形成了企业管理理论—品牌价值理论—品牌评价指标体系的评价路径。官方主导品牌价值认定虽然对品牌有一定的信用背书作用，但是所得出的品牌评价结果如何指导企业品牌实践依然需要探索。

得益于国家对品牌评价研究的鼓励政策，品牌评价研究引起了众多高校等学术研究机构的关注，目前品牌学术界发布了大量品牌评价模型和品牌测算公式，形成了经典品牌理论—品牌实证研究—品牌评价模型的评价路径，虽然研究成果符合学术规范，但是测算出的品牌资产价值是否具有说服力，还需要市场的检验。

从事品牌评价的商业服务机构推出的品牌评价体系大多是基于市场需求而构建的，将客户需求、评价目的、评价标准和数据支撑打通，是其生命力所在，但是如何提升其公信力，需要时间的考验。而与行业协会及社会组织合作，也许能走出一条具有中国特色的品牌评价之路。

目前中国自主品牌评价标准体系建设面临的共同挑战包括以下几个方面。

（一）价值判断和品牌定义问题

对品牌的价值判断不同，导致对品牌评价维度和指标设计的差异性，也会直接影响评价结果的科学性、可靠性和适用性。目前我们认为国际标准化组织 ISO 10668《品牌评估　品牌货币化评估要求》和国家标准《品牌评价　品牌价值评价要求》（GB/T 29187—2012）对品牌价值的表述和品牌定义具有指导意义。

（二）评价目的和评价主体问题

品牌评价目的不同，采用的品牌评价方法和对品牌评价机构资质的要求也不同。目前品牌评价可以分为三类主体。

1. 基于品牌交易目的的品牌资产价值评估

评价目的主要满足并购、融资、诉讼、授权等品牌资产定价，其评价结果必须被财务会计、金融投资机构理解和认可。目前在中国承担评价的主体是财政部认可的资产评估公司或者会计师事务所，并要符合会计法和资产评估法的要求，具有很强的法律法规约束。在国际上，代表是四大会计师事务所；在国内，就是具有评估资质的资产评估公司和会计师事务所。这类品牌评估的企业参与方主要是企业董事会和财务部门，数据来源主要是企业财务数据和行业数据。

2. 基于品牌传播的品牌价值评价

这类评价主要是社会化评价，其评价结果是一种认知价值，其呈现形式是品牌排行榜。评价主体可以是行业协会、品牌传播公司、品牌咨询公司甚至媒体。其影响力主要源于实施评价主体的公信力。我们看到的几大知名全球品牌排行榜以及中国各行业协会推出的品牌排行榜，均属于社会化评价。这类评价的依据主要是公开的市场数据和用户调研数据，企业方一般不参与。这类评价对企业品牌传播和消费者选择具有一定意义，但其提供的品牌价值数据不会被交易市场认可。由于中国诚信建设还有待完善，品牌社会化评价会成为一把"双刃剑"，在市场不成熟的环境下，有可能形成劣币驱除良币的生态。

3. 基于品牌价值管理决策的品牌价值评价

这类品牌平台的目的是帮助企业识别品牌价值，评估品牌战略决策与品牌管理绩效，评估品牌的衍生性以及品牌营销预算的合理性。这类评价主体主要是专业的品牌评价机构。评价企业参与方主要是企业董事会及品牌管理部门。数据来源包括内部数据和外部数据。评价结果对品牌资产价值评估能够提供有力的支撑。

（三）评价模型和行业认可问题

现有的评价模型基于不同的品牌价值判断，基于不同的利益主体，基于不同的评价目的，品牌评价模型千差万别，其科学性、可靠性、适用性令同行、社会及企业难以识别，加之数据获取和数据质量问题以及统计方法和计算方法问题，形成一个行业认可的品牌评价标准依然是个挑战。

国际标准化组织在品牌评估标准中对品牌经济价值的产生做出了系统性的描述，但是在不同行业、不同领域，品牌价值形成的驱动因素是有差异的。因此，制定满足不同行业属性、适应不同行业需要的品牌评价社会团体标准就是努力的方向和积极的选择。国务院发布的《贯彻实施〈深化标准化工作改革方案〉重点任务分工（2017～2018 年）》指出，要鼓励社会团体发挥对市场需求反应快速的优势，制定一批满足市场和创新需要的团体标准，优化标准供给结构，促进新技术、新产业、新业态加快成长。鼓励在产业政策制定以及行政管理、政府采购、认证认可、检验检测等工作中适用团体标准。政府机构、行业协会及社会组织、学术研究机构、商业服务机构乃至行业品牌龙头企业都可以在品牌评价社团标准建设中有所作为。

国际上对"标准"的定义是：为了在一定范围内获得最佳秩序，经协商一致制定并由公认机构批准，共同使用和重复使用的一种规范性文件。一个品牌评价标准的社会价值取决于是否满足产业发展的需求，是否满足质量发展的需求，是否满足技术创新与产品创新的需求，是否满足国际贸易的需求，是否满足保护公众利益的需求，是否满足社会可持续发展的需求，是否

满足政府监管的需求。《品牌评价 品牌价值评价要求》（GB/T 29187—2012）中对品牌评价提出的透明性、有效性、可靠性、充分性、客观性的一般要求，依然是社会判断一个品牌评价结果是否具有公允性的依据。

中国自主品牌评价标准体系建设只有在真正理解品牌价值和满足标准作用的基础上，才能发展出立足中国国情、体现中国特色、瞄准世界前沿、具有全球话语权的品牌评价标准。

B.5
构建以品牌指数为基础的
国家品牌战略管理体系

杨曦沦　崔新生　杨景安*

摘　要： 品牌是商业文明的集中体现，品牌资产属于国家战略资产。通过构建品牌指数体系，将符号化的形象资产转化为可交易的数字化资产，激活品牌资产存量，扩大品牌价值增量，是支撑国家品牌战略管理体系的重要内容。围绕品牌价值的指数化，可以设计出多种功能的品牌指数，如体现中国自主品牌在全球中竞争能力的全球品牌竞争力指数，支撑品牌资产证券化的品牌金融指数，体现品牌市场竞争能力的驰名商标品牌指数，体现品牌数字化能力的数字品牌指数，体现消费者偏好的原产地品牌指数、旅游品牌指数、连锁品牌指数、中华老字号品牌指数，以及产业集群品牌指数、品牌生态指数，等等。

关键词： 品牌指数　品牌价值链　品牌金融　品牌化组织　品牌信托

通过对国际品牌评价体系的观察与研究可以发现，国际品牌评价体系的建立与完善基于成熟的市场经济和全球性的品牌数据支撑，形成了品牌评价体系—品牌排行榜—品牌专业服务的一个完整的品牌服务体系。作为商业服

---

* 杨曦沦，品牌中国战略规划院副院长，北京国信品牌评价科学研究院院长，研究方向为品牌评价、品牌金融；崔新生，崔氏指数（北京）信息技术研究院院长，研究方向为产业投资理论、量子指数理论；杨景安，北京国信品牌评价科学研究院研究部主任，研究方向为品牌战略管理。

务机构，其品牌评价业务是其全球品牌服务体系的一个"标配"，具有营销工具和创造品牌生态两种功能。

品牌价值的产生具有很强的外部性，在互联网的新经济形态下，品牌价值管理工具已不再局限于营销、广告等，而是与互联网、金融、组织深度融合。因此，我们应该以更新的视角，在更高的层次上探索构建基于全球品牌价值链的品牌指数，通过品牌指数这一产品，实现品牌资产价值的最大化。

一 品牌指数是支撑国家品牌战略管理体系的重要内容

品牌是商业文明的集中体现，品牌资产属于国家战略资产。通过构建品牌指数体系，将符号化的形象资产转化为可交易的数字化资产，激活品牌资产存量，扩大品牌价值增量，是支撑国家品牌战略管理体系的重要内容。

品牌作为虚拟资产，具有特定的信息能值的存量，其价值体现于符号所蕴含的信息能赋。品牌作为价值指数应用，可以为品牌评估、品牌评级、品牌交易及品牌资产风险管理提供行之有效的价值管理模式，并形成完整的品牌金融体系及其市场应用，从而实现国家品牌战略管理的真实意图。品牌指数数据处理流程标准见图1。

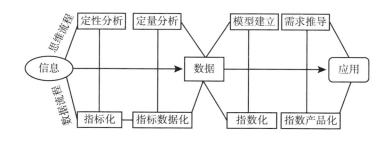

图1 品牌指数数据处理流程标准

构建品牌指数体系，需要把握指数发展的趋势，我们可以用"版本"迭代的方式描述指数功能的变化。

指数1.0：统计手段（统计局、抽样调查等）。我们日常生活中遇到的"指数"，大多侧重于这一功能。

指数2.0：交易品设计（股市交易品如平均数计算等）。包括道琼斯指数、上证指数、深证指数等。

指数3.0：标准应用（信息、工程系统、数据产品设计）。数与据是相互说明和求证的关系，数是工具，据是目的，此为数据。现在这样的指数逐渐深入日常应用，如行为数据淘宝、蚂蚁金服之类，这里接近了指数，但尚未充分运用指数功能。

指数4.0：量化无形之物。就是对一切无形或不确定的事务进行数据的指数化推演，数据从信息中可得，然后将信息演化为数据，形成指数这样一个"符号"。凡是可描述的，即是可数据的，数据价值体现于指数功能。

二 构建品牌指数体系的原则及路径

构建品牌指数体系的原则及路径：必须基于品牌引领供需结构升级的国家战略；必须基于全球品牌价值链的视角；必须基于资本市场脱虚向实的金融政策；必须以促进品牌交易为目的；必须以大数据为技术支撑；必须基于品牌利益相关方价值共识、共创、共享的信托机制。

（一）必须基于品牌引领供需结构升级的国家战略

品牌是市场竞争和消费者认可的产物。随着消费结构的不断升级，以及互联网对人性的解放，品牌呈现个性化、多样化、高端化、体验式消费等特点。马云提出的新零售、新制造、新金融、新技术、新资源其实就是互联网生态下品牌的创新路径。移动互联的发展，极大地解放了用户的创造力和生产力，用户和企业共同为品牌赋能。在以用户为核心的品牌生态下，品牌引领供需结构调整已经不限于增品种、提品质的视角，而是形成用户数据赋能，企业供应链实时响应和支撑的业态。在这一业态下，用户的媒体属性、

金融属性、数据属性将成为引领供需结构调整的重要力量。基于用户数据构建的用户品牌偏好指数将成为品牌主做出营销决策的重要依据。

（二）必须基于全球品牌价值链的视角

2013年，国资委发布的《关于加强中央企业品牌建设的指导意见》指出，随着经济全球化进程的加快，拥有国际知名品牌已经成为引领全球资源配置和开拓市场的重要手段。知名跨国公司利用品牌影响力在全球组织研发、采购和生产，实施并购重组，主导国际标准制定，赢得了更大的发展空间。这句话道出了全球化、网络化时代品牌价值的真谛，就是通过创建全球品牌价值链配置全球资源。2014年，国务院办公厅发布的《关于发挥品牌引领作用推动供需结构升级的意见》将品牌价值上升到促进生产要素合理配置和实现价值链升级的高度。

通过对全球品牌榜的观察分析可以发现，全球品牌是全球品牌价值链的产物。全球品牌价值链可以描述为显性系统和隐性系统。显性系统包括产品体系（交易性）、形象体系（识别性）、传播体系（沟通性），隐性系统包括品牌供应链体系（稳定性）、知识产权体系（创新性）、金融体系（抗风险性）。显性系统最终会积淀为品牌文化——品牌的认同感与消费偏好，隐性系统最终会转化为品牌标准——品牌的秩序性与规范性。围绕全球品牌价值链的六大体系，可以构建一个能综合反映品牌全球竞争力的指数。基于全球品牌价值链的品牌交易体系见图2。

（三）必须基于资本市场脱虚向实的金融政策

品牌作为组织最有价值的无形资产，已经成为金融活动的重要内容和组成部分。品牌价值的虚拟性与实体的依附性密切相关，从而成为资本市场连接实体经济的最佳纽带。从国家品牌金融政策看，资本市场可以为"品牌引领"提供金融保障。国务院办公厅发布的《关于发挥品牌引领作用推动供需结构升级的意见》指出，要积极发挥财政资金引导作用，带动更多社会资本投入，支持自主品牌发展。鼓励银行业金融机构向企业提供以品牌为

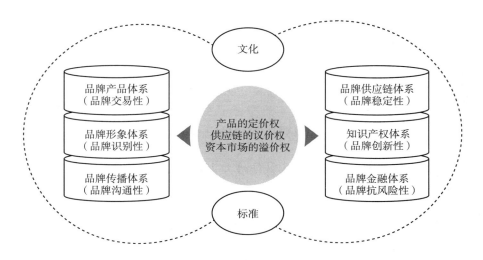

图 2　基于全球品牌价值链的品牌交易体系

资料来源：国际品牌评价研究中心编制。

基础的商标权、专利权等质押贷款。国务院办公厅发布的《关于开展消费品工业"三品"专项行动营造良好市场环境的若干意见》也明确提出，要支持品牌企业以参股、换股、并购等形式与国际品牌企业合作，提高品牌国际化运营能力。鼓励地方各级政府与社会资本合作建立产业基金，支持消费品工业创新发展。

国内金融标准专家指出，品牌与金融结合是品牌经济高度发达的需要。品牌金融可以定义为品牌价值支撑的金融工具，包括股权、债权、信托、资产证券化等。中国资本市场经过多年的历练，拥有成熟的金融工具，包括资产定价、资产证券化以及灵活便捷的交易手段。通过金融创新，将品牌资产流动性从目前的品牌转让、让渡所有权这种单一的流动方式，转而可以通过品牌资产证券化，形成让渡品牌资产收益权的流动方式，并通过品牌金融指数予以呈现，品牌金融指数可以成为资本市场的一种交易产品。

在 2018 年 5 月 10 日"中国品牌日"，上海品牌发展基金提出"品牌 + 金融"的发展理念，通过推动企业的品牌无形资产得到有形的金融服务，促进上海品牌经济实现高质量发展。在其品牌金融创新服务体系中，依托大

数据技术形成品牌价值智能评估模型，推出品牌上海指数；以品牌基金为牵引，建设品牌资产化、资产金融化服务平台，开展品牌评估、品牌交易、品牌基金、品牌银行、品牌租赁和品牌保理等品牌金融服务，最终在上海形成品牌资产的集聚中心、定价中心和综合金融服务中心。

（四）必须以促进品牌交易为目的

品牌指数交易，是品牌价值效能最大化的手段，品牌指数的发展需要有市场化的品牌交易市场做土壤。经过多年发展，我国已经发展出多层次的知识产权交易所、文化产权交易所和商标交易所，所形成的平台体系、法律体系、金融体系、风控体系日趋成熟，具备发展为品牌交易所的条件。

2014年12月，广东省人民政府批准成立横琴国际知识产权交易中心有限公司，承担国家知识产权运营公共服务平台金融创新（横琴）试点平台的建设运行工作。横琴知识产权交易平台是国家知识产权局会同财政部以市场化方式开展的知识产权运营服务试点之一，通过知识产权与资本市场密切结合的运营新模式，提供以知识产权金融创新、知识产权跨境交易为特色的知识产权资产交易和服务交易。

2016年12月，在国家工商行政管理总局和广东省政府的支持下，国家商标品牌创新创业基地落地广州。力争通过商标、专利、版权"三合一"的融合发展，形成商标品牌交易带动交易服务发展、交易服务发展带动品牌产业发展的驱动模式，最终将国家商标品牌创新创业基地打造为国家品牌展示交易中心，以及全球高端品牌的交易聚集区。

（五）必须以大数据为技术支撑

在"互联网＋"时代，数据决策成为一切决策的基础。2015年9月，国务院发布的《促进大数据发展行动纲要》要求"加大大数据关键技术研发、产业发展和人才培养力度，着力推进数据汇集和发掘，深化大数据在各行业创新应用，促进大数据产业健康发展"。2017年"大数据"被写入政府工作报告。

工业文明时代的品牌与信息文明时代的品牌最显著的差异是前者以产品为起点，后者以客户为起点；前者的品牌创建活动依赖于产品、渠道和营销，后者的品牌创建活动依赖于用户认知、用户行为和用户口碑。不论哪种方式，任何品牌创建活动都期望能对客户行为进行实时观察并与供应链管理形成实时响应。在大数据时代，这种期望才能成为可能。麦肯锡全球研究所对大数据的定义是：一种规模大到在获取、存储、管理、分析方面大大超出传统数据库软件工具能力范围的数据集合，具有海量的数据规模、快速的数据流转、多样的数据类型和价值密度低四大特征。大数据技术可以对海量的用户行为进行统计、分析、计算，从而为企业品牌营销提供数据决策。大数据技术可以对行业或区域整体的品牌数据进行统计、分析和计算，从而为政府管理部门制定政策提供数据决策。大数据技术可以对品牌竞争状况进行统计、分析和计算，从而为品牌投资机构进行品牌投资提供数据决策。建立一个基于大数据和云计算的品牌指数云平台，运用人工智能技术实现品牌指数的实时性、多样性、直观性，对品牌指数交易具有不可或缺的作用。

（六）必须基于品牌利益相关方价值共识、共创、共享的信托机制

在全球进入消费者主导时代背景下，品牌资产已经从企业的私产转化为一种圈层化的信托资产，品牌委托人、受托人、受益人构成了核心利益相关方。品牌信托理念和机制是通过品牌化组织实现的。品牌化组织是把品牌作为组织的核心资产开展创新与营销的一种新的组织形式，是经济高度发达、市场边界拓宽、互联网技术全球普及的重要表现。品牌企业家扮演着品牌化组织的倡导者、发起者、组织者、引领者和主要责任者的角色。

分析全球品牌榜就能看出来，一个企业的品牌化组织构建能力越强，品牌作为组织的核心资产价值就越高，掌控品牌价值链中定价权和议价权的能力就越强。

品牌经营是一项长期的、巨大的、需要有回报的投资行为。品牌管理的最终目的只有一个，就是持续增加品牌资产的价值，并把这一价值转化为收益。因此，必须通过信托机制建立一个能真正对品牌投资结果负责的制度。

在品牌信托机制中，建立一个品牌资产管理公司对品牌价值的管理至关重要。品牌资产管理公司不是一个单纯的投入性机构，而是一个能产生收益的信托机构。对于品牌资产管理公司而言，其收入来源包括两方面：一是仿效风险投资基金管理的方式收取固定的管理费；二是从品牌资产经营收益中进行分成。品牌资产经营收益既包括品牌许可收入、特许经营收入、品牌资产投资收入等，也包括品牌联盟产生的收益。由于品牌资产管理公司的收益与品牌价值提升和品牌资产经营直接挂钩，因此只有通过创造价值才能获得收益，而品牌指数可以对品牌价值创造活动提供直观的反映。

围绕品牌价值的指数化，可以设计出多种功能的品牌指数，如体现中国自主品牌在全球中竞争能力的全球品牌竞争力指数，支撑品牌资产证券化的品牌金融指数，体现品牌市场竞争能力的驰名商标品牌指数，体现品牌数字化能力的数字品牌指数，体现消费者偏好的原产地品牌指数、旅游品牌指数、连锁品牌指数、中华老字号品牌指数，以及产业集群品牌指数、品牌生态指数，等等。

在观念创新、模式创新、体制机制创新的基础上，品牌指数将成为实体经济、科技创新、现代金融、人力资源协同发展的产业体系中具有独特价值的组成部分。

行业篇

Industry Part

B.6

2018年中国汽车行业品牌
竞争力分析报告

黄　琦　孙朋军＊

摘　要： 2018年中国品牌力指数得出六点主要研究结论，如品牌关系成为品牌力的关键决定力量，品牌力监控是对品牌管理过程必要的反馈提取，等等。本报告着力分析了中国汽车品牌的发展现状与趋势，分析了2018年汽车行业品牌力指数结果与关键结论，二线豪华车品牌、自主品牌特别是能源车等有关指数情况与市场下沉、年轻化等发展趋势形成对应，表明中国汽车市场呈现品牌力提升、竞争加剧和构建品牌生态圈等特点。

关键词： 汽车品牌　C－BPI　品牌生态

＊　黄琦，博士，首都经济贸易大学教授，主要研究方向为品牌战略管理、企业创新与公益战略管理，主持C－BPI品牌指标体系的研发、数据收集、分析、研究报告撰写；孙朋军，博士，Chnbrand首席咨询官。

一 2018年C-BPI主要研究结论

中国品牌力指数（China Brand Power Index，C-BPI）是由品牌评级与品牌顾问机构中企品研（北京）品牌顾问股份有限公司实施的中国品牌价值评价制度，于2011年首次推出，连续数年获得了工业和信息化部品牌政策专项资金的扶持。

C-BPI是测量基于消费者视角的品牌资产，通过测量品牌资产的相关构成要素而得到的。在C-BPI基准研究中，针对消费者反馈数据，提供品牌资产KPIs的表现，确定品牌力驱动因素的重要程度以及品牌在这些驱动因素上的表现，并确定未来需要重点关注的人群，从而为品牌洞察、管理和提升提供深入全面的信息。

C-BPI主要发布由品牌认知和品牌关系构成的品牌力研究成果。品牌关系包括品牌联想、品牌忠诚和品牌偏好三个维度。C-BPI的计量模型主要是对品牌认知加权50%（其中心理占有率25%、头脑占有率15%、认知覆盖率10%），对品牌关系加权50%（其中品牌忠诚20%、品牌偏好15%、品牌联想15%），以1000分为满分，计算出品牌力指数。

C-BPI的调研对象主要是15~64岁、一周在家居住5天及以上、在本地居住半年及以上的居民，不包括从事市场调查和媒体等职业的群体。C-BPI的调研涵盖40个主要城市。从当年的2月初到次年的1月底，根据人口的性别、年龄和收入特征确定的比例进行随机抽样调查，主要采取入户调研的方式进行跟踪调查。该指数涵盖快速消费品、耐用消费品、服务业、政府等150多个品类领域的7000多个品牌，共计100多万个样本，是最大的品牌价值与顾客关系月度跟踪调查的"国家级大数据库"。

2018年4月10日，Chnbrand发布2018年（第八届）中国品牌力指数SM（C-BPI®）品牌排名和分析报告，基于C-BPI研究模型，2018年全国消费者调查得出以下核心结论。

（1）品牌关系成为品牌力的关键决定力量。"好品牌"与"最好品牌"之间的根本差距在于品牌偏好，情感链接程度直接决定了消费者对该品牌的终身价值。品牌力整体表现稳定，2018年第一品牌C－BPI均值为570.8分，该数值在2017年为571.0分，在2017年和2018年连续调查的144个行业中，84%的品牌卫冕成功。与此同时，从C－BPI模型内部来看，品牌认知对品牌力的贡献下滑，品牌关系得分上升。第一品牌的整体认知得分相比2017年下滑22分，而品牌关系则上升21分。综合行业TOP 3品牌的相对变化可知，品牌关系成为品牌力的关键决定力量。

（2）各行业品牌指标基准差异巨大。理解行业品牌环境，并关注其变化信号，是企业制定和调整品牌规划不可或缺的环节。2018年调研数据显示，以认知品牌数量为例，各品类进入消费者有效认知区间（无提示）的品牌数量为3～9个，认知覆盖（提示后）的品牌数量跨度更大，为3～16个。品牌力的其他方面表现更值得结合行业环境来审视，消费升级大背景下诸多行业体现出品牌结构性变化。

（3）品牌力监控是对品牌管理过程必要的反馈提取。品牌力的变化往往发生得缓慢，且不具显性表征。问题发生时，最佳时机已经错过。一些品牌忽视持续下滑趋势最终失去"第一"的称号，一些品牌的努力在C－BPI测算中体现出来，也有一些品牌的指标体系在发出警示信号，如苹果手机。

（4）对于品牌关系的意义，很多企业主可以感知，但需要提醒的是，这种关注要从方法视角转移到战略视角，品牌与消费者的"关系"，不能仅仅停留在短期营销表达上。数字化营销所基于的短期关系速成假设，缺乏对人脑信息过滤模式和决策模式的理解。人对信息的记忆和提取模式，并非依照逐层推进的线性逻辑，而决策也并非即时和理性的过程。

（5）品牌与消费者内在、长期的品牌关系应如何建立，正是C－BPI和品牌评价的现实问题，也是品牌研究和品牌管理要持续思考的问题。

（6）中国品牌稳中有升，中国汽车品牌在榜单上的进步值得关注。

二　中国汽车品牌发展现状及趋势

（一）中国汽车产业发展现状

中国汽车工业经过几十年的发展，已经成为国民经济重要的支柱产业。我国国民经济的稳定发展，以及居民收入水平及购买力的稳步提高，推动了全球汽车市场的发展和全球汽车销量的逐年上升。中国汽车产销量增速已经连续多年居世界第一位，2009 年之后中国成为汽车第一产销大国，与排在第二位的美国的差距也逐渐拉大。从绝对量来看，2017 年中国汽车产销量分别为 2902 万辆和 2888 万辆，同比增长 3.2% 和 3.0%，产销量连续 9 年蝉联全球第一，而销量位居第二的美国 2017 年销售汽车 1720 万辆，中国已经占据全球汽车产业 30% 的市场份额。

中国汽车市场保持平稳增长，2017 年销量达到 2888 万辆，但增速大幅回落，主要源于购置税、新能源补贴、网约车政策及偶然因素的影响（见图 1）。根据中国汽车市场发展规律，结合国际汽车市场的千人汽车保有量发展规律，预测未来，市场容量将在现有超大规模基础上再增长50%，存在 1400 万辆的增长空间，增量基本在狭义乘用车市场。同时，购置税退坡带来的超前消费，是 2017 年增速回落的主要动因；新能源补贴退坡也提前透支了新能源汽车的部分需求，加上网约车市场萎缩，新政策出台，限制了普通车的加入，需求拉动减弱，多种原因造成了 2017 年中国汽车销量的增速回落。

2017 年中国汽车市场在具体结构方面具有以下特点。

（1）乘用车维持较高增速，商用车受政策影响 2017 年实现高增长。乘用车市场增速回落，从 2016 年的 15.9% 降至 2017 年的 4.7%，下降了 11.2个百分点；商用车市场受治超政策影响，在政策期内呈现高增长趋势，但不可持续。

（2）自主品牌市场份额快速提升，2017 年自主品牌乘用车市场份额达

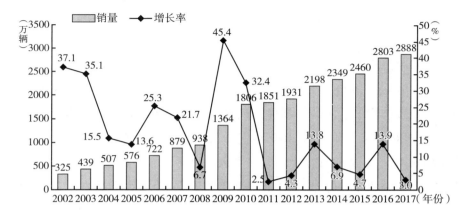

图1　中国汽车销量及其增长率

资料来源：国家信息中心。

到36.8%，主要依托SUV错位竞争，实现快速增长和位势提升。2012年以来，依托SUV车型的爆发，自主品牌实现集体跃升，挤压合资、外资品牌市场份额，竞争格局实现重塑，中国汽车市场竞争将更加激烈。

（3）从车系来看，除自主品牌大幅提升之外，2017年，法系（37.6%）和韩系（46.4%）巨幅下降；日系表现强劲；德系、美系与大势大体一致，旗鼓相当。

（4）新能源汽车产销量实现爆发式增长，未来将持续提升占比。2017年新能源汽车销量达78万辆，在政策的大力推动下，新能源汽车结构占比将持续攀升，预计到2025年新能源汽车市场份额将达到20%。

（5）轿车、SUV是主力车型，轿车销量保持平稳，SUV销量高速增长。三大车型发展不均衡，轿车、SUV仍是市场主力，MPV市场回暖；SUV市场份额增长迅速但走势放缓，市场占比持续提升。值得注意的是，2017年，SUV增速大幅下滑（13.5%），但仍然高于乘用车平均增速，未来几年仍是机会市场。

（6）从级别来看，B级、C级轿车逆势上涨，B级、C级SUV增速也呈现上浮趋势。与此同时，A0级和A级出现增速下滑和负增长态势。受多孩家庭需求因素推动，A级、B级及以上MPV份额有望提升。

（7）豪华车一路上涨，比重持续提升。在中国社会整体向上发展和消费升级两个因素的驱动下，豪华车一路上扬，领先乘用车市场整体增长率，在乘用车中市场份额占比也进一步提高。

（8）市场下沉趋势明显，一线市场销量占比逐年下降，二、三线市场销量占比逐年提升，三线市场提升最快。三线城市市场销量连年提高，保持在20%的增速，预计到2020年三线市场总需求将达到900万辆，占比将达到32%。三线市场销量58%在县级及以下区域，且呈现明显的上升趋势，在需求结构上，三线市场呈现低价位产品和A级产品占比较高的特点。

（9）汽车消费者的年轻化。根据国家信息中心调研数据，2017年购车消费者的年龄分布中，90后占21.8%，90后和00后合计占49%，80后占36%。67%~68%的消费者是85后，这些人群对新事物的接受速度非常快，对智能化汽车、新能源汽车、定制化汽车、共享汽车的接受程度比较高，对汽车新品牌的认知度、接受度与传统能源汽车具有不同的品牌认知特点，他们从认知到行为的品牌转换周期更短、决策模式更直接。

（二）中国汽车产业品牌竞争的三个阶段

全球汽车产业已经进入消费驱动型价值链，品牌、渠道和知识创新能力成为价值链的核心，品牌是汽车企业最核心的竞争力和企业价值的来源。拉长时间来看，梳理中国汽车产业发展和发达国家汽车发展的脉络，进入21世纪以来，笔者认为，中国汽车市场经历了三个品牌发展阶段：渠道品牌阶段、产品品牌阶段、企业品牌生态圈阶段。

第一阶段，2000~2008年，渠道品牌阶段。在这一阶段，中国汽车品牌通过大规模渠道建设占领市场，渠道不仅是销售场所，而且是中国汽车消费者品牌普及的强大载体。第二阶段，2008~2014年，产品品牌阶段。千人拥有汽车量突破100辆，累计参与市场的汽车产品品牌达430多个，可谓各领风骚数年。第三阶段，2014年后，企业品牌生态圈阶段。互联网、物联网、机器人技术、智能制造、人工智能、人工驾驶、燃油革命等新技术不断涌现，推动产生业态革命、商业模式革命，这一系列新技术带来的革命推动汽车产业寻求新的突破方向，以客户价值为中心在真正意义上成为汽车企业品牌建设的起点和目标，客户价值的实现方式也从单向的品牌认知—品牌购买—品牌忠诚发展到注重客户品牌生命周期（4R）的品牌逻辑。基于此，笔者认为，汽车产业进入品牌生态圈建设阶段（见图2）。

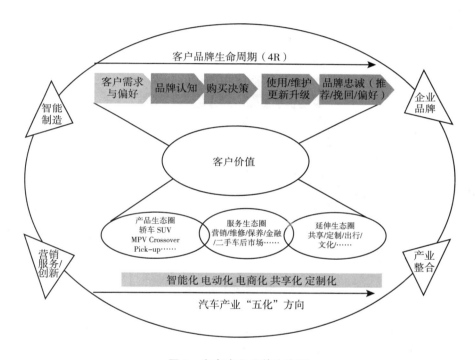

图2　汽车产业品牌生态圈

从全球和中国主流汽车厂商的企业战略和品牌管理实践来看，企业品牌开始构建生态圈。全球领先的汽车品牌丰田和通用在2012年前后开始部署和构建品牌生态圈，特斯拉构建生态圈企业战略，突破性地解构了传统汽车价值链。国内主要汽车企业集团上汽集团、一汽集团、北汽集团、广汽集团等通过跨界合作，打造具有中国特色的品牌生态圈。

目前，从品牌溢价能力和竞争格局来看，笔者认为，中国汽车市场的品牌总体上可以分为四个层次：豪华品牌、溢价品牌、价值品牌、入门品牌

（见图3）。以奔驰、宝马为代表的豪华品牌的溢价能力最强，也占据市场售价高端市场；以大众、丰田、别克为代表的合资品牌属于第二梯队——溢价品牌，具备一定的价格话语权；以斯柯达、雪佛兰、现代等为代表的价值品牌处于第三梯队，这些品牌的溢价能力低于第二梯队，在国内这些合资品牌一般为汽车集团定位略低的品牌，或者是韩系品牌这种定位略低的品牌；近年来异军突起的自主品牌属于入门品牌，在品牌溢价能力方面处于最低端，但自主品牌向上成为发展主流，各主机厂纷纷通过品质提升、设立新品牌（领克、WEY）等方式提升品牌市场地位。

图3　中国乘用车品牌梯队

从品牌竞争格局来看，自主品牌爆发，车型投放数量持续增长，中国汽车品牌的竞争态势日趋激烈（见图4）。

对应中国汽车市场的四个梯队，中国汽车市场已经形成三个比较稳定的品牌竞争圈，即以第一梯队奥迪、宝马、奔驰为核心的豪华品牌竞争圈，以大众、本田、丰田、别克、斯柯达等为核心的第二梯队和第三梯队合资品牌竞争圈，以及以哈弗、长安、吉利为核心的自主品牌竞争圈。

（三）中国汽车产业和汽车品牌发展趋势

综观中国汽车市场和行业的发展态势，结合政策、经济、社会、技术等背景环境，可以预测中国汽车产业和汽车品牌将呈现以下发展趋势。

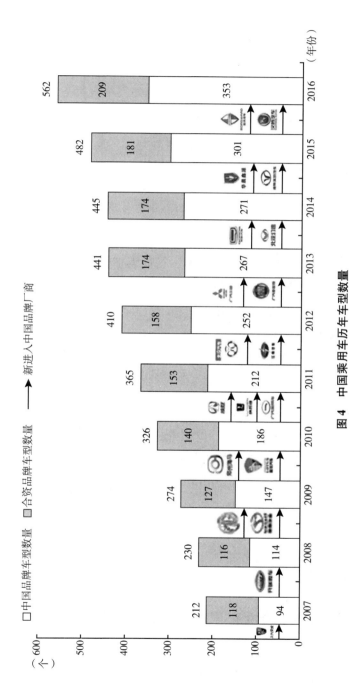

图 4 中国乘用车历年车型数量

资料来源：笔者根据国家信息中心、中国汽车工业协会资料整理。

（1）轻量化（定制化）、电动化、智能化、网联化、共享化"新五化"是未来汽车产业发展的趋势。

（2）进口关税、合资股权比例限制调整等产业政策将进一步加快中国汽车市场的开放步伐，以合资方式存在的国内外汽车合作企业的形式将得到改变，给自主品牌汽车企业带来巨大挑战。

（3）市场下沉将成为中国汽车产业市场的重大趋势。推动市场结构调整的因素是中长期因素，三、四线城市和城镇的首购是中国汽车市场的主要驱动力量。

（4）汽车产业内部品牌竞争格局生变。中国汽车市场更加开放，国际品牌扎根国内市场多年，寡头汽车品牌的垄断局面在国内一度得到延伸。

（5）互联网、物联网、机器人技术、智能制造、人工智能、人工驾驶、燃油革命等新技术不断涌现，这一系列新技术带来的革命推动汽车产业寻求新的突破方向。由新技术、新商业模式和新社会生态引领的汽车产业的深层变革正在促成质的变化。

（6）汽车产业品牌建设将全面进入品牌生态圈阶段。

三　2018年汽车行业 C‒BPI 得分结果与关键结论

2018 年（第八届）中国品牌力指数 SM（C‒BPI®）最新报告结果显示，二线豪华车品牌正在拉长品牌力榜单，显著上升的头脑占有率，说明二线豪华车品牌正在得到更多消费者的关注。主流车榜单中，自主品牌数量持续增加，第一次跻身前 10 的宝骏，进步尤为显著。新能源汽车比亚迪夺冠，但自主品牌新能源汽车的优势能否在这个充满变数的市场中得以保持，是值得关注的问题。

（一）奔驰卫冕豪华车品牌首位，二线豪华车品牌认知度提升，后市可期

2018 年 C‒BPI 豪华车品类有 7 个品牌上榜（见图 5）。传统的德系三

雄中，奔驰以 522.2 分摘得桂冠，奥迪（480.6 分）和宝马（468.1 分）分居第二、第三位，延续了 2017 年的排名。然而，从 C－BPI 得分变化趋势看，奥迪和宝马均有显著提升，较 2017 年分别提升了 52.4 分和 42.9 分，集中体现在品牌关系方面；奔驰则略显疲态，品牌力得分仅与 2017 年持平，优势更多来自品牌认知，而非品牌关系，从长远、可持续发展的角度看，这并非一个值得欣喜的信号。

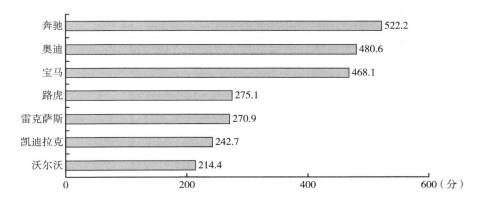

图 5　2018 年 C－BPI 豪华车品牌品牌力得分

资料来源：《Chnbrand 2018 年中国品牌力指数（C－BPI）》。

2017 年，在中国车市整体增长放缓的大背景下，豪华车细分市场却以 19% 的增速走出了一波独立行情。而市场的扩大在品牌力表现上已经有所体现，C－BPI 豪华车品类上榜品牌数量增加：路虎（275.1 分）、雷克萨斯（270.9 分）、凯迪拉克（242.7 分）和沃尔沃（214.4 分）分获第四至第七名，共同构筑起豪华车第二阵营。与 2017 年相比，二线豪华车品牌的认知度明显提升，集中体现在头脑占有率（无提示提及）上，这意味着有更多品牌进入了消费者的心智，更进一步的，则是进入其比较探讨名单。抓住机会，顺势而为，二线豪华车品牌亦有望在新一轮的市场扩张中占据一席之地。

（二）一汽大众夺冠主流车，自主品牌销量增长带动品牌力提升

2018 年 C－BPI 主流车品类有 27 个品牌上榜（见图 6）。其中，一汽大

众以 349.1 分位于榜首，长安福特（328.3 分）和上汽通用别克（316.8 分）分获第二、第三名。此外，东风本田（315.0 分）、上汽大众（310.0 分）、东风日产（293.4 分）、一汽丰田（293.1 分）、广汽本田（292.5 分）、比亚迪（281.0 分）和宝骏（271.0 分）亦入围前 10 名。

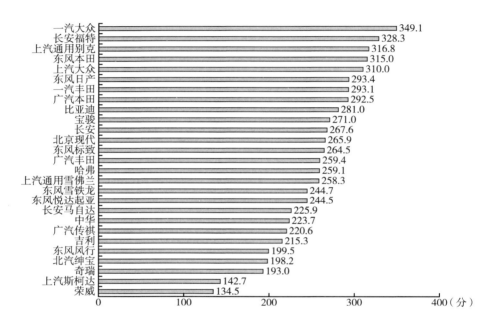

图 6 2018 年 C‑BPI 主流车品牌品牌力得分

资料来源：《Chnbrand 2018 年中国品牌力指数（C‑BPI）》。

品牌力 10 强中，合资品牌占 8 席（其中日系 4 席，德系、美系各 2 席），自主品牌占 2 席；而在全部 27 个上榜品牌中，自主品牌更是占到了 11 席之多，其中广汽传祺、东风风行和荣威为新上榜品牌。这也从一个侧面反映出，近年来，自主品牌抓住 SUV、电动化、智能化等一系列热点，借助车型和价格上的错位竞争，销量和市场份额均有显著提升，并由此带动了品牌力的提升，宝骏是其中的典型代表。2017 年，宝骏年销量突破 100 万辆，成为继大众、本田、丰田、长安、别克、吉利、日产之后"百万俱乐部"的第八位成员。从品牌整体表现看，宝骏的 C‑BPI 得分提高了 49.9

分，排名前进 10 位；而从细分指标来看，其心理占有率（第一提及）和头脑占有率（无提示提及）均大幅上升，尤其是前者，是与市场占有率高度相关的。

（三）自主品牌新能源汽车暂居优势，但市场或将迎来新一轮洗牌

2018 年 C - BPI 新能源汽车品类有 10 个品牌上榜（见图 7）。比亚迪先发优势明显，以 477.3 分高居榜首，特斯拉（346.6 分）位列第二，北汽新能源（260.2 分）处于第三位，但与其他品牌相比，领先优势较小。从细分指标来看，各上榜品牌在品牌认知上的落差显著大于品牌关系，从认知品牌数量来看，无论是无提示认知还是有提示认知，消费者知道的新能源汽车品牌数量都只及主流车的一半，这是一个上升市场的典型特征，至少在消费者的意识领域，该市场仍有大量品牌机会留存。

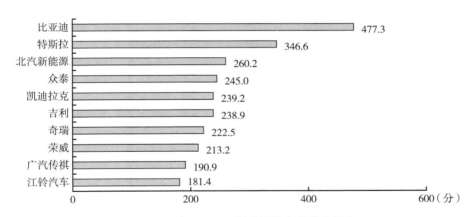

图 7　2018 年 C - BPI 新能源汽车品牌力得分

资料来源：《Chnbrand 2018 年中国品牌力指数（C - BPI）》。

在 10 个上榜品牌中，自主品牌占大多数，合资品牌仅占 2 席。中汽协数据显示，2017 年，中国新能源（纯电动和插电式混合动力）乘用车全年累计销量达 57.8 万辆，同比增长 72%，远超中国汽车市场平均水平。从销量来看，目前新能源乘用车市场仍由自主品牌主导，车型以微型车和小型车占绝大多数。但必须清醒地认识到，这并非因为国际品牌和合资品牌在新能

源领域缺乏竞争力，而仅仅是市场环境和政策环境还相对宽松导致的。随着"双积分"政策的施行，国际品牌和合资品牌推向市场的新能源车型势必更加密集，或将迎来一轮井喷。与此同时，随着财政补贴政策逐渐向"扶优扶强"转变，自主品牌新能源汽车目前主打的入门级车型恐将陷于不利地位，还需未雨绸缪，早做准备。

（四）中国汽车市场品牌力综合分析

综观 2016～2018 年中国汽车市场品牌 C－BPI 榜单（2016～2017 年榜单见图 8 至图 11，2018 年榜单见图 5 至图 6），三年的排名变化折射出中国汽车市场的需求变化和竞争态势。对于中国汽车市场上的品牌参与者来说，透过榜单看到的品牌趋势值得高度关注，应采取有效的应对措施，持续不断地扩大品牌资产，提升和巩固品牌竞争地位。

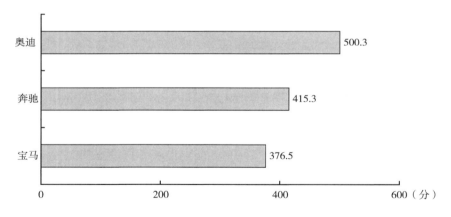

图8　2016 年 C－BPI 豪华车品牌品牌力得分

资料来源：《Chnbrand 2016 年中国品牌力指数（C－BPI）》。

具体来说，中国汽车市场品牌力呈现以下特点。

（1）消费升级大趋势要求厂家高度重视品牌力提升。2016～2018 年汽车品牌 C－BPI 得分结果最突出的变化之一体现在豪华车品牌。首先，第一品牌方面奔驰实现了赶超，这与其全球品牌地位相符，奥迪的滑落、奔驰的

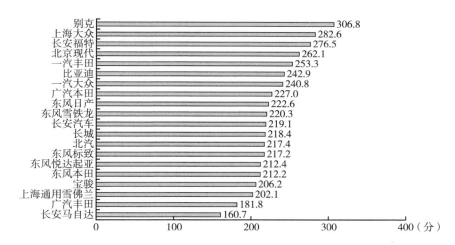

图9　2016年C－BPI主流车品牌品牌力得分

资料来源：《Chnbrand 2016年中国品牌力指数（C－BPI）》。

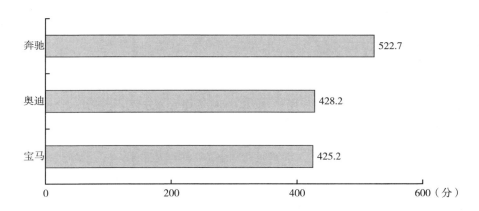

图10　2017年C－BPI豪华车品牌品牌力得分

资料来源：《Chnbrand 2017年中国品牌力指数（C－BPI）》。

赶超折射出中国豪华车市场消费力的增长和逐渐成熟。其次，上榜豪华车品牌增加至7个，一改以往BAB的德系三强品牌格局。路虎（275.1分）、雷克萨斯（270.9分）、凯迪拉克（242.7分）和沃尔沃（214.4分）分获第四至第七名，共同构筑起豪华车第二阵营。与2017年相比，二线豪华车品牌的认知度明显提升，集中体现在头脑占有率（无提示提及）上，这意味

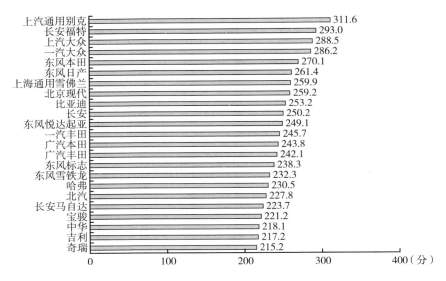

图 11　2017 年 C‑BPI 主流车品牌品牌力得分

资料来源:《Chnbrand 2017 年中国品牌力指数（C‑BPI）》。

着有更多品牌进入了消费者的心智，更进一步的，则是进入其比较探讨名单。抓住机会，顺势而为，二线豪华车品牌亦有望在新一轮的市场扩张中占据一席之地。从销量来看，2017 年在中国车市整体增长放缓的大背景下，豪华车细分市场却以 19% 的增速走出了一波独立行情。这是中国汽车消费升级的突出表现，中国汽车市场消费在增量的同时也在提质。消费升级的背后，是消费者对品牌诉求的提升，中国汽车品牌将面对越来越挑剔的消费者，品牌主必须高度重视自身品牌建设。

（2）主流车品牌竞争激烈，排名变化频繁。从主流车品牌 2016～2018 年的 C‑BPI 数据来看，主流车品牌力差距并不明显，三年时间排名发生了较大变化。上海通用别克的榜首位置让给了一汽大众，上海大众、长安福特、北京现代、东风本田、一汽丰田等品牌的内部排名也发生了较大变化，折射出主流车市场较为残酷的市场竞争，以车型为主的品牌竞争主导了主流车市场的格局。对于品牌厂商来说，除了长期进行持之以恒的品牌建设之外，强化车型的产品力是重中之重，合理的产品布局和区隔、全面的产品线、多款爆款的产品组合是市场竞争的利器，也是主流车品牌竞争的核心。

（3）自主品牌向上成为重要趋势。2016 年 C－BPI 汽车行业品牌力 10 强中尚没有自主品牌，2017 年开始出现自主品牌。2018 年 C－BPI 汽车产业品牌力 10 强中，合资品牌占 8 席（其中日系 4 席，德系、美系各 2 席），自主品牌占 2 席；而在全部 27 个上榜品牌中，自主品牌更是占到了 11 席之多，其中广汽传祺、东风风行和荣威为新上榜品牌。近年来，自主品牌的销量和市场份额均有显著提升，并由此带动了品牌力的提升，自主品牌集体向上成为一个重要趋势。长城、吉利还分别推出自主高端品牌 WEY 和领克，初步取得了市场成功。

（4）新能源等带来的产业变化对品牌竞争格局产生了深远影响。电动化成为中国汽车产业的重要发展趋势，新能源、智能网联等新技术给中国汽车产业带来了新变化，也给品牌格局带来了新的驱动力量。2018 年，中国 C－BPI 汽车榜单加入了新能源汽车品牌力的调研，2018 年 C－BPI 新能源汽车品类有 10 个品牌上榜，其中 8 个为自主品牌。比亚迪先发优势明显，以 477.3 分高居榜首，特斯拉（346.6 分）位列第二，北汽新能源（260.2 分）处于第三位，但与其他品牌相比，领先优势较小。从销量来看，目前新能源乘用车市场仍由自主品牌主导，车型以微型车和小型车占绝大多数，当然新能源品牌的格局受政策因素影响。以特斯拉、蔚来汽车为代表的造车新势力对传统汽车品牌造成了冲击，未来在新技术、新商业模式的冲击下，中国汽车产业的品牌格局仍将发生变化。

（5）品牌生态圈成为中国汽车产业品牌建设的主流趋势。正如前文所述，随着移动互联网、大数据、智能化的发展，新经济形态逐步渗透到生活的各个方面，汽车产业进入人—车—生活生态圈建设阶段。无论是国际汽车品牌丰田、通用，还是国内的广汽、长安、吉利，都纷纷组建跨界战略联盟，构建自己的品牌生态圈，应对未来的市场竞争。

B.7
2017年中国连锁品牌发展质量调研报告

周　云　胡宝贵　花　涛*

摘　要： 当前零售业正在发生重大而深远的变革，连锁零售企业面临
严峻考验。《中国连锁品牌发展质量调研报告（2017）》通过
对上百个品牌在国内市场发展状况的研究，基于对117个知
名品牌质量状况的定量分析，提取使用连锁形式经营的企业
具有的共性结论，从产业的角度系统评价中国连锁品牌的发
展质量状况，阐述中国连锁品牌发展的总体状况，形成对中
国连锁品牌整体发展状况的具体认知，从而对国内市场中中
国连锁经营企业的品牌现状和前景以及连锁业整体品牌的状
况进行分析，为未来中国连锁企业的发展和品牌建设提供
参考。

关键词： 零售业　连锁品牌　品牌质量

自2013年以来，零售业正在发生重大而深远的变革，消费者的偏好和
习惯发生了明显的改变，这些变化对广泛使用连锁方式进行经营的企业提出
了严峻的考验。连锁零售企业应继续调整思路、改变商业运营结构，利用先
进的经营工具创新出符合自身发展的运营模式，才能应对来自新产业、新技

---

* 周云，博士，北方工业大学经济管理学院副教授，中国质量协会品牌评价首席专家，主要研
究方向为品牌管理、品牌评价；胡宝贵，北京农学院经济管理学院党总支书记；花涛，深圳
市零售商业行业协会执行会长。本报告由"2017年中国连锁品牌发展质量调研报告课题组"
提供资料。

术的冲击，才能融入新兴业态的发展洪流。基于此，由中国品牌发展公益基金和深圳市连锁经营协会联合立项，开展"中国连锁品牌质量状况调查研究"项目的研究活动，《中国连锁品牌发展质量调研报告（2017）》是这一项目的结题报告。

《中国连锁品牌发展质量调研报告（2017）》通过对上百个品牌在国内市场发展状况的研究，形成对中国连锁品牌整体发展状况的具体认知，从而对国内市场中中国连锁经营企业的品牌现状和前景以及连锁业整体品牌的状况进行分析，为未来中国连锁企业的发展和品牌建设提供一定的参考。

本报告建立在中国连锁企业品牌的数据基础之上，调查了国内117个知名品牌，通过《基于品牌质量指标体系的品牌评价标准》这一品牌质量评估体系，形成了对这117个知名品牌质量状况的定量分析，希望助力中国连锁企业在未来品牌塑造及发展中更为稳定的前进，提高管理水平，打造强有力的中国连锁品牌。

一 中国连锁品牌发展的总体评价

本报告从产业的角度系统评价中国连锁品牌的发展质量状况，详细阐述中国连锁品牌发展的总体状况。本部分主要对数据进行汇总整理、深入挖掘，所得结论均为使用连锁形式经营的企业具有的共性结论，是本报告的核心部分。

（一）中国连锁品牌的各项指标汇总、排序及解读

1. 指标汇总

本次调查涉及内衣、女装、男装、童装、手机、鞋类、珠宝、钟表、生活娱乐、餐饮、运动休闲、食品12个行业，共117个品牌。指标汇总包括两类指标、三个部分的数据。首先，本报告对117个品牌在国内14个级别城市的知名度、认知度、美誉度、忠诚度进行了调查、测算，并合并计算出

全国平均水平；其次，运用品牌信息量计量模型，计算出每一个品牌包含的信息总量，这也是品牌影响力的表现；最后，按照品牌质量体系的指标组对所有调查品牌的质量比和稳定性进行汇总，用于对品牌成长性和发展质量进行评价。另外，为了比较方便，增加了一列，即品牌价值和影响力的比例关系，是以信息总量最大的品牌为标准指数 1 时，其他品牌的价值和影响力与它相比较的比例关系。可以理解为：假设规模最大的品牌影响力为 1，其余品牌的影响力与它的比例。2017 年中国 117 家连锁品牌的各项指标汇总见表 1，品牌信息总量见图 1。

表 1　2017 年中国 117 家连锁品牌的各项指标汇总

排序	品牌	知名度（％）	认知度（％）	美誉度（％）	忠诚度（％）	品牌信息总量（万比特）	质量比	稳定性
1	华为	81.84	33.64	23.96	2.14	374678.30708	0.68	8.68
2	海底捞	59.84	23.84	22.27	2.74	370493.07554	1.44	8.05
3	周大福	80.51	15.63	16.61	0.60	258365.73330	0.60	5.93
4	七匹狼	83.58	20.62	15.68	1.77	237088.75182	0.02	5.59
5	周大生	68.03	11.63	17.40	0.70	219098.57490	0.66	6.22
6	老凤祥	65.70	18.19	15.35	0.75	213869.53690	0.51	5.47
7	安踏	72.54	21.13	19.83	1.75	213239.56909	0.17	7.13
8	小米	79.27	10.48	19.22	1.14	203174.13157	0.43	6.89
9	李宁	77.13	17.40	17.06	2.04	195701.98108	0.12	6.10
10	绝味	55.94	23.73	24.57	2.26	173442.18086	0.04	8.91
11	特步	64.95	16.24	17.30	1.68	162069.91474	0.13	6.19
12	海澜之家	64.54	16.12	16.72	1.97	161252.64720	0.03	5.98
13	达芙妮	69.33	9.37	23.10	1.93	145906.37021	0.13	8.36
14	森马	57.04	17.67	16.15	1.68	145090.87162	0.10	5.77
15	满记甜品	37.90	11.80	15.20	1.92	134511.33438	0.68	5.42
16	真功夫	28.93	6.98	18.40	1.21	122361.20937	0.99	6.59
17	天王	49.70	15.20	10.53	1.03	119357.99268	0.10	3.72
18	魅族	49.40	16.19	13.26	1.36	118373.92500	0.16	4.71
19	太平鸟	47.89	13.45	11.22	0.85	110665.23016	0.00	3.97
20	好想你	59.01	5.19	20.59	1.94	102054.76229	0.02	7.41
21	面点王	32.40	5.73	14.81	0.68	101468.03676	0.65	5.27
22	OPPO	39.87	11.24	19.20	1.54	100656.86550	0.42	6.89

续表

排序	品牌	知名度（％）	认知度（％）	美誉度（％）	忠诚度（％）	品牌信息总量（万比特）	质量比	稳定性
23	都市丽人	49.79	9.43	16.56	1.28	100038.46031	0.09	5.91
24	百丽	47.76	9.06	19.67	1.76	98172.60812	0.09	7.07
25	外婆家	32.20	6.58	15.25	1.89	98163.43165	0.69	5.44
26	千百度	48.72	10.00	13.71	1.96	96611.90443	0.02	4.87
27	三只松鼠	55.83	4.58	19.22	1.07	92527.71942	0.02	6.90
28	安奈儿	45.61	7.88	14.55	1.74	87815.73110	0.06	5.18
29	依波	46.87	7.07	10.74	1.38	87493.23528	0.11	3.80
30	巴拉巴拉	38.21	11.47	15.48	1.68	82600.38850	0.07	5.52
31	西贝莜面	23.82	4.66	18.42	0.99	82435.83500	0.99	6.60
32	美特斯·邦威	43.51	7.54	14.27	0.97	81996.01947	0.07	5.08
33	曼妮芬	46.29	3.77	18.45	2.60	80525.12799	0.13	6.62
34	罗西尼	36.39	8.60	11.87	1.02	79289.47926	0.16	4.20
35	良品铺子	45.56	5.36	17.32	1.50	78033.55737	0.01	6.20
36	乐视	45.42	6.28	10.75	1.28	77380.58837	0.06	3.80
37	百果园	34.88	5.16	13.64	1.50	77145.71681	0.18	4.85
38	飞亚达	35.87	7.16	14.27	1.65	76601.21722	0.26	5.08
39	江南布衣	33.82	11.36	13.51	1.03	72959.36192	0.01	4.80
40	vivo	31.40	9.13	15.21	1.13	70353.86854	0.24	5.42
41	拉夏贝尔	37.13	6.76	19.18	1.55	70170.49776	0.02	6.88
42	百草味	37.63	7.91	14.76	1.63	69612.71364	−0.01	5.25
43	韩都衣舍	41.02	4.89	15.30	1.42	69608.84005	0.01	5.45
44	星期六	35.21	8.33	13.68	2.07	68601.75180	0.02	4.86
45	小猪班纳	34.93	6.10	18.32	0.84	65259.97707	0.11	6.56
46	爱慕	35.58	3.90	16.92	2.41	59265.37644	0.09	6.05
47	欧时力	29.48	7.53	12.69	1.02	58595.02295	0.00	4.50
48	卡尔丹顿	33.47	5.56	11.78	0.51	58378.58831	0.01	4.17
49	雷诺	32.41	4.44	8.36	0.88	52874.72937	0.02	2.94
50	安莉芳	28.56	4.86	16.29	2.78	50870.40207	0.08	5.82
51	茵曼	25.13	5.63	14.34	0.99	43977.45974	0.01	5.10
52	马天奴	26.94	4.05	11.41	1.06	43486.65628	0.00	4.04
53	叮当猫	24.97	3.36	12.78	0.80	39843.77899	0.04	4.53
54	可可鸭	22.81	3.61	11.78	1.21	36908.59570	0.03	4.17
55	玛丝菲尔	21.75	4.38	15.61	0.18	36414.51254	0.01	5.56
56	马克华菲	22.54	3.77	13.38	1.89	36237.53881	0.01	4.75

排序	品牌	知名度（%）	认知度（%）	美誉度（%）	忠诚度（%）	品牌信息总量（万比特）	质量比	稳定性
57	曼娅奴	21.05	4.02	14.13	0.96	35156.86338	0.01	5.02
58	自然派	21.09	3.12	12.88	0.85	34495.81928	−0.02	4.57
59	江博士	20.24	3.06	15.19	1.65	33563.94056	0.07	5.41
60	潮宏基	15.30	3.98	13.28	0.00	32266.07377	0.37	4.71
61	呷哺呷哺	13.17	1.80	16.26	0.34	31841.53208	0.78	5.80
62	裂帛	21.28	2.36	10.34	0.89	31630.53059	0.00	3.65
63	全棉时代	22.05	2.46	9.48	0.72	31554.40707	−0.03	3.34
64	胡桃里	17.25	1.94	8.98	1.02	30944.04060	0.21	3.16
65	卡宾	18.49	3.84	12.10	0.41	29950.86092	0.01	4.28
66	吉盟	16.58	1.84	10.62	2.42	29564.97073	0.21	3.75
67	八马	16.47	2.72	11.53	1.10	29096.73425	0.24	4.08
68	撒椒	12.63	1.88	7.58	0.81	28747.99242	0.13	2.66
69	红黄蓝	18.39	3.46	8.70	0.61	28139.60769	−0.01	3.06
70	吉祥斋	17.20	1.58	10.71	0.19	24565.48866	0.14	3.78
71	爱迪尔	13.65	2.84	9.36	0.30	24265.43521	0.14	3.30
72	I Do	13.63	2.03	9.77	2.27	23956.64820	0.16	3.45
73	芬狄诗	16.63	2.39	9.85	0.65	23604.55936	−0.07	3.47
74	歌力思	15.55	2.37	11.89	0.33	23349.80786	0.00	4.21
75	乐凯撒	12.83	1.31	8.15	0.28	23337.52341	0.16	2.86
76	小南国	11.70	4.09	9.13	1.02	21972.08480	0.22	3.22
77	金一	14.82	2.95	6.45	1.60	21951.24877	−0.01	2.26
78	阿卡	14.00	3.16	14.79	1.37	21882.38986	0.01	5.26
79	爱美丽	15.96	1.54	11.18	0.76	21479.64556	−0.04	3.95
80	玛莱蒂尔	14.16	2.13	10.76	1.01	21318.57942	0.00	3.80
81	奈雪的茶	11.76	1.68	7.57	1.92	19552.51557	0.13	2.66
82	嘉华婚爱	12.27	1.48	9.42	0.28	19456.92601	0.14	3.32
83	欧柏兰奴	12.13	2.37	9.13	0.73	18224.86556	−0.01	3.22
84	EP 雅莹	11.42	3.37	13.03	0.00	18049.16274	0.00	4.62
85	米可芭娜	12.00	2.00	6.20	0.34	17429.64130	−0.02	2.17
86	萃华	9.84	1.37	9.47	1.02	17243.07037	0.14	3.34
87	派克兰帝	12.14	1.55	8.96	0.00	17117.63830	0.00	3.15
88	巴蜀风月	9.70	1.09	7.35	0.76	17084.39743	0.11	2.58
89	红领	11.39	2.55	4.36	0.46	17052.53294	−0.02	1.52
90	诗篇	11.61	1.58	9.95	0.66	16856.15721	−0.01	3.51

续表

排序	品牌	知名度（%）	认知度（%）	美誉度（%）	忠诚度（%）	品牌信息总量（万比特）	质量比	稳定性
91	梵思诺	11.58	1.04	6.18	0.00	16244.75211	−0.02	2.17
92	伊维斯	12.10	1.90	10.57	1.37	16163.83553	−0.05	3.73
93	速写	10.63	2.37	10.71	0.00	15942.27208	0.00	3.78
94	荷庭	10.22	0.82	6.60	2.55	15798.08138	0.07	2.31
95	达衣岩	10.57	1.62	14.85	0.23	15370.78054	0.01	5.28
96	KISSCAT	10.41	0.78	17.10	0.40	14977.92913	0.06	6.11
97	GXG	10.05	1.99	13.06	3.85	14876.27662	0.01	4.64
98	星美乐	8.04	1.64	7.32	0.00	14798.10911	0.11	2.57
99	卡汶	10.67	1.00	6.24	0.52	14643.14190	−0.02	2.18
100	太兴	8.76	1.01	7.64	0.00	14608.45718	0.13	2.68
101	木九十	10.34	1.36	8.55	0.00	13925.79988	−0.04	3.01
102	地素服饰	9.59	1.58	6.13	1.06	13625.13727	−0.02	2.15
103	君安	10.91	1.14	4.12	0.00	13576.36587	−0.11	1.44
104	BANANA BABY	9.09	1.22	6.04	0.76	13080.11160	−0.03	2.12
105	UR	7.83	2.18	14.48	0.00	12258.64931	0.01	5.14
106	帛可	8.87	0.69	13.95	0.31	12227.51762	0.01	4.95
107	帕拉莫	8.20	1.33	10.30	0.97	11220.75160	−0.01	3.64
108	爱乐游	7.96	0.82	11.58	0.24	10653.00800	−0.01	4.09
109	FILA	6.85	2.09	7.89	1.71	10077.59249	−0.01	2.77
110	Gaga鲜语	6.66	1.38	4.45	0.59	10071.37161	−0.05	1.55
111	芝禾	6.80	1.24	12.30	0.40	9766.06455	0.00	4.36
112	杨梅红	6.42	1.12	10.41	0.00	8772.68360	−0.02	3.67
113	CRZ	5.89	1.10	16.71	0.00	8495.94512	0.01	5.96
114	Annakiki	5.44	0.95	4.95	0.00	7690.51102	−0.02	1.73
115	CHOCOLATE	5.29	1.06	6.10	0.00	7375.24833	−0.02	2.14
116	JDV	5.02	1.42	8.21	1.29	7197.61929	−0.01	2.89
117	TRENDIANO	4.95	0.90	9.18	0.00	6797.19537	0.00	3.23
	均值	28.16	5.81	12.75	1.07	64359.91961	0.13	4.54

2. 各项指标的排序及初步解读

（1）规模分段解读

本次调查的 117 个品牌都是有影响力的品牌，有的品牌之间差别很小，

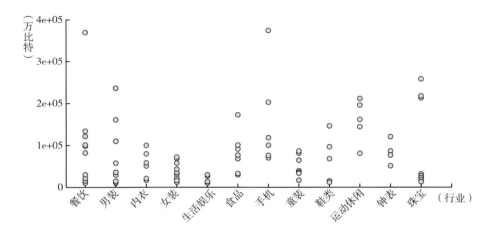

图1 品牌信息总量

通过信息量规模的计算，可以将它们之间的细微差别做精确的比较。本次调查中超大规模品牌有8个，大规模品牌有26个，中等规模品牌有44个，小规模品牌有39个。下面按照其在国内信息总量的规模（或称对消费者的影响力）大小，将这四个类型做简要分析。

第一类品牌是超大规模品牌，包括第1位至第8位的品牌（国内超大规模品牌信息总量的下限是19.863亿比特）。其中，手机行业的华为品牌排名第一，规模为374678.31万比特；其次是餐饮行业的海底捞，规模为370493.08万比特。超大规模品牌都是家喻户晓的品牌，具有极大的影响力，无疑是现阶段我国自主品牌的优秀代表。从整体看其影响力接近，但各项分指标的差异还是非常显著的，如知名度最大83.58%与最小59.84%的差异还是比较明显的，说明各品牌发展的路径不同，有全面发展的品牌，也有单项突出的品牌，基本处于较高稳定性和较高质量水平的状态。有些品牌的质量比远超最优区间，出现了进行快速传播的良机（见图2）。

第二类品牌是大规模品牌，包括第9位至第34位的品牌（国内大规模品牌信息总量的下限是7.884亿比特）。这类品牌中包括很多优秀的品牌，

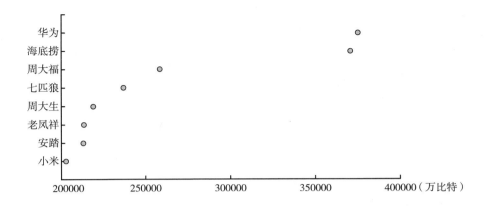

图2 品牌信息总量（超大规模品牌）

也是国内消费者耳熟能详的品牌。虽然没有达到超大规模的程度，但具有很强的影响力，有的品牌是其所在行业的龙头，具有非常好的发展前景和成长性（见图3）。

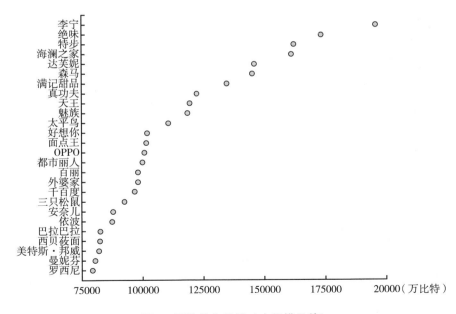

图3 品牌信息总量（大规模品牌）

第三类品牌是中等规模品牌，包括第 35 位至第 78 位的品牌（国内中等规模品牌信息总量的下限是 2. 178 亿比特）。该类品牌虽然具备一定的全国影响力，但多是具有明显区域特点的品牌，在品牌所属地有相当大的影响力，在全国的影响力远不及所属地；在非所属地，这些品牌的影响力还比较有限（见图 4）。

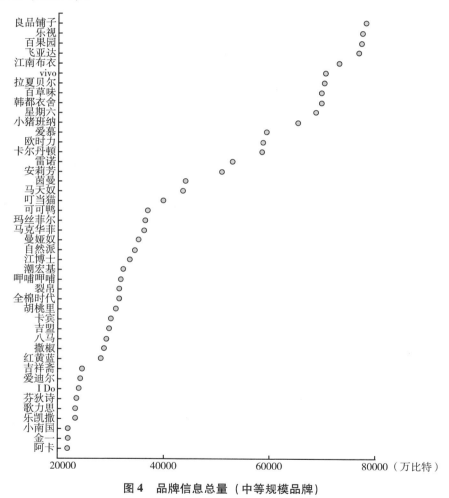

图 4　品牌信息总量（中等规模品牌）

第四类品牌是小规模品牌，包括第 79 位至第 117 位的品牌（国内小规模品牌信息总量的下限是 0. 66 亿比特）。这类品牌有一部分在所属地有一定的影响力，但在所属地之外的地区，其影响力很小；而大部分品牌在包括品牌所属地在内的地区影响力都很小，在全国的影响力还非常有限（见图5）。

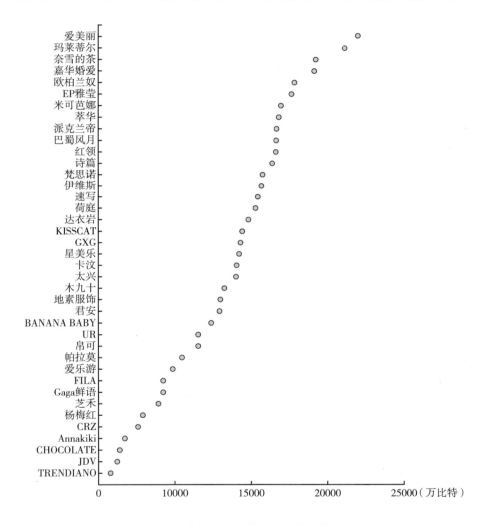

图5 品牌信息总量（小规模品牌）

（2）基础指标的解读

基础指标包括每个品牌的知名度、认知度、美誉度、忠诚度四个描述性的指标序列，本报告对各个调查对象进行了精确的测算，并合并计算出全国

平均水平，表1第3至第6列分别代表各个品牌的平均知名度、平均认知度、平均美誉度和平均忠诚度。最后一行计算了被调查品牌基础指标的均值，供分析参考用。

本次调查的品牌除TRENDIANO外，其余116个品牌的知名度都高于5%的有效下限，平均知名度达到28.16%，这说明我国连锁业品牌化程度很高，各厂商对品牌的依赖程度很高，为提升品牌知名度都付出了一定的努力，品牌开始对营销起到了一定的作用。

而从知名度与认知度的均值来看，平均认知度仅为5.81%，远低于知名度的平均值，整体看消费者获得的品牌信息比较饱满，但厂商的品牌传播未达到相应的效果，缺乏有效的消费者品牌认知，这说明国内连锁品牌的传播效率整体看处于较低水平。

美誉度平均达到了12.75%，高于认知度一倍以上，这说明消费者对品牌的认知有效转化为品牌的自传播，但由于认知度偏低，美誉度的获得并不仅仅来自消费者对品牌产品的深度体验，还和与品牌无关的其他营销渠道如促销等有关。

忠诚度偏低，仅为1.07%，这是目前连锁业最突出的问题，忠诚度未能形成充分的重复购买率，消费习惯和偏好不明显，其原因可能与产品特性、消费者对品牌的了解程度、消费者消费习惯的改变有关系，这将在下文有详细解释。

（3）品牌信息总量汇总说明

表1第7列是运用品牌信息量计量模型计算出的每个品牌包含的信息总量，这也是品牌影响力的表现。整个表是按照信息总量从大到小的顺序排列的，这一排列顺序也是品牌影响力排序。

本次调查品牌的信息总量均值为64359.91961万比特，均值处于中等规模水平，有45个品牌高于这一均值，而多达72个品牌的信息总量在这一均值之下。本次调查的品牌以中小规模品牌居多，也反映出连锁品牌的整体市场影响力还处于中等偏上水平。虽然本次调查的所有品牌所属的行业多达12个，但出现这一结果与各行业的分析情况也基本一致，即总体上各行业的成熟度不高，市场上还存在大大小小的众多品牌参与竞争，市场比较分散，集中度不高。

（4）评价指标的解读

表1第8至第9列是按照品牌质量体系的指标组对所有调查品牌的质量比和稳定性进行的汇总，这两个指标是评价品牌发展质量的重要指标。

所有品牌的质量比均值为0.13，整体发展质量处于良好水平。与前两年进行对比，整体上是有所上升的，显示出自主品牌管理水平整体上有所提高，品牌运营状况良好。

所有品牌的稳定性均值为4.54，比2016年的4.39略有上升，但整体仍处于一般稳定性水平，大部分品牌抗风险和抗衰退的能力还不高。2017年各连锁品牌有趋于增强稳定的倾向，抵抗风险的能力逐渐增强。

（二）共性问题及解读

1. 美誉度与忠诚度之间的比例关系不协调

本次调查的品牌大量出现"品牌的美誉度和忠诚度不协调"的问题，两项指标的不匹配导致品牌在营销中的作用不能完全发挥出来，或是销售的结果并不依靠品牌的作用，而在于其他因素。一些品牌在较高美誉度下出现忠诚度偏低的问题，这是因为优质品牌存在向重复购买率转移的障碍，或是因为价格偏高，或是因为渠道不完善，无论是何种原因，消费者对该品牌都相当认可，但没有形成应有的重复购买率，导致最终品牌影响力没有完全在营销中发挥应有的作用。尤其是在一些知名度很高的传统行业里，这个现象非常普遍。

2. 某些行业的忠诚度普遍不高

品牌忠诚度标志着消费者偏好和消费习惯的产生与趋于成熟。因此，在没有形成消费习惯之前，即使有销售，品牌忠诚度也可以为零，这种情况是普遍存在的。

这一现象可能与产品特性有关。部分行业如珠宝、手机、钟表等的产品均为耐用产品而且价格都较高，消费者对这些产品的购买不是经常性的，相

比经常性消费品，这些行业品牌的忠诚度要明显小很多。

品牌忠诚度不高也可能与各行业品牌过多有关，有的行业竞争异常激烈，行业内大部分品牌的影响力都呈现减弱趋势。虽然行业在整合，市场集中度在提高，资源向少数优势品牌集中，少数品牌的影响力在不断扩大，但新的品牌也在不断出现，再加上国外品牌的进入，都给原有品牌带来了巨大的冲击，使消费者拥有充分的选择性，可以说大部分品牌的影响力是在不断减弱的，大部分品牌很难维持原有的消费者忠诚度。

再就是与消费者消费心理和消费需求的变化有关。随着消费水平的提高，消费者的消费需求也越来越多元化，对同一产品在数个品牌中随意切换，已成为当下的消费方式，再加上电商带来的物美价廉的购物体验，消费者对同一品牌的重复购买行为正在减少。

另外，这可能与调查中大部分品牌的认知度偏低有关。消费者在对品牌了解不深的情况下是很难重复购买该品牌产品的。

3. 大幅扩张的品牌面对很高的风险

近半数连续跟踪的品牌其影响力有了较大幅度的提升，表现在信息总量、知名度和认知度的同比例提升，这是扩张的典型征兆。

企业的扩张对品牌的指标有着直接的影响。指标会发生明显的变化，通过对指标变化的分析可以看出企业扩展对品牌的影响。除了自然衰减的过程中知名度会正常下降之外，无论什么形式的扩张，品牌知名度都会或多或少地提升，若企业扩展速度快，品牌知名度提升就会很明显。但知名度的提升不会直接带来其他指标的上升，相反，以知晓人数为基数计算的其他指标，都会因为知名度的提升而下降。因为知晓人数增多，但知晓者要成为自传播者甚至重复购买的忠诚者都需要相当长的时日。认知度、美誉度和忠诚度都会随着知晓者的增多而下降。若是以正常的模式进行扩张，根据知名度提升幅度是可以预测其他指标下降幅度的，它们会保持一个相对一致的速率下降，并随之慢慢不同步地增长。但扩张不以原有模式进行，也并非不正常地扩张，认知度、美誉度和忠诚度三者的下降不会有相近速率的出现。问题比较严重时，关键指标会出现异常的骤降甚至完全散失，这是一种非常危险的信号。反映在经营中，最先出现的是销售效率的快速下降，但在整体扩张现金流充裕时往往不会引起企业足够的重视，若进一步发展，会出现整体经营水平下降的问题，甚至危及企业运营。

4. 整体美誉度的下降明显

对比 2017 年和 2016 年的数据，连锁业整体美誉度下降的幅度还是比较明显的。其原因可能来自两个方面。其一，新品牌和新产品的大量出现，使消费者的可选范围变大，稀释了一些原来具有较高美誉度的品牌自传播量，造成美誉度全面下降，整体行业美誉度下降的例子比比皆是。其二，消费者的消费方式发生了深刻的变化。原来的交易深受信息不确定性的制约，消费者属于信息劣势方。在弥补这一劣势的传统做法中，利用消费者自传播是比较常见的有效手段，但最近出现的即时信息交流与咨询产业的发展使这一不对称情况有所改善，自媒体使相当一部分自传播性质发生了改变，传统意义上的品牌自传播在减少，更多的是利用新媒体中的自媒体式传播，利用新媒体传播只能提升知名度和认知度，不能改变美誉度和忠诚度。受这两个方面的影响，整体美誉度便出现明显的下降。

二 中国连锁品牌发展趋势的总体分析

（一）连锁品牌规模分布情况及变化趋势

1. 连锁品牌规模分布的特点

（1）大部分行业缺少强势领导品牌，产业集聚现象不够明显

通过观察各行业数据，国内大部分行业的市场成熟度还不高，大部分行业的技术门槛低、市场准入制度不严格，加之电商销售渠道的便捷和低成本，造成大量的中低端品牌，甚至大量没有品牌影响力的商家参与市场竞争，市场被不断稀释，表现出全行业厂商品牌影响力呈现明显的向上集中趋势，但产品品牌的份额呈现越来越分散的格局。大部分行业的市场分散度较高，缺少有影响力的强势领导品牌，产业集聚现象不明显。这一现状的改变

需要时间的沉淀。一些技术门槛高的行业如手机行业等，市场发展就比较成熟，产业集聚现象很明显。由此可知，连锁经营形式并不是决定行业集聚的主要因素，很多行业普遍采用连锁方式，但行业集中度并没有因此而发生根本改变。

（2）各个行业的品牌所属地优势差异明显

在本次调查的117个品牌当中，所属地优势的差异表现得非常明显。所有的超大规模品牌，其全国指标表现得非常均匀，基本上看不出来所属地优势。大规模品牌和中等偏上规模品牌有个别分布不均匀，有的地区指标突出，优势明显，有的地区指标值很低，对发展地区显然是有选择、有侧重的策略。中等偏下规模和小规模品牌的指标一般都比较分散，由于中小规模品牌的人力、资金均有限，开展大规模品牌传播活动的可能性不大，一般不会均匀地在全国形成稳定的结构，所属地优势会表现得较为明显，而规模很小或微小的品牌不仅在全国的影响力并未形成，而且在品牌所属地的影响力也较小，所属地的优势也不明显。所属地优势与品牌发展的阶段有关，也与品牌类型有关，甚至与企业发展的策略也有关，关于这一点，企业与企业之间的差异很大，表现出各个行业的品牌所属地优势差异非常明显。

2. 连锁品牌的规模分布

与前几年的数据连续一致，我国连锁业品牌的分布是很不均匀的，部分知名品牌经过多年的发展已比较成熟，形成了较大的规模。但超大规模品牌大部分分布在一线城市的现象愈演愈烈，尽管内地二、三线品牌有一定的成长，但似乎其成长遇到了瓶颈。品牌规模分布不均匀可能的原因在于品牌规模是建立在一定人口规模基础之上的，它以有效的需求做支撑。而随着我国某些地区人口自然增长率的不断下降和人口增速的趋缓，品牌规模在扩大到一定程度后迟早会遇到发展的瓶颈而开始下降。尤其是人口流出频繁的省份表现得尤为严重。而成长在人口规模有限地区的中小品牌，会逐渐受到大品牌的挤压，并在与大品牌的竞争中处于劣势而面临生存危机，形成发展瓶颈。当前市场的趋势是出现新的超大规模品牌和大规模品牌的可能性越来越小，而只有一小部分品牌会在竞争中脱颖而出，大部分品牌只能维持现状或规模越来越小。

（二）连锁品牌整体质量状况及变化趋势

1. 连锁品牌整体质量状况

相较于 2016 年的调查数据，连锁品牌在 2017 年整体质量的变化是质量比和稳定性都有所提高。

连锁品牌的质量比均值为 0.13，与 2017 年的 0.074 相比上升幅度较大，整体发展质量处于良好水平，这表明大部分品牌的发展是比较健康的。连锁业态还是一个比较适合品牌成长的发展类型，相比其他类型的业态，连锁业态对品牌的发展还是非常有利的。

连锁品牌的稳定性均值为 4.54，比 2017 年的 4.39 略有上升，且连续几年上升，虽然仍处于一般稳定性水平，大部分品牌抗风险和抗衰退的能力还不够强，但一直趋于稳定。由于大部分行业的整体成熟度和市场集中度不高，各品牌从自身经营稳定的角度不断强化经营业绩，大部分品牌在竞争和冲击的压力下转变经营策略是取得了一定效果的，而稳定性的提高也说明了市场的成熟度和集中度在不断提高，稳定性不高的品牌有可能在未来的竞争中生存越发困难甚至被市场淘汰。

2. 连锁品牌质量发展趋势

从历年的各项指标数据都能看出连锁业态品牌的趋好，平均信息总量、质量比在短期内虽不会有较大幅度的提升，但仍保持一定的速度领先其他类型的品牌发展。这一点与营销的表现不同。部分行业品牌在营销上遇有困境，正面临一波"关店潮"和业绩下滑的困难期与调整期，各厂商均改变了经营策略并进行了各项尝试，但短期内难以看到效果，企业业绩恢复仍需时日，整体发展质量在近期也不会有较大幅度的提升。

信息均值比和忠诚度、美誉度等重要指标处于较低位，而且还有继续下降的趋势和空间。这与大环境有关，与其他业态的表现也基本一致，只是连锁制下的品牌表现容易被放大，受到的关注较多，这个趋势短期内也不会有

根本改变。

　　稳定性和知名度、认知度方面有趋于增强稳定的趋势。连锁业态的各行业品牌众多，竞争也非常激烈，经过长期的角力形成的格局并不是很稳定，超高知名度的企业也不算多，这一点在各行业的品牌稳定性指标和各项基础指标中有所体现。整体看这次调查结果中的稳定性指标处于偏弱的稳定区域，这从侧面反映出大部分品牌的抗风险能力偏弱，需要较高的成本来维护品牌的影响力。但整体上看，品牌的稳定性是在提高的，品牌从自身经营稳定的角度不断强化经营业绩，表面上看，品牌都有趋于增强稳定的倾向。

　　还有一个趋势是连锁品牌的小众化趋势。小众低端市场的品牌在各行业大量存在的现象是市场化的必然结果。若干大品牌与大量中小品牌长期共存的状态是目前的市场格局，这一点与社群营销的趋势不谋而合，未来连锁品牌会趋于高忠诚度小众消费者的聚集，地区分化趋弱，中小品牌小众化和大品牌集中化的两端分化趋势将是下一阶段的主旋律。

数字品牌价值100强研究报告

仇勇 叶玮*

摘　要： 本报告推出"DBRank 100：数字品牌价值100强"榜单，运用大数据分析＋自然语言处理的技术，基于以 DB 为计量单位的"数字品牌榜"模型，围绕微博、微信、今日头条、知乎四大国内主流社交媒体平台，推出四大平台榜各10强，分析了各平台数字品牌营销的特点，并分析了"数字品牌榜"之地理榜，计算出品牌的数字价值以及心智占有率，以客观反映2018年上半年品牌在社交媒体上的营销传播状况，进而提出对数字品牌价值的前瞻与建议。

关键词： 数字品牌　心智占有率　地理榜

　　"数字品牌榜"，全称为 Digital Brand Rank（简称 DBRank）。DBRank 运用大数据分析＋自然语言处理的技术，覆盖微博、微信、今日头条、知乎四大国内主流社交媒体平台，每日定向追踪与"1000＋"品牌相关的用户口碑评价，从而计算出品牌的数字价值以及心智占有率。

　　以截至2018年6月30日的数据积累为基础，全面观测2018年上半年的数字品牌价值波动状况，推出"DBRank 100：数字品牌价值100强"榜单，以客观反映2018年上半年品牌在社交媒体上的营销传播

---

* 仇勇，北京数榜信息科技有限公司联合创始人；叶玮，北京数榜信息科技有限公司联合创始人，CEO。本报告由北京数榜信息科技有限公司提供资料。

状况。

本报告数据观测窗口为 2018 年 1 月 1 日至 6 月 30 日。

一 以 DB 为计量单位的"数字品牌榜"模型

"数字品牌榜"基于其研究和洞察,提出了计算品牌在社交媒体时代数字价值的 FEAT 模型。

好感度(Favorability)——衡量受众情感倾向的指标,设为 F,分为五个等级并赋予不同权重:推荐、好评、中立、差评、反感。

参与度(Engagement)——衡量受众卷入程度的指标,设为 E,子指标项包括人次、账号级别以及参与行为深度等。

传播度(Activeness)——衡量信息扩散效率的指标,设为 A,子指标项包括阅读数、转发数、评论数等。

时效度(Timeline)——衡量影响力衰减程度的指标,设为 T,当前日系数为 1,往日系数依次递减。

因此,某品牌的数字价值(亦即 DB 总值),就是与该品牌相关的每一篇文章的传播度、参与度、好感度、时效度的乘积之和。表达公式为:

$$DB = \sum_{i=1}^{n} A_i \times E_i \times F_i \times W_{t_i}^w$$

其中,n 为相关文章总数量,A_i 为第 i 篇文章的传播系数,E_i 为第 i 篇文章的参与系数,F_i 为第 i 篇文章的好感值;下标 t_i 为第 i 篇文章的发表时间与当前计算时间的差,$W_{t_i}^w$ 为距当前时间 t_i 的时间权重系数。

这里,特别设置了一个新的计量单位来衡量数字品牌价值的多寡,这就是 DB(Digital Brand 的缩写)。就像我们以字节来计算数据资产的大小一样,发明比特币作为数字世界里的货币进行流通,以 DB 为计量单位,可以跨行业、跨平台、跨区域地比较不同品牌的数字价值,并且能够量化地反映每个品牌数字价值的减记和增值情况。

因为有了 DB 值，品牌的数字价值便得以衡量，进而可以计算品牌的心智占有率。

心智占有率（Mindshare）的概念，与市场占有率（Marketshare）相对应，用以比喻品牌在消费者头脑中所建立的知名度和美誉度大小。但是，由于缺乏可计算化的方法和数据，这一概念在过去一直停留在"比喻"的层面上，并未成为实际可用的品牌传播测量工具。

首先，必须指出的是，心智占有率是一个相对值概念，即必须有比较，才有心智占有率；其次，比较维度不同，即便是同一个品牌的心智占有率，其数值也会不同；最后，可以有万千种自定义的维度进行比较，只要比较的结果对比较者有意义。

计算公式为：

$$单品牌心智占有率（\%）= \frac{单品牌 DB 值}{所比较全部品牌 DB 绝对值的总和} \times 100\%$$

需要特别说明的是：①由于品牌 DB 值或正或负，当为负值时，心智占有率也将是负值，它表示虽然该品牌在受众心智中有知名度，但美誉度并不佳，属于用户在情感上排斥的品牌；②当所比较的全部品牌中出现 DB 值为负的情况时，则取其绝对值进行相加。

随着越来越多的企业开始由物理公司转型为数字化公司，其对品牌资产的认识也面临重大转变，因此，关于品牌的数字价值管理将成为企业领导者一项新的管理议程，其数字品牌资产的保护、增值、转移和生命周期等课题正在引起学界和商业界的广泛重视。

而这一切，都要从数字品牌价值的可衡量和可计算开始。

二 DBRank 100总榜分析

数据摘要

DBRank 100（2018 年上半年）三强

No. 1 天猫 5178072405 DB

No. 2 淘宝 3852773918 DB

No. 3 腾讯 2564001272 DB

DBRank 100 品牌 DB 值总和达到：

59640868921 DB

DBRank 100 本报告期上榜门槛为：

204495078 DB

与期初相比，报告期末 DBRank 100 品牌的 DB 值总和下降了 81.38 亿 DB，上榜门槛也提高了 1.6 亿 DB。

其中，前 10 强品牌期初的 DB 值总和达到了 25253948037 DB，占 DBRank 100 品牌 DB 值总和的 37.26%（见图 1）。这说明头部品牌所拥有的优势极为明显，不仅是社交媒体传播的热点，而且其在用户心智中的口碑好感度也高于其他品牌。

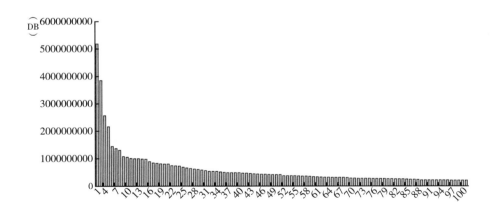

图 1　2018 年上半年数字品牌价值 100 强分布

注：本报告数据观测窗口为 2018 年 1 月 1 日至 6 月 30 日，数据源来自微博、微信、今日头条、知乎四大国内主流社交媒体平台上的用户行为信息和 UGC 内容。下同。

资料来源："数字品牌榜"监测研究。

　　不过，与2018年初相比，TOP 10品牌的DB值总和在所有前100名品牌中所占份额略下降了2.03个百分点（见图2）。这说明更多品牌在社交媒体传播的战场上投入了更多的资源，也收获了更多回报，整体的数字品牌资产在增加，但集中度有所下降。

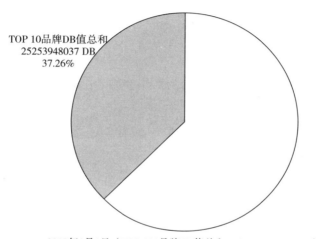

2018年1月1日（TOP 100品牌DB值总和：67778519064 DB）

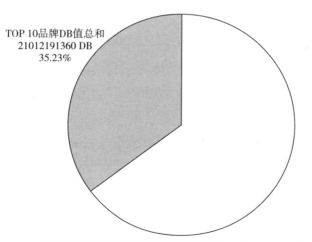

2018年6月30日（TOP 100品牌DB值总和：59640868921 DB）

图2　TOP 10 品牌 DB 值比较分析

就行业分布来看，进入 DBRank 100 强的品牌中，汽车行业一马当先，共有 35 个品牌上榜；其次为互联网、移动互联网和互联网金融行业，合计有 27 个品牌上榜。另外，在手机、化妆品和新兴的人工智能、自动驾驶领域，也有多个品牌进入前 100 强。

值得一提的是，前 10 强席位完全被 IT、互联网和汽车品牌瓜分。阿里系的天猫、淘宝和腾讯分列前三名；Apple（第 4 名）、京东（第 5 名）、华为（第 7 名）紧随其后。而以丰田（第 6 名）带队的汽车品牌——宝马、本田、宝骏则分列第 8 至第 10 名。

前 10 强中，国外品牌占据 4 席（Apple、丰田、宝马、本田），国内自主品牌则雄霸 6 席，这反映了国内自主品牌在中国消费者心智中越来越高的信任感和美誉度。

表 1 为 2018 年上半年（2018 年 1 月 1 日至 6 月 30 日）数字品牌价值 100 强完整榜单。

表 1　2018 年上半年（2018 年 1 月 1 日至 6 月 30 日）数字品牌价值 100 强

排名	品牌名称	所属行业	DB 总值（DB）	传播度（%）	参与度（%）	好感度（%）	（行业内）心智占有率(%)
1	天猫	互联网	5178072405	60.80	37.62	60.11	22.55
2	淘宝	互联网	3852773918	69.58	67.44	32.67	16.78
3	腾讯	互联网	2564001272	67.48	68.80	46.98	11.17
4	Apple	手机/电脑/AI 芯片/自动驾驶	2162697529	73.13	67.24	52.06	49.16
5	京东	互联网/零售	1433531844	41.25	46.86	35.76	56.11
6	丰田	汽车/自动驾驶	1374273235	28.49	32.92	58.94	6.80
7	华为	手机/IT 制造/电脑/AI 芯片	1313084903	54.79	49.98	53.76	27.58
8	宝马	汽车/自动驾驶	1075075126	28.24	35.38	51.02	5.32
9	本田	汽车/自动驾驶	1047091473	24.93	25.13	52.11	5.18
10	宝骏	汽车	1011589655	7.08	4.83	61.61	5.01
11	秒拍	移动互联网	996515851	30.66	19.73	60.08	25.15
12	百度	互联网/AI 芯片	992507554	37.41	39.41	43.72	4.55
13	迪奥	化妆品	989330216	25.11	16.94	70.24	13.78
14	奔驰	汽车	975935942	26.58	34.81	62.55	4.83

续表

排名	品牌名称	所属行业	DB 总值（DB）	传播度（%）	参与度（%）	好感度（%）	（行业内）心智占有率（%）
15	支付宝	互联网金融	889364545	48.96	52.06	37.99	53.32
16	哈弗	汽车	834848250	8.23	12.16	62.70	4.13
17	阿里巴巴	互联网	821272269	20.88	30.02	41.08	3.58
18	腾讯视频	互联网	805433120	20.76	12.74	61.03	3.51
19	香奈儿	化妆品	803977552	16.16	9.05	68.85	12.66
20	网易	互联网	795780485	31.43	45.86	57.94	3.47
21	奥迪	汽车	734625407	21.31	25.47	58.54	3.64
22	爱奇艺	互联网	730836319	23.08	17.52	56.70	3.18
23	小米	消费电子/手机/电脑	719400408	25.43	28.09	59.45	10.95
24	别克	汽车	677159877	12.07	12.51	59.93	3.35
25	日产	汽车/自动驾驶	655117811	13.75	16.58	58.13	3.24
26	优酷	互联网	632217339	21.69	20.64	57.17	2.75
27	豆瓣	互联网	611062618	17.79	16.48	34.73	2.66
28	OPPO	手机	602825142	25.28	24.20	64.71	10.33
29	福特	汽车/自动驾驶	575419123	13.55	16.71	59.23	2.85
30	三星	消费电子/手机/电脑	549683745	26.91	27.06	34.99	13.62
31	长城汽车	汽车	530010760	10.03	14.91	62.80	2.62
32	谷歌	互联网/AI 芯片/自动驾驶	528496783	14.37	21.24	46.33	7.03
33	苏宁	零售	526690148	15.05	16.97	37.98	20.62
34	比亚迪	汽车	510673338	11.34	12.94	51.82	2.53
35	上汽	汽车	497094880	9.44	14.27	62.36	2.46
36	吉利	汽车	483997261	7.73	10.58	56.51	2.40
37	新浪	互联网	483850069	29.75	45.27	41.24	2.11
38	欧莱雅	个人护理	477202360	16.35	11.35	71.06	22.07
39	肯德基	餐饮连锁	472139950	17.55	11.16	27.38	38.56
40	亚马逊	互联网	470029941	11.99	19.37	51.09	2.05
41	大众	汽车/自动驾驶	464848649	12.97	18.43	53.66	2.30
42	Twitter	移动互联网	460336008	23.12	11.84	28.78	11.62
43	雅诗兰黛	化妆品	446303423	9.50	5.69	72.10	9.85
44	马自达	汽车	442345450	8.42	9.28	66.57	2.19
45	芒果 TV	互联网	423655805	9.16	5.97	56.83	1.84
46	荣威	汽车	421638444	5.73	5.88	62.16	2.09
47	兰蔻	化妆品	420762471	10.47	6.20	74.52	9.28

续表

排名	品牌名称	所属行业	DB 总值（DB）	传播度（%）	参与度（%）	好感度（%）	(行业内)心智占有率(%)
48	沃尔沃	汽车/自动驾驶	420460474	8.18	10.38	66.23	29.44
49	万科	房地产	418128299	9.77	11.68	21.77	16.64
50	碧桂园	房地产	409464973	6.92	13.78	49.89	16.30
51	索尼	消费电子	375144725	12.44	13.24	59.01	9.29
52	一汽	汽车	374469889	8.64	12.46	54.74	1.85
53	名爵	汽车	373773682	2.62	2.43	73.65	1.85
54	vivo	手机	365101670	18.07	15.39	59.99	6.26
55	广汽	汽车	361320357	7.94	16.15	60.41	1.79
56	中兴	手机/IT 制造	360698307	17.71	15.84	28.95	7.60
57	美团	移动互联网	359235138	12.53	16.58	43.11	9.07
58	龙湖地产	房地产	349177243	4.79	6.74	63.82	13.90
59	雪佛兰	汽车	340892080	6.91	7.55	59.53	1.69
60	星巴克	咖啡/茶饮连锁	331542078	10.63	10.74	50.43	56.96
61	高通	IT 制造/AI 芯片	328598144	20.75	16.77	46.57	23.78
62	bilibili	互联网	321555649	27.46	16.46	30.79	1.40
63	SK－Ⅱ	化妆品	317721740	4.55	1.71	75.18	7.01
64	奇瑞	汽车	317294408	8.18	9.76	40.25	1.57
65	耐克	服装	316130840	10.97	12.06	49.46	21.33
66	海尔	消费电子	306684444	8.37	9.18	45.48	7.60
67	万达	房地产	304666904	5.52	7.52	57.03	12.13
68	特斯拉	汽车/AI 芯片/自动驾驶	301139187	10.28	13.36	39.21	21.09
69	微视	移动互联网	285853362	6.58	5.41	54.41	3.69
70	摩拜单车	共享出行	284997441	9.21	9.06	27.07	39.21
71	雷克萨斯	汽车	283225135	6.03	6.03	62.88	1.40
72	科大讯飞	人工智能	281068350	2.73	3.19	57.70	52.74
73	玉兰油	个人护理/化妆品	278748406	5.78	3.30	72.15	12.89
74	雷诺	汽车	277831078	2.97	3.92	61.93	1.37
75	斯柯达	汽车	277294846	2.65	3.16	58.05	1.37
76	微软	IT 服务/AI 芯片	275706844	9.82	14.74	37.39	53.02
77	抖音	移动互联网	272754039	26.85	32.64	3.12	6.88
78	融创	房地产	271962929	5.14	5.86	36.58	10.83
79	奥利奥	食品	263625652	8.48	7.03	70.41	17.04
80	必胜客	餐饮连锁	262428671	6.80	4.56	59.75	21.43

续表

排名	品牌名称	所属行业	DB 总值（DB）	传播度（%）	参与度（%）	好感度（%）	（行业内）心智占有率（%）
81	保时捷	汽车	262393657	9.75	9.80	52.31	1.30
82	凯迪拉克	汽车	257815218	5.27	5.97	62.26	1.28
83	悦诗风吟	化妆品	255664063	7.02	4.84	73.68	5.64
84	小红书	互联网	251402473	5.84	7.70	72.71	1.09
85	阿迪达斯	服装	243479955	9.32	10.01	58.79	16.43
86	米家	消费电子	242530243	4.15	2.05	65.81	5.47
87	优衣库	服装	238425841	6.49	4.68	60.83	16.08
88	唯品会	互联网	219480730	5.00	3.44	47.34	0.96
89	长安汽车	汽车	218884911	3.69	8.53	65.77	1.08
90	法拉利	汽车	216872058	7.11	6.01	53.71	1.07
91	兰博基尼	汽车	216826288	5.43	4.14	47.83	1.07
92	伊利	乳业	215304403	5.72	4.43	48.72	20.96
93	吉普	汽车	213342689	5.54	7.91	67.39	1.06
94	搜狐	互联网	212511051	7.70	7.98	47.04	0.93
95	美拍	移动互联网	209735475	3.37	1.92	69.23	5.29
96	英特尔	IT 制造/AI 芯片	209192846	6.94	8.66	52.58	15.14
97	科颜氏	个人护理	207592519	4.31	2.53	77.47	9.60
98	北汽	汽车	205953645	5.00	9.92	63.86	1.02
99	捷豹	汽车/自动驾驶	204687582	4.95	7.40	62.74	1.01
100	斗鱼	互联网	204495078	10.44	5.49	41.77	0.89

资料来源："数字品牌榜"监测研究。

三 DBRank 100平台榜分析

（一）微信平台榜10强

微信自 2012 年 8 月推出订阅号公众平台以来，引发了巨大的自媒体内容生产和传播热潮，并成为用户口碑变化的主要舆论阵地之一。

"数字品牌榜"监测和追踪了 1000 多个品牌在过去两年中微信订阅号

上的相关文章，计算出了各个品牌在该平台上的 DB 值，由此推出微信平台榜 10 强。从品牌传播的角度来看，该平台具有以下特点。

（1）从发布内容角度来看，多为品牌及社会热点话题发生后的"众说纷纭""专家点评"。

（2）从内容传播走势来看，热点内容的传播高峰集中在发布后的 1～3 日，之后阅读及点赞数据逐渐趋于平缓。

（3）从关键意见领袖参与角度来看，传播较广的内容多为认证账号发布的品牌评论性内容。

（4）从情感倾向角度来看，经广泛传播的与品牌相关的内容多为深思熟虑后的中立性文字。

表 2 为微信平台榜 10 强。

表 2　微信平台榜 10 强

排名	品牌名称	所属行业	DB 总值（DB）
1	天猫	互联网	11086406271
2	淘宝	互联网	10088263979
3	腾讯	互联网	4935354605
4	Apple	手机/电脑/AI 芯片/自动驾驶	4120192616
5	丰田	汽车/自动驾驶	3525534896
6	京东	互联网/零售	3071788757
7	宝骏	汽车	2815790326
8	本田	汽车/自动驾驶	2702683930
9	宝马	汽车/自动驾驶	2694020295
10	华为	手机/IT 制造/电脑/AI 芯片	2507899771

（二）微博平台榜10强

尽管经历了 2013～2014 年的低谷，但微博自诞生至今一直是社交媒体传播的主战场。微博 2017 年第三季度财报披露，截至 2017 年 9 月，微博月活跃用户数（MAUs）较上年同期净增约 7900 万人，达到 3.76 亿人。月活跃用户数中 92% 为移动端用户。另外，平均日活跃用户数（DAUs）较上年同期净增约3300万人，达到1.65亿人。

对数字品牌营销而言，该平台呈现以下特点。

（1）从发布内容角度来看，品牌倾向于在此平台上发布产品营销信息。

（2）从内容传播走势来看，用户习惯并热衷于转发能够表达自我认同感的热点内容，以及品牌的营销性内容。

（3）从关键意见领袖参与角度来看，个人认证账号多在社会热点事件发生时持续发声，品牌认证蓝V账号多发布本品牌及多品牌联合营销的相关内容。

（4）从情感倾向角度来看，用户在此平台上表达的情感倾向于"爱憎分明"。

表3为微博平台榜10强。

表3 微博平台榜10强

排名	品牌名称	所属行业	DB 总值（DB）
1	天猫	互联网	3688160639
2	秒拍	移动互联网	2780187769
3	腾讯	互联网	2296367924
4	Apple	手机/电脑/AI芯片/自动驾驶	1939537398
5	腾讯视频	互联网	1720358579
6	迪奥	化妆品	1656104450
7	爱奇艺	互联网	1654910558
8	优酷	互联网	1436395866
9	香奈儿	化妆品	1351657137
10	OPPO	手机	1149365500

（三）今日头条平台榜10强

著名商业杂志《经济学人》发表文章称："自2012年成立以来，今日头条的增长速度惊人。据称，已有7亿用户订阅了今日头条App的个性化新闻推送。""今日头条的1.2亿用户平均每天使用时长达到74分钟——超

过了包括 Facebook 和微信在内的大多数国内外大型社交平台。"

近年来，今日头条还积极扶持和推动自媒体创作。2017 年 11 月，今日头条创作者大会宣布推出"千人百万粉计划"：未来 1 年内，在平台上扶持1000 个拥有 100 万粉丝的账号。基于人工智能技术，今日头条将从智能推荐走向智能社交，为更多创作者更快更好地获取、沉淀粉丝提供平台化支撑。

对品牌的用户口碑进行分析后，我们发现该平台呈现以下特点。

（1）从发布内容角度来看，此平台逐渐成为企业品牌在微信、微博之外的第三大发声平台，企业多发布与自身品牌相关的动态新闻，而行业专家多发布行业分析、趋势洞察类内容。

（2）从内容传播走势来看，与前两个平台相比，此平台上的品牌相关内容较难形成聚焦引爆效应。

（3）从关键意见领袖参与角度来看，此平台上聚集了一批在行业内部有影响力的专家，行业分析类内容颇多。

（4）从情感倾向角度来看，多为中立偏好感。

表 4 为今日头条平台榜 10 强。

表 4　今日头条平台榜 10 强

排名	品牌名称	所属行业	DB 总值（DB）
1	丰田	汽车/自动驾驶	291471837
2	华为	手机/IT 制造/电脑/AI 芯片	212529501
3	Apple	手机/电脑/AI 芯片/自动驾驶	208607025
4	本田	汽车/自动驾驶	202883488
5	高通	IT 制造/AI 芯片	196243128
6	京东	互联网/零售	193575570
7	宝马	汽车/自动驾驶	181995014
8	腾讯	互联网	180728091
9	三星	消费电子/手机/电脑	159760667
10	奔驰	汽车	158771673

（四）知乎平台榜10强

知乎创办于2011年底，于2013年3月开放注册，已发展成为国内引人瞩目的重要社交媒体平台之一。2017年10月，知乎联合艾瑞共同发布《知乎用户刻画及媒体价值研究报告》，披露了其用户数量和构成。据称目前知乎的注册用户已经过亿，机构号超过4000个，平均日活跃用户量达2600万人，多元化已经成为知乎用户的主要特征；超七成用户使用知乎的目的是搜索专业内容进行自我提升，专业知识分享和有趣的话题最受他们关注；用户对知乎的使用黏性和满意度也比较高，专业、真实、原创是他们对知乎的主要印象。

从性别、年龄以及地域等多个维度看，知乎用户呈现多元化分布的趋势。性别层面，男性用户占比为53.3%，女性用户占比为46.7%，男女比例趋于均衡；年龄层面，36~40岁的用户占比为14%，24岁及以下的新新人类和25~35岁的社会中坚占比分别为22%和61%，后两类用户正是知乎的核心群体；地域层面，知乎用户的分布相对均衡，从一线城市到五线城市都有知乎的用户，其中一线、新一线、二线城市用户占比为41.4%。可以说，新兴中产群体和影响力人群已经成为知乎用户的主流。

"数字品牌榜"研究发现，在知乎平台上，各品牌的表现和获得的用户口碑评价与其他三个平台迥然不同。

（1）从发布内容角度来看，知乎平台作为问答社区，有关企业品牌的内容大多为针对产品性能、品牌传播效果、企业人才招聘、品牌社会责任、行业分析等方面的评论性内容。

（2）从内容传播走势来看，相较于以上三个平台，精彩回答的时效敏感度不高，易形成精华内容的沉淀。

（3）从关键意见领袖参与角度来看，此平台上达人、专家的比例居于首位，并形成了对热点问题或事件进行跟帖评论回答的氛围。

（4）从情感倾向角度来看，多为中立偏反感。

表5为知乎平台榜10强。

表5　知乎平台榜10强

排名	品牌名称	所属行业	DB 总值（DB）
1	丁香园	互联网	15389039
2	甲骨文	IT 服务	11675882
3	网易	互联网	10666285
4	宝洁	个人护理	8092361
5	龙湖地产	房地产	7577415
6	万科	房地产	7538606
7	碧桂园	房地产	6659957
8	统帅	消费电子	6500525
9	宝马	汽车/自动驾驶	6449129
10	天猫	互联网	4662581

四　DBRank 100地理榜分析

衡量一个城市/地区的吸引力、营商环境的维度很多，其中，那些在一个地区生根、发芽、长成参天大树的本地企业，往往也成为这一地区的营商名片，代表着这里展露了多少勃勃的生机。

"数字品牌榜"之地理榜，是按品牌诞生地/原始注册地进行归类，在同一地理区域内对所有品牌的"DB 总值"进行降序排列的结果。其中，对于国内品牌，按省/自治区/直辖市这一层级进行归类；对于国际品牌，按国别/地区进行归类。在地理榜中排名靠前的品牌，通常说明它对当地的营商声誉贡献度更高，也更具有代表性。

一个品牌在归属地范围内的心智占有率大小，反映了该品牌对该地区营商声誉总体评价的影响度。

北京地区前 10 强品牌均为科技互联网公司，京东、秒拍、百度位列前三名，反映了北京在促进科技创业创新方面极具优势，包括政策、人才、环境、配套服务等。

上海地区前 10 强品牌则反映出浓浓的汽车与时尚齐飞的景象，上汽及其旗下品牌荣威、化妆品品牌自然堂和百雀羚均进入前 10。此外，如 bilibili、小红书、盒马鲜生等一批新创互联网品牌，反映了近年来上海也已成为 IT 创业热门聚集地的趋势。

广东地区则是 IT 与地产几乎平分秋色，腾讯、华为与万科、碧桂园交相辉映。

杭州，作为"新一线城市"的代表，几乎就是一个阿里巴巴撑起了半边天。在浙江地理榜上，天猫、淘宝、支付宝、阿里巴巴占据前 4 席，位居第 7 的余额宝和第 9 的天猫精灵也属于阿里巴巴。同时，人才洼地效应也极大地带动了杭州的 IT 创业氛围，如近年来发展迅速的丁香园、有赞、涂鸦智能等移动互联网公司。

五 关于数字品牌价值的前瞻与建议

在激烈的市场竞争的同时，用户口碑和心智占有率成为各方竞争者着力厮杀的另一个平行战场。如何从抢夺 Mindshare 开始，进而扩大 Marketshare？谁能在这场看不见硝烟的心智战争中拔得头筹？当然，故事才刚刚开始。

在数据时代，企业到底如何呼应社交媒体的发展，提高品牌在用户心智中的占有率？如何提升品牌的数字价值？综观 2018 年上半年数字品牌价值 100 强的表现，我们提出以下建议。

（1）从用户中来，到用户中去。我们建议，用户心智占有率应成为品牌传播的第一洞察，用户从"种草"到"拔草"的过程，正是品牌从传播动员到购买转化的胜利。

（2）巨头占据优势，但新兴品牌亦有机会上位。大者愈大，强者恒强，已成为商业世界的一个显著趋势，超级公司就像黑洞一样，能够卷入越来越多的资源、人才和市场份额。但在品牌传播层面，这一趋势并不明显。消费者记忆留存度之短暂，直接决定了火爆一时的营销战役也只是寂寞的烟花。

（3）无故事，不电商。当今世界正不可逆转地进入无广告时代，也就

是那种不问对象、劈头盖脸全覆盖式的广告打法，对消费者来说，也不过是"从你的全世界路过"，但并不正眼看你。内容营销已被证明更能吸引消费者的注意力，并且渗入其心智世界。

（4）提供性价比，不如提供高价值。新中产消费者两端寻宝的趋势越来越明显，也即在低端产品选择上会追逐同质低价，品牌差异对其影响力有限；而在高端产品甚至奢侈品消费方面，则愿意支付品牌溢价。所以，品牌越是能够在传播上提高心智占有率，溢价效应就越明显，而性价比则失去了效用。

案 例 篇

Case Part

B.9

中国建筑：建筑行业的"国家名片"

黄志伟*

摘　要： 中国建筑是国有大型骨干企业，是具有代表性的央企品牌，在全球建筑行业具有很高的信用等级和品牌价值。其品牌体系无论是在产品、形象、传播沉淀的品牌文化方面，还是在供应链、知识产权等形成的品牌标准方面，都具有较强的示范性。分析中国建筑基于全球价值链的品牌管理体系，对中国企业品牌"走出去"具有很大的借鉴价值。

关键词： 中国建筑　央企品牌　品牌标准

---

* 黄志伟，北京国信品牌评价科学研究院特约研究员，硕士，研究方向为新媒体。本报告由中国建筑集团有限公司企业文化部提供资料。

中国建筑工程总公司（以下简称中国建筑）正式组建于 1982 年，经过 36 年艰苦卓绝的奋斗，已经发展成为全球最大的投资建设集团，也是为数不多的靠竞争发展壮大起来的国有骨干企业，各项经济技术指标均在央企排名中位居前列，也是全球唯一一家千亿美元规模的基建公司。自 1982 年成立以来，中国建筑的业务已经遍布中国各地以及世界 130 多个国家和地区。2006 年中国建筑首次进入世界 500 强，最新排名为第 23 位，迄今在全球各地完成近 6000 项建设工程，成为展现中国文化和国家形象的亮丽名片。

一个不为普通大众所熟知，却享誉业界的建筑公司的情况是：在国内，每 25 个人中就有 1 个人住在中国建筑建造的房子里，中国建筑还建造了所有超过 300 米以上的高层建筑、75% 的重点机场和卫星发射基地、1/3 的综合管廊、50% 的核电站；国际上，东南亚第一高楼印度尼西亚雅加达标志塔、欧洲第一高楼俄罗斯联邦大厦、非洲第一高楼肯尼亚内罗毕顶峰塔（原哈斯塔）、世界最高宣礼塔阿尔及利亚大清真寺等，都出自中国建筑。

一　载入史册的"深圳速度"，打响中国建筑品牌第一枪

1980 年，国家批准成立深圳特区，率先开展改革开放探索。1982 年，深圳开始筹建一座在全国乃至亚洲都数得上的标志性建筑，以向全世界彰显中国改革的决心。中国建筑旗下的中建三局中标主体工程，1983 年 8 月 19 日标准层开始试滑，并从最初 7 天一层，提升到 6 天一层、5 天一层、4 天一层，从第 31 层起，速度稳定保持在 3 天一层。3 天一层楼的"深圳速度"由此诞生！这不仅成为"深圳速度"的标志，而且创造了中国建筑历史上的新奇迹，成为改革开放的代名词，载入了特区建设以及中国建设的史册。

2016 年，中国建筑相继承接了中共六大常设展览馆、G20 杭州峰会会场及敦煌文博会主场馆等重大项目，在面临"工程体量大、时间紧、要求高"等重重困难的情况下，按时、按质、按量，圆满完成了建筑任务，并

继续创造建筑奇迹——敦煌文博会主场馆的建成用了 8 个月时间，完成了常规需要 4 年才能完成的工作量，因此受到了党和国家领导人的肯定和赞誉。

二 "中国建造"的卓越品质，铸就中国建筑的品牌美誉

速度是中国建筑品牌的第一层含义，"品质保障、价值创造"是中国建筑一贯坚持的核心价值观，公司坚持以过硬的产品质量展现当代"中国建造"的卓越品质。

2018 年 4 月，国家级新区雄安新区首个建设项目——雄安市民服务中心竣工并投入使用，中国建筑仍是此次的承建企业。这一次，建设速度一如既往地亮眼：112 天 10 万平方米的建设速度备受称道。在建设速度背后，中国建筑不再仅仅是工程建设者，其建筑理念更为人所瞩目。在规划、建设过程中，中国建筑将绿色建筑理念融入项目全过程，高规格规划、可循环材料使用、能耗数据采集、能源优化利用，使这座建筑成为绿色城市的标志。绿色成为中国建筑为高质量建筑工程赋予的新内涵，"雄安质量"也成为中国建筑发展史上一个新的里程碑。

在国际上，高品质也是中国建筑的品牌，提升了中国企业的国际形象。

2003 年 5 月 21 日，阿尔及利亚发生强烈地震，在当地房屋普遍受损的情况下，中国建筑承建的房屋没有出现一例倒塌，这使中国建筑备受赞誉，当地政府和普通民众称之为"震不倒的丰碑"。

2013 年，作为建筑总承包商，中国建筑承建了迪拜的"棕榈岛"度假村项目，该项目是世界上最大的人工岛，完工后被誉为"世界第八大奇迹"。

在阿尔及利亚，嘉玛大清真寺是一个挑战世界极限的项目。阿尔及利亚首都阿尔及尔位于地中海－喜马拉雅地震带上，地震频发，因此，嘉玛大清真寺宣礼塔的建设中必须极其重视抗震，地震设计要求必须完好使用 1000 年，项目设计施工的复杂程度和难度毫无疑问位居世界前列。2011 年，中国建筑在该项目中中标。2017 年 8 月 25 日，随着最后一片钢结构网架单元

缓缓上升、平移、精准就位，嘉玛大清真寺宣礼塔的钢结构工程封顶。这座高楼也作为中国制造的一张华丽名片，留在了非洲大地上。大清真寺项目总监穆萨表示："在阿尔及利亚，越是施工难度大、越是质量要求高、越是工期要求高的项目，越会想到中国建筑。"

三 "红色基因"内化为"蓝色基因"的当代传承

中建速度和中建质量的背后，是"红色基因"在当代的薪火传承，这也是中建品牌的根基。

中国建筑组建于 1982 年，但成员企业大多具有 65 年的历史，员工多为部队转业军人。按照党和国家的指挥和调遣，承担了多项国家重点建设工程，被誉为"南征北战的铁军，重点建设的先锋"，"铁军精神""甘于奉献""艰苦奋斗""敢闯敢拼"等成为中国建筑企业文化的重要核心理念。1983 年，基建工程兵 21、22 支队集体转业加盟中国建筑，更是传承了军队能吃苦、乐奉献、重执行等精神。

红色基因源于传承，显现于当代。中国建筑在参与 921–520 航天工程建设中，克服极端恶劣环境，锤炼出艰苦创业、科技为先、忘我奉献、铸造精品的大漠精神；在奥运工程的保障中，进一步深化了为国担当、为国争光的时代担当精神；在 G20 杭州峰会会场和敦煌文博会主场馆建设中，创造的是绝无仅有的奇迹，塑造的是攻坚克难的宝贵品质。

2011 年利比亚发生严重动乱时，中国建筑按照党中央和国务院的指示，科学组织"利比亚大撤离"，创造了"十天十夜万人万里大撤离，无一人丢失，无一人伤亡"的奇迹，彰显了大国央企的责任风范。

把传承于历史文化的"红色基因"转化为企业的"蓝色力量"，这是中国建筑实现跨越发展的根本保障。市场化是中国建筑的立身之本、发展之基、竞争之要，已经内化为企业的思维方式与价值追求，是中国建筑成为全球最大的投资建设集团的重要推动力。

1982 年，中国建筑正式组建，并确立了积极转型成为适应市场的现代化企业的发展目标。近年来，中国建筑实现了众多转型升级，从单纯的建造商转变为投资商和运营商；充分发挥中国建筑在全产业链的优势，价值链向高端延伸，房建业务由"建房"转型升级为"建城"；通过"大海外"平台建设及国际化资本运营，海外业务实现了从国际工程承包转型升级为跨国公司。如今，中国建筑已经成长为一家业务遍布全球的全球化大公司；经济结构从"一房"扩展到房屋建筑、制造、能源、交通、水利、工业、石化、危险物处理、电讯、排污/垃圾处理等多个专业领域，成为投资建设一体化价值链的行业领军者。

截至目前，中国建筑已累计在130个国家或地区承建了近6000项工程，并承建了一大批当地标志性、代表性建筑，其中多个项目因质量高、难度大、技术新、绿色环保等而获得国内外多项建筑大奖。2016年，中国建筑荣获国资委首届"品牌建设优秀企业"称号；同年，作为中国工程建设领域唯一一家企业荣获中国政府质量领域最高荣誉——中国质量奖。标普、穆迪和惠誉全球三大著名信用评级机构连续两年一致授予中国建筑行业内全球最高信用评级。2018年2月，世界知名品牌评估机构英国Brand Finance发布"2018全球最具价值品牌500强"排行榜，基于2017年度中国建筑在品牌建设及经营发展中的良好表现，"中国建筑"的品牌价值在2018年实现了大幅跃升，同比增长19%，达到249.81亿美元，排名由2017年的第53位升至第44位，继续蝉联世界投资建设企业品牌榜首，也让中国建筑蓝色"CSCEC"品牌标志深入人心。

四　担当时代责任，打造中国名片

品牌是国家的名片，是国家软实力的重要体现。中国建筑通过在世界各地建设完成的近6000项工程，在世界人民心中树立起了"中国建筑"品牌形象的丰碑。

1996年，中国建筑在国内建筑行业率先导入CI战略，实施文化融合与品牌统一，强力推进"中国建筑"品牌建设。通过中国建筑首创的"过程

精品、标价分离、CI 形象"项目管理新模式，以高美誉度、高强度、高冲击力的信息展示品牌形象，"中国建筑"品牌伴随着"花园式"工地的形象深入人心。

2012 年，时逢中国建筑组建 30 周年，《中建信条》正式发布，此后中国建筑又颁布了行为规范手册《十典九章》，标志着中国建筑以"拓展幸福空间"为使命、以"品质保障、价值创造"为核心价值观、以"诚信、创新、超越、共赢"为精神内核的品牌文化体系正式确定。《中建信条》《十典九章》成为全集团的价值追求与行为规范，积极履责、工匠精神成为集团上下的普遍追求和自觉行动。

五　为品牌注入责任内涵

中国建筑致力于成为优秀的企业公民，积极履行社会责任，切实提升当地社区和民众的获得感、幸福感、安全感，为"中国建筑"品牌注入了责任内核。

自 2009 年以来，公司连续八年发布英文版可持续发展报告并在报告中披露公司海外履责绩效。连续参加三届中国对外承包工程商会组织的中国对外承包工程企业社会责任绩效评价。2016 年，中国建筑发布了首份国别项目报告——《中国建筑股份有限公司刚果（布）国家 1 号公路项目社会责任报告》。

"拓展幸福空间"是中国建筑始终坚守的企业使命。"十二五"期间，中国建筑累计在 18 个省份投资、建设了近 3000 万平方米的保障性住房；全力参与汶川、玉树地震以及天津港、深圳事故等的抢险救灾、灾后援建和公益捐赠。

经济社会发展是中国建筑的坚实力量，多年来，中国建筑深入推进就业扶贫、劳务输出扶贫、产业扶贫等模式，全力打赢扶贫攻坚战，平均每年为 120 万农民工提供就业机会，相当于带动约 500 万农村人口奔小康。

作为"共和国长子"，中国建筑坚决贯彻执行党中央、国务院"一带一路"系列决策部署，努力将"拓展幸福空间"理念传递到"一带一路"沿线各国，切实提升当地社区和民众的获得感、幸福感、安全感。截至2017年9月，中国建筑已在"一带一路"沿线45个重点国家或地区设点布局、开展经营。从2016年至今，新签合约额达206.9亿美元。

世界经济竞争日趋激烈，未来的竞争从根本上来说是品牌之间的竞争。中国建筑不畏艰难，一步步地从劳务分包商、工程总承包商发展成为投资建造一体化综合服务商。目前，在资源配置能力、项目履约能力方面，中国建筑已经成功跻身世界一流承包商之列。未来，中国建筑将紧紧跟随党和国家的总体部署，提质增效，转型升级，坚持走品牌化路线，将创新、产品和运营推向极致，多方位开展强势品牌建设，打造世界投资建设领域的第一品牌，让"中国建筑"品牌成为展现中国文化和国家形象最为亮丽的名片。

B.10
联想：实现中国自主品牌的国际化

黄志伟*

摘　要：　联想定位于全球领先的智能设备及企业 IT 解决方案提供商，是实现产业品牌化的先行者。全球最大的品牌咨询公司 Interbrand 发布了《2017 全球最具价值品牌 100 强》排行榜，中国只有华为和联想跻身全球百强，品牌估值超过 40 亿美元。在由 WPP 和 Kantar Millward Brown 联合 Google 推出的《BrandZ 中国出海 50 强品牌榜》中，联想连续两年荣登榜首。联想在品牌国际化方面积累了很多成功的经验，成为我国出海品牌的领跑者，为中国品牌在全世界范围内树立了良好的形象。

关键词：　联想　产业品牌化　品牌国际化

1984 年，柳传志带领 10 名中国计算机科技人员，以 20 万元的启动资金以及将研发成果转化为产品的决心，在北京一间传达室中开始创业。经过多年发展，凭借多项重大技术突破，联想确立了其 3C 时代的霸主地位，并登上了中国 IT 业的顶峰。

进入 21 世纪以后，联想以"蛇吞象"并购开局，将 IBM 的 PC 事业部门纳入麾下，ThinkPad、ThinkCentre 这两个知名品牌随之成为联想品牌。凭

---

* 黄志伟，北京国信品牌评价科学研究院特约研究员，硕士，研究方向为新媒体。本报告由联想集团品牌沟通部提供资料。

借这次漂亮并购，联想一跃成为全球领先的 IT 厂商，业务遍布 160 多个国家和地区，在全球拥有超过 5 万名员工。2017 年，联想在世界 500 强企业中排名第 240 位，个人电脑业务以超过 22% 的市场份额再创历史新高，成为公认的全球化最成功的中国企业。

一 联想品牌下三大业务板块

2018 年 5 月，联想集团公布了 2017/2018 财年年报，这一财年的营业额达到了 454 亿美元，比上一财年增长 5%；集团经营业绩为 1.93 亿美元，比上一财年增加 9600 万美元。营业收入的大幅增长，有赖于联想集团三大核心业务的优越表现。

PC 业务是联想集团的核心业务，占其收入的七成以上，也是联想品牌最直观的体现。2016 年，联想开始转型，从追求出货量的增长转向追求利润的增长，在持续 5 年占据 PC 王者宝座后，2017 年，惠普出货量超越联想。经过一年的调整期，在 2017 年零部件大涨价的情况下，联想仍打了一个漂亮的翻身仗，重新成为 PC 端的王者，营业额再创新高。在全球 PC 市场连续 14 个季度下降的情况下，联想 PC 业务一路飘红，在个人电脑和平板电脑业务方面保持持续增长，在全球企业级市场中营业额和销量拿下第一，重回王者宝座。

在成功保持霸主地位之后，联想还进一步丰富其产品，将品牌扩充到移动业务和数据业务两大板块。2001 年，联想开始进军手机行业，当时表现不俗，市场份额一度排进国内市场前三。但是在研发及渠道方面失利之后，国内市场很快被小米、vivo 等智能手机厂商超越。

此后，联想集团曾多次尝试从业务分拆重组、人事调动上进行变革以"拯救"手机业务。经过多年调整，联想集团 CEO 杨元庆在接受媒体专访时表示："手机业务在此前发展中存在一些失误，包括在判断客户需求和切换品牌策略上。通过多次复牌后，移动业务的战略越发清晰，联想有能力做好手机业务。"

品牌蓝皮书

从年报来看，在 2017/2018 财年，联想集团的移动业务在核心市场拉丁美洲的销量上升 40%，在北美洲的销量上升 57%。Counterpoint Research 的研究数据显示，从 2017 年智能手机全球市场占有率来看，联想全年出货量排名第 8 位。

联想的第三大业务数据中心业务虽然不如电脑和手机那样离消费者距离较近，但每年为联想贡献的销售额并不少。在联想 2017/2018 财年年报中，数据中心集团（包括服务器、存储、软件和服务）的营业收入达到了 43.94 亿美元，保持了两位数的增长，大幅超出此前预期。同时，盈利水平较上一财年同期提高了 11 个百分点，在北美洲的营业额几乎翻番，在欧洲、中东、非洲和拉丁美洲都实现了 60% 以上的增长。

二　创新不断赋能，提升品牌价值

联想一直是中国 PC 产业最鲜明的一面旗帜，并且快速跻身全球 500 强之列。在发展的历程中，创新是联想发展的原动力，也是联想品牌最核心的属性。

在创始人柳传志的带领下，联想建立后不久就实现了许多重大技术突破，其中包括为解决中文信息化问题而推出的联想汉卡、汉字操作系统、第一款汉字芯片和众多汉字应用软件；联想自主知识产权主板奠定了联想在 PC 主机板行业地位的基础；独创性地推出快速 IDE 芯片及扩展卡，在世界上的销量达 300 万片以上，是该产品世界第二大供应商；独创性地推出 PC 主机板 SPEEDEASY 无跳线技术，获美国专利，也已成为行业标准；可一键上网的个人电脑以及 2003 年推出的关联应用技术，确立了联想在 3C 时代的重要地位。

现在，在全球范围内，联想已经构建起以中国北京、美国罗利和日本横滨三地为支点的全球创新三角研发体系，并充分发挥、整合其遍布全球的人才优势进行协同创新，以不断创造出全球领先的产品与技术，保证 24 小时不间断地为用户需求进行创新。

经过多年的发展，PC 创新不足已经成为行业所面临的共同难题。联想选择将 AI 作为联想赋能品牌、提升品牌价值的重要途径。之所以选择将 AI 作为突破口，是因为现在世界正经历从移动互联网向智能互联网的跨越，联想要努力提供更聪明的智能设备，以更强大的基础设施、更智慧的云计算，达成对智能变革各要素的全面覆盖，形成联想的独特优势。

在 2017 年 7 月举办的联想创新科技大会上，联想现场分享在人工智能驱动时代下的 AI 战略布局，并发布了包括"智慧联想"应用、YOGA 6 Pro、YOGA 720 12、联想 720S 及 Miix 520 等在内的系列新品，全方位展现了联想在互联网时代的智能创新。

联想 CEO 杨元庆也在会上表示："联想未来仍将专注于 PC 市场，但不再仅仅是个人电脑，还包括个人计算设备，加速个人电脑向个人计算设备 + 云、个性化计算设备 + 个性化云的转变。在后端，联想将为企业提供更加智能的基础设施 + 云服务。"

由于重视创新，专利成为联想品牌独有的护城河，不至于出现品牌因为专利而受制于人的情况。联想一直在加大研究开发的投入，每年专利注册量达两三千件，初步形成了具有自主知识产权的核心技术体系。

国家知识产权局 2018 年第三季度例行新闻发布会统计数据显示，2018 年上半年，在国内（不含港澳台）企业发明专利授权量排名榜单中，联想以 697 件专利授权量居第 8 位。

三 独特机制保证创新

为实现不断创新，持续提升联想品牌价值，联想公司建立了鼓励、支持创新的独特机制。

一是"CEO 创新研讨会"，每月召开一次。这个平台旨在通过对技术趋势与用户需求的深入分析，研讨公司未来产品及服务的创新机会。由董事长兼 CEO 杨元庆亲自主持召开，以设备创新、服务创新和设计创新为主题，研讨会的参会人员包含多个职能负责人，涉及研发、各产品事业部、中国区

等相关部门，保证最大限度地倾听不同角度的声音和想法，助力创新的实施，提升创新转化的效率。

二是"LENOVO TECHNOLOGY OUTLOOK"（联想技术展望）。这是由联想 CTO 牵头，以研究院技术方向负责人为主要参与人员的研讨平台，每年进行一次，主要讨论公司未来 3~5 年的技术方向。

三是"MOUNTAIN VIEW"。这是联想研究院内部的创新平台，各技术口负责人会与联想首席技术官做各种技术研讨，并讨论各种技术细节，共同挖掘产品更深层次的应用。

四是"大片模式"。借鉴拍摄好莱坞大片的手法，联想研究院把创新的产生和孵化过程分为准备和拍摄两个阶段。先把事情想透，找到关键点，然后找到合适的供应商伙伴来提供关键技术和零部件，匹配合适的研发团队，实现跨部门、跨平台协同作战。

五是"创意管理"。这是一种自下而上的创新机制，一旦员工有了好的有价值的想法，联想会在内部给予支持，这也是联想激励员工研发创新的重要措施之一。

四 并购实现联想品牌的国际输出

不断壮大的联想不仅要做中国的品牌，而且要成为世界的联想。联想年报显示，2016/2017 财年，联想有 70% 的营业收入来自海外，也就是说，联想在中国市场的营业收入只占 30%，这也是联想被公认为是全球化程度最高的中国品牌的重要原因。

为了推进国际化进程，2003 年 4 月，联想集团在北京正式宣布启用新标识"Lenovo"，随后凭借一系列极具开创性和代表性的并购、合资，逐步确立了联想"Lenovo"这一国际化品牌的形象和地位。2005 年，联想集团以"蛇吞象"的创举，收购 IBM 个人电脑业务，跻身世界 500 强之列，迈出国际化道路上至关重要的一步。2011 年，联想与日本 NEC 成立合资公司，一跃成为日本个人电脑市场的冠军；同年，收购德国 Medion 公司，摘得德国个人电脑市场的桂冠，在整个欧洲市场的排名也提升到第二位的历史新高度。2012 年，联想收购了美国 Stoneware 公司，大举构建了在 IT 基础设施和手机方面的全球影响力。2017 年，联想与日本富士通集团成立合资公司，进一步提升了联想在日本乃至全球范围的竞争力和影响力。

需要指出的是，联想的国际化，绝不是靠简单地"买买买"，而是在买完后，进行了非常好的业务和文化整合，并借助收购和收购标的的渠道，成功地进行了联想自有品牌的借道输出，实现了 1 + 1 > 2 的效果。

在完成 IBM 收购之后，联想的品牌价值大涨，国际知名度大幅上升。借着这样的有利势头，联想充分整合了 IBM 个人电脑渠道资源，借助 IBM 的渠道成功地把联想自有品牌的产品输出海外。同时，在联想品牌价值大涨之后，联想还大胆地去 IBM 标签，把 IBM 笔记本打造成联想 ThinkPad 系列。

事实证明，联想在并购 IBM 之后，成功将联想品牌输出海外。如今的联想产品遍布全球，成为全球最大的 PC 品牌，其市场份额在全球各大洲市场分布均匀，几乎没有明显短板，这与很多企业虽然海外收入比重较大，但集中分布在某一个或几个地区的情况显著不同。因此，联想并购 IBM，绝对堪称教科书式的中国企业全球化案例，联想作为全球化程度最高的中国民族品牌当之无愧。

五 赞助奥运会的顺势传播

收购 IBM 之后，联想正快速由一个本土品牌转变为国际品牌，但是，其国际品牌的打造和品牌传播还需要借助一个契机。

2001 年 1 月，联想与北京奥申委签约，联想赞助 1200 万元，成为最大的申奥合作伙伴。当年，北京申奥成功。2002 年，由于 IBM 在悉尼奥运会后退出，作为唯一有机会成为国际奥委会全球合作伙伴（TOP）的中国企业，联想被推上了前台。起初国际奥委会对联想并不了解，直到他们被邀请出席了联想在 2002 年底举办的联想创新大会，看到联想展示的技术实力，

态度才发生了180度转变。

2004年3月，联想正式与国际奥委会签约，成为中国唯一一家国际奥委会全球合作伙伴，也开始了为期四年的奥运营销之旅。2005年，联想成功并购IBM，不断通过一些本土化的传播手段进行传播。但是，真正的成功是在2008年。

2008年，北京奥运会开幕，联想通过邀请客户到现场观看比赛、签约运动员做品牌代言等方式，成功实现品牌营销。据第三方调研，联想成为北京奥运会赞助商中消费者第一提及和认知度最高的双料冠军。借助奥运会赛事的影响力，联想品牌也打响了其国际知名度。

六　服务客户是品牌的核心文化

如今，联想正面临新挑战。虽然在PC市场联想依然保持强势，但现实是手机和越来越多的智能硬件正在部分取代PC的功能。

在种种挑战面前，联想品牌重新确定战略，要实现从以产品为中心向以客户为中心的转型。联想积极在全员中树立"客户至上"的意识，技术、产品和方案是服务客户的手段，通过技术、产品和方案为客户提供全方位的服务，让客户获得超出期望的满意度，并且在基于客户需求的基础上实现产品、技术和方案的创新。联想希望逐渐把业务模式从以产品为中心变成以用户为中心，将设备变成设备+云服务，希望在电脑领域打造和手机使用体验相匹配的产品。

目前，联想注册用户累计达1亿多人。联想还推出了联想合伙人计划，打造了全新的个性化定制流程，在C2C、C2M、CTO上做了有益的尝试。同时，联想对PCSD和DCG的业务进行了重组，围绕细分客户群，打造新的组织架构。在这个越来越注重用户体验的时代，联想致力于推出硬件、软件、服务"三位一体"的产品，从而打造最佳的用户体验。沿着这样的方向，联想不仅让传统形态的终端产品更加强大和好用，更为重要的是，还用革新性的产品，开辟了崭新的市场空间。

2017 年，联想正式推出可定制的 YOGA 5 Pro Glass 版笔记本电脑，成功颠覆了用户对笔记本电脑"黑白灰"外观的固有认知。这只是联想贴近客户需求的一个例子。2018 年在美国举办的年度科技盛会 CES 2018 上，联想发布多款新品，其中为了解决很多用户用贴纸遮住摄像头防窥的窘迫问题，这一代的 ThinkPad X1 Family 2018 系列产品上（除 X1 Tablet）竟然还加入了摄像头窗设计，轻轻拨动即可在物理上打开或关闭。

为了更好地开发年轻人市场，联想也在努力实现品牌年轻化，粉丝节是其具体化表现。2017 年，联想粉丝节共在全国 10 个城市同步举行，不仅有电音 high 趴、时尚达人秀，而且有武汉大学校园音乐节。联想集团通过年轻人熟悉的场景、让年轻人热血沸腾的方式，将各种年轻化元素注入此次粉丝节中，直接与粉丝产生品牌共鸣，同时还聘请了流量小生鹿晗作为形象代言人，在传播上以抖音短视频作为这一届的核心传播平台，总播放量达到了8500 万人次，收到了意想不到的传播效果。

作为国际化最成功的中国本土企业，联想凭借极具开创性、代表性的并购成为国际化品牌，并借助奥运赛事和运动员代言等，在全球范围的知名度大大提升，一跃成为国家知名品牌。现在，联想以客户为核心理念，以创新为手段，不断丰富其品牌下的产品结构和业务构成，创新营销方式和传播手段，满足各个年龄层级客户个性化的需求。联想品牌也在不断创新中，不断丰富、赋能和提升。

B.11
西贝：品牌价值的创变与坚守

李岳光*

摘　要：　经过30年的成长，西贝餐饮从内蒙古临河走到北京，走到全国，走到纽约，走到巴黎，在坚持不懈的创变与坚守中，积淀出自身的品牌价值和未来的发展势能。西贝通过不断创新业态，形成了由产品、形象、传播、供应链、知识产权、金融等构成的品牌价值链体系，成为中国餐饮行业品牌产业化实践的典范。

关键词：　西贝餐饮　品牌供应链　品牌授权

西贝餐饮集团有限公司（以下简称西贝）成立于1988年，是一家享誉全国的著名大型餐饮企业。目前在全国拥有餐饮管理资产规模30亿元。

截至2018年6月，西贝在全国40多个城市拥有超过250家直营门店，共有2万名员工。每年为6000万顾客提供9000万份高品质的食品。

截至2018年7月，西贝在全国设有三大中央厨房和配送中心，并在内蒙古武川县建造了西贝莜面工厂。原物料合作供应商有300多家，预备合作供应商有1000多家，涉及人员3000多人、车辆1000多辆，货值达20亿元左右，形成了支持"250＋"门店的优质餐物料供应链保障体系。

2015年6月，西贝创建了西贝大学；2017年4月，西贝创建了西贝美

* 李岳光，北京国信品牌评价科学研究院特约研究员，研究方向为餐饮品牌管理。本报告由西贝餐饮集团有限公司提供资料。

食艺术学校，构建了一套可持续的人才供应链体系。至今共培养了 5000 余人，已有 2000 余人因为西贝的培养而受益，并直接进入了相应的工作岗位。

一 投资亿元打造西贝产品体系

30 年来，西贝坚持产品研发与创新，试制研发 1 万多次，更新菜单 60 多版，累计研创费用在亿元以上，累计上市产品 1000 多种。在持续的研发与创新中，建立了西贝的产品体系，不断提升了西贝产品的品牌形象。其着力点在于以下几个方面。

其一，追求"闭着眼睛点，道道都好吃"的境界。

2000 年，是"西贝莜面村"元年。这一年，西贝在北京开启了"西贝莜面村系列产品"的开发征程。经过 18 年的打磨，"西贝莜面村"成为西贝的主品牌，其"莜面、羊肉、配菜和主食"产品成为西贝的核心产品系列。

近年来，"西贝莜面村"敢于大幅缩短菜单长度，敢于推出"闭着眼睛点，道道都好吃"和"不好吃不要钱"等惊爆社会的承诺，这些都是建立在倾力打造的"代表性产品系列"这一基石上的。

其二，释放产品的三重价值。

餐饮有三个本质：一是获取营养；二是愉悦性情；三是社交方式。这也是餐饮的三个核心功能和价值。西贝通过"莜面即燕麦""乡野的五谷杂粮""草原的牛羊肉"等概念，简要地把天然、安全、健康和营养讲清楚了。另外，通过提供美好的食物、美好的服务以及美好的氛围和环境，为客人带来充分的愉悦感；通过调性的匹配，为客人提供品位体验。与此同时，通过餐饮所具有的同频性、分享性和社交性，为顾客营造具有西贝特点的餐饮环境，获得了顾客群体的广泛认同，使西贝的产品功能、价值不断强化。

其三，创建西贝大学。

为了保障产品和服务质量，西贝构建了一套可持续的培训体系，为团队提供了人才保障。西贝通过培训、合作办学、独立办学等培养后备人才，这

也是 30 年历史中持续形成的一项竞争优势。西贝美食艺术学校，是西贝于 2004 年创办的，以培养有志于加入餐饮业的学生成人、成才、成功为目标。学校采取小班教学，把从业所需的技能、知识、态度有机地结合在一起，将职业能力标准转化为课程目标。以班主任为核心，以专业为主线，开展教学与管理。西贝 200 多家门店的 500 多名专业人才参与教学、深度互动，为每位学生的成长及技术提升打下了坚实的基础。同时，还聘请国家级大师、名师以及台湾和各地教育专家为客座教授。

西贝大学于 2015 年 6 月创建，分为干部学院、厨师学院和服务学院三大教学板块，持续为西贝发展锻造和输送中高级人才。三年来，共培训管理干部 6000 多人次、3500 多课时，工匠厨师 1 万多人次、7000 多课时，服务技师 9000 多人次、5000 多课时。

二 用爱心创造"喜悦人生"

西贝品牌形象体系是建立在文化体系和企业识别系统基础之上的。

首先，西贝着力打造了一个以企业精神文化为载体的优秀团队和优质服务体系，通过这一体系，给客户带来了愉快的餐饮体验，从而带来了口碑传播，提升了品牌影响力。

正如西贝创始人贾国龙先生所说："西贝企业精神文化最大的竞争力是我们组织的先进性，组织的先进性来自我们的使命、愿景、价值观、承诺和工匠精神，它给西贝带来了强大的企业驱动力。"

把"创造全新的可能性"作为人生的召唤，使西贝成为创造全新可能性的平台，是西贝人经营西贝的初心。

"全心全意成就员工，全心全意幸福顾客"，是西贝人经营西贝的动机，构成了西贝企业文化的本质追求。

走出舒适区，变得更快、更高、更强，去与更高的对手竞争，争全国中式休闲餐的第一，参与国际竞争，是西贝人的愿景和目标。

西贝人在这一愿景和目标下，结成了一个精神的共同体和事业共同体，使西贝成为一家有梦想的企业，对团队起到了正向的召唤、引领、驱动、凝聚和激励作用，并使其精神融入为客户服务中，从而实现了西贝的使命：创造喜悦人生。

它的全部意义来自：为顾客创造价值——让顾客来到西贝吃到他喜欢的菜，甚至吃到他意想不到的菜。西贝引领的是一种先进的生活方式，大家从中得到发展，得到快乐，得到幸福。

西贝的价值观是：爱、真实、负责任、荣耀承诺；不争第一，我们干什么！

西贝精神的根基是爱。爱是生活的意义、神圣的情感，用爱来唤醒爱、连接爱，让工作、学习和生活充满爱的能量。西贝爱员工，员工爱顾客，顾客爱西贝，组成爱的能量环。

爱就是为"他（她）人"好。西贝爱员工，怎么为员工好？怎么表达爱？员工就是家人，要关心员工的健康安全，要关心员工的吃用住行，要关心员工的学习成长，要关心员工的亲人、家人，从而激发员工的爱岗敬业精神，把爱传递给顾客。

员工爱顾客，就要真正为顾客好，用心服务好每一位顾客。顾客注重卫生，就打扫得干干净净；顾客喜欢特色美味，就找遍大西北的山山水水，用心烹制。

让顾客爱西贝，就是顾客真心想让你好、向你提意见，你不好他就着急，你不改他就不高兴。

不争第一，我们干什么！这是西贝的精气神。贾国龙先生曾说：要么不干，要干就干得最好！西贝的文化是奋斗者文化，西贝人是以奋斗为生活方式的，就像是打游戏通关一样，不断去挑战，并乐在其中。西贝通过选择奋斗者、培养奋斗者、用好奋斗者、成就奋斗者，创造喜悦人生。

西贝的远景目标是：让全球每一个城市、每一条街都开有西贝，让西贝成为顾客最爱的用餐地，因为西贝，让人们人生喜悦！

西贝是敢于承诺的企业，并且有诺必践，敢于花很长时间、付出很大代价去实践、兑现承诺。

西贝在企业发展方面的承诺是：心怀使命，人生召唤，坚守核心价值观，荣耀承诺，践行工匠精神，实现企业愿景，一切服务顾客。

西贝在成就团队方面的承诺是：建立一个革命性的支持平台，我们在这个平台上工作、学习、成长，成为事业合伙人，分享公司发展的成果，创造喜悦人生。

西贝在幸福顾客方面的承诺是：为顾客创造喜悦的就餐体验，闭着眼睛点，道道都好吃。

西贝在回报股东方面的承诺是：为股东创造超过预期的收益，股东以投资西贝为骄傲，实现人生喜悦。

西贝在共赢合作者方面的承诺是：建立平等信任、喜悦共赢、共同成长的关系。

西贝在保护环境方面的承诺是：选用天然精良食材，引领源头生态产业健康发展。

西贝在造福社会方面的承诺是：诚信经营，创造喜悦的就业环境，提升人们的生活品质，推动社会进步。

奉行工匠精神是一个企业产品和服务工作的基石。西贝崇尚工匠精神，其精神信条是：热爱——爱岗敬业，乐在其中；坚持——持之以恒，永不言弃；专注——心无旁骛，全神贯注；精准——一丝不苟，精益求精；创造——持续改善，勇于创新。

其次，西贝的形象体系是通过不断推陈出新、提高产品品质和餐饮体验而建立起来的。它十分注重企业精神、理念、文化、视觉和行为识别上的造型与设计，建立起了一整套让顾客在餐饮体验中潜移默化感知的企业精神标识系统和视觉标识系统。

这是一套统一的体现了审美价值观的符号表达系统。

西贝从品牌 LOGO 到门店店面，再到产品设计等，都是按照年轻的、时尚的、国际化的审美标准和理念来衡量的。

最后，西贝品牌具有"潮"文化。贾国龙先生曾说：西贝一定是一个时尚的、年轻的品牌形象，我们所有的事情和活动都要往"潮"方向办，一定要有先进性，一定要代表最先进的文化。

在每年的"情人节"，西贝都要推出一个"潮"的活动，它可以让西贝品牌"潮"起来。捕获年轻人的心，让品牌充满活力、充满朝气，造就了西贝品牌文化与时俱进、长久不衰的魅力。

三　通过每个细节创造口碑

用心做事情，用爱做事情，用专业做事情，用职业做事情，用创意做事情，把事情做出价值，把价值做成事件，把事件做成口碑，把口碑做成 IP。这是西贝品牌传播体系。

西贝品牌的传播主要靠口碑，靠员工、顾客、社会和媒体的口碑。靠口碑，就是靠每一天把每一件事情做好，做出效果，得到员工、顾客、社会和媒体"心"的认可和称赞，形成口碑传播的原动力。

截至 2018 年 6 月，西贝拥有 2 万名员工，这就是 2 万个口碑、4 万个口碑甚至更多，这是建立在企业对员工的态度、企业的价值观、企业的体制机制和员工的满意度基础之上的。

30 年来，西贝累计员工数接近 10 万人，这些员工对西贝有很正面的评价，这个口碑效应，是西贝品牌的原始基础之一。

2017 年，西贝接待顾客 5000 万人次，30 年累计接待顾客接近 2.5 亿人次，这些构成了西贝品牌传播的大数据。服务顾客本身就是企业的职责，对顾客用心一些、多做一些、做好一些，让顾客情不自禁地说你、夸你，这才是传播的根本、口碑的根本。西贝的 30 年，是通过品质、真诚、对顾客好一路走过来的，西贝的口碑效应也是这样积累和考验出来的。

2017 年，西贝全年出售餐饮产品 9000 万份，这就是 9000 万个微媒体、9000 万个口碑传播机会，所以，西贝在这里下足了满意的功夫、下足了传播的功夫。

截至 2018 年 6 月，西贝共有 250 家门店，其实这就是 250 个广告媒体，并且是多媒体，西贝通过这些广告媒体来传递自己的价值观、讲述自己的故

事、介绍自己的产品，吸引眼球，赢得人心，也赢得了口碑。

除了员工和顾客之外，西贝在社会传播和媒体传播上也开展了不少有意义的合作。例如，西贝本身有体育精神的基因，也有提倡和赞助体育活动的传统。近年来，通过赞助北京马拉松、上海马拉松等比赛活动，让西贝的美食精神和体育精神相结合，让美食人群和体育人群相结合，让西贝品牌和体育品牌相结合，从而形成社会效应、话题效应和口碑传播效应。

在媒体传播上，西贝注重自媒体、多媒体、全媒体、软广和硬广的综合运用，注重传播内容的价值和效能，为媒体提供深度思考的价值观、破天荒的承诺、惊爆的口号，以及感人的故事、诱人的产品信息等，这些不仅是企业的商业传播，而且是企业向社会贡献的精神和文化产品。如正在推行的"闭着眼睛点，道道都好吃""不好吃不要钱"。这是一种承诺、一种保证、一种底气和自信，是以企业的强能力为支撑的口碑池，在不断释放巨大能量。

四 打造高效的供应链保障体系

经过多年的发展，西贝已经形成了支持"250＋"门店的优质餐物料供应链保障体系。

西贝供应链部门的人员跑遍了西北的山山水水、边边角角、沙漠草原、乡村田野，到处寻找优质食材、优质供应商。同时，西贝有一套严格的供应商管控和筛选机制。

一方面，西贝与供应商形成了长期共赢的伙伴关系，要求供应商提供优质的产品。同时，西贝也会针对供应商给出合理的价格，让供应商愿意并有能力持续提供符合西贝标准的优质产品。为了取得优质的羊肉和莜面原料，西贝给出的价格比市场价高出 1～3 元，西贝因此建立起了一个庞大的供应商支持体系。

另一方面，西贝创建了高标准的大宗特色原料中央加工工厂。2017 年 4 月，西贝在内蒙古武川县建造西贝莜面工厂，依托 20 多万亩优质莜面产区、

2000多年的农耕历史，进一步夯实了原料端的核心竞争力。像这样的大宗特色原料加工厂还有内蒙古正蓝旗的奶制品工厂等。

五　创造公开的"秘密"，打造西贝标准

30年来，西贝依靠创新获得了持续发展，创造了西贝品牌标准体系。在这个标准体系中，西贝正式获得的专利权、版权和商标权有100多件。从产品、服务、环境到物业等各方面的创新，加起来有千件以上，主要涉及沙棘汁、果蔬拌菜、牛大骨等产品，每个产品都有经反复研制而成的独特的工艺和配方。

中餐的产品标准是公认的难点。西贝在中餐产品标准体系的打造上，走到了行业的前列，成为行业的标杆，引领着行业的产品标准化不断推进和发展。

为了不断优化产品标准和实现品质保证，从研发、标准、培训、督导、检查到奖惩，前后共提出大大小小产品标准1000多件次。

在门店厨房的可视化、透明化方面，西贝起步较早，而且做得比较彻底，得到了政府主管部门的肯定并作为推广的样板，在行业内掀起了效仿的热潮。

西贝不仅有特色而优质的餐饮产品，而且服务也具有明显的西贝风格，除了优质之外，也有不少标志性的亮点，被行业内众多企业学习采用。另外，西贝的原材料、物料有超越一般企业的品质标准，这已是公开的秘密，其标准和供应商成为行业内企业纷纷模仿和追随的对象。

西贝的商标注册和管理体系经历了近30年的不断完善，从最初一个餐饮类别的商标注册，到多类别和相关词组的商标注册，到图形和口号、广告语的商标注册，再到专有产品名称等的商标注册，凡是能够通过商标注册保护的，都纳入了注册保护的工作范围，如"西贝五谷杂粮""I IOVE莜"等。这些举措极大地提升了西贝的品牌标准。

为了提炼与众不同的风味特色，2000年前，西贝从咖啡、小吃、酒吧、

火锅到海鲜，共开设过 20 多种餐厅，但一直没有找到可以植根的地方。2000 年后，通过"西贝莜面村"这一模式，找到了扎根成长的入口，通过不断创新，建立了一套面向中产阶级的产品与服务标准体系。

中产阶级，是一个历史与现实紧密交织的深刻话题。它不仅仅是资产与收入的定义，还是一种综合的生活方式内涵。西贝致力于为包括中国中产阶级、美国中产阶级及世界中产阶级在内的泛中产阶级提供优质、上乘的餐饮服务，演绎着中产阶级生活方式中餐饮的美好体验。

六　建立品牌授权体系，不做透支式扩张

西贝品牌资产主要是通过公司总部作为持牌人，对在门店业务拓展中的品牌使用授权进行的。西贝品牌的授权使用，是收取品牌使用费的，用于品牌的管理、推广和研究。

西贝品牌作为西贝的无形资产，在账外单独进行管理和评估分析。西贝对品牌的金融价值、货币价值不进行透支式、扩展式的使用，而是非常注重品牌的保值增值。

西贝对品牌的经营管理，主要是为了增强品牌产品和服务的号召力、聚客力，提升美誉度和深度影响力，让品牌紧紧围绕产品和服务，成为产品和服务价值的重要组成部分，成为产品和服务增值溢价的砝码。

B.12
名创优品：做全球"智能消费品"领域的倡导者

谷 雨*

摘　要：　名创优品以中国市场为原点，积极拓展全球市场，在几年的时间内将触角延伸至世界各地，在全球形成了3000多家门店。因其对实体零售传统模式的颠覆，被赞为"经济寒冬期的一匹黑马"。"名创优品模式"也成为新经济形势下顺应创新精神所诞生的全新商业理念和典范。从品牌视角看，名创优品在产业品牌化趋势明显的零售行业，通过供应链的重构诠释了新零售的本质，树立起了品牌产业化的样本，并为其实现全球"智能消费品"领域的倡导者的目标积累了丰厚的品牌资产。

关键词：　名创优品　智能消费品　品牌IP

　　名创优品，成立于2013年，是全球知名的设计师品牌，由中国青年企业家叶国富与日本设计师三宅顺也共同创办，三宅顺也同时兼任首席设计师。名创优品成立之后，抓住全球消费升级的风口，逆势而上，成为实体零售逆风飞扬的典范。截至目前，名创优品已与全球70多个国家和地区达成战略合作关系，并成功进驻56个国家和地区，全球门店数量突破3000家，

---

* 谷雨，名创优品品牌中心品牌策划部，研究方向为新零售、智慧零售。本报告由名创优品品牌中心提供资料。

2017 年销售额突破 120 亿元。

名创优品连续三年（2015～2017 年）被连锁经营领域唯一的全国性行业组织中国连锁经营协会评为"中国特许连锁百强企业"。2016 年被全球三大财经商业媒体之一《快公司》评选为"中国最佳创新公司 50 强"，2017 年荣获由广州市科创委颁发的广州"独角兽"创新企业，2018 年入选创业黑马评选的"2018 中国硬独角兽 TOP 100 强"，并在同年获得中国连锁经营协会颁发的"中国优秀特许品牌——数字创新奖"。

一　立足产品中心战略，坚持"小而美"

名创优品是定位于 18～35 岁主流消费人群的设计师品牌，致力于用合理的价格向消费者提供富有设计感、货真价实的优质品。产品 SKU 控制在 3000 个左右，通过精简的垂直高效供应链，实现了 7 天上新、21 天全店流转。产品类型包括生活百货、创意家居、精品包饰、食品饮料、数码配件、健康美容、文体礼品、饰品、纺织品等多个系列，提供"一站式"的购物服务，满足消费者的多种需求。

作为顺应消费趋势的品牌代表，名创优品率先意识到消费者在物质生活丰富化、市场信息透明化、时间效率追求最优化之后对产品的要求已由简单的"能用"变为更加高级的精神需求。"精选"的小而美又优质低价的产品，更容易打动消费者。"极致的产品设计，极高的性价比，极好的购物体验"这一理念顺势而生。

为此，名创优品不断加大对产品设计的投入，保证产品的"高颜值"。同时，在全世界范围内严格筛选供应商，寻找各行业内的顶尖供应商进行合作，以大批量订单的规模化采购、买断制供货把控产品的品质和成本。另外，不断缩减供应链的长度，提高物流系统的效率，让产品能够从生产端直面终端，降低中间环节的成本。三管齐下，由头部开始变革供应链，最终使得名创优品建成了一条极致高效的供应链，让消费者能够轻松又放心地购买高性价比产品。

二 树立"回归自然，还原产品本质"的品牌形象

名创优品以"成为世界级的零售企业"为品牌愿景，把"让全球的消费者，用更低价格，买到更优质的产品"作为使命，坚持"做有品质的产品，定感动人心的价格"这一价值观，积极开拓全球事业版图。

名创优品所输出的产品不仅仅是有实物的产品，还有无形的服务和形象。名创优品在全球 3000 多家门店都保持统一、极具品牌特色的装修和陈列。这也是名创优品一直在努力打造的品牌珍贵的无形产品。

不忘品牌初衷，打造高识别度全球 VI，名创优品自成立以来就一直奉行"简约、自然、富质感"的生活哲学和"回归自然，还原产品本质"的品牌主张，倡导优质生活理念，并秉承"尊重消费者"的品牌精神，致力于为消费者提供真正"优质、创意、低价"的产品。

品牌 LOGO 以红白两色和英文笑脸为主，这是因为红白两色的色调简单又亮眼，既有简约的纯洁与质朴，又有热烈的悦动与鲜活，让人感觉到品牌所坚持的简单、纯净、阳光。而作为一个国际化的品牌，名创优品与世界各地的消费者建立了密切的联系。英文和表情符号作为通用语，能够让世界各地的消费者快速、直接、准确地理解品牌所希望传递的理念：坚持优品消费，为消费者带去幸福和快乐。

品牌成立的初衷之一就是希望通过设计来改变消费者在无比喧嚣的互联网时代所面对的流于表面的、虚浮的追求和设计。沿袭这一理念，名创优品的设计师虽然来自全球各地，但是整体设计风格融合了北欧与日本的简约美与灵动美，兼具质感与实用性。名创优品希望能够通过设计和产品让消费者真真切切感受到品牌所带来的温暖与幸福，在潜移默化中接受品牌所倡导的价值观念和生活主张。品牌希望能够通过设计来引导消费者追求本质之美，过上简单、有质感的生活。

而作为品牌的 VI 组成部分，大面积仓储式独立店面、线条简单颜色干净的整体装修风格、风格鲜明的陈列方式和购物环境也是名创优品全球所有

门店面向消费者的统一形象。在店内，全程无引导和推销，只提供必要的咨询解疑的服务，让消费者感受到轻松、自由的购物氛围。

三　消费者是最好的代言人

名创优品自创立起就非常注重口碑传播。在传播技术飞速发展、传播方式日益丰富的当下，名创优品从来没有做过广告或者聘请代言人加以宣传。与之相反，名创优品一直将产品推广作为品牌传播的第一战略，坚持为市场输出好的产品和服务，以此占领消费者心智并形成效果更佳的传播效果。

但是坚守传统营销并不等于拒绝创新营销。名创优品不仅重新定义了实体零售，而且将传统营销与创新营销相结合，多角度、全方位地进行了品牌形象的树立和宣传。

例如，名创优品通过与数百家线上线下的媒体合作，多维度地帮助品牌持续性达到上亿次的曝光量，为品牌形象的打造奠定了广泛而牢固的基础。而在网络推广方面，名创优品则创造性地改变百度推广方式，以不到传统品牌30%的投入比例，出奇制胜，迅速提升了品牌知名度和美誉度。

通过纸媒与自媒体的强强互补与联合，名创优品通过"寻找广州阿富""给钱体""董小姐"等悬疑营销事件，进行了有效的大面积"病毒式"传播，借助社会热点与名人效应，引起了社会各阶层的广泛关注与讨论，创下了超过千万次的曝光量。

名创优品一直在坚持不断地运用新式营销手段，以顾客价值为核心，整合品牌各环节的资源，通过多渠道进行有效传播与互动，提升顾客的价值感知，多层次构筑品牌营销网络，取得了最大的营销效果。

再以当下最火的社交化媒体平台为例，名创优品精准捕捉社会热点、消费痛点等，并将其灵活地与品牌相结合，实现了从线下向线上的"渠道营销逆袭"。名创优品作为一个线下实体品牌，却将自己的官方微信订阅号运营到超过2000万粉丝，并且不断靠"好玩、会玩、玩精、一起玩"的运营，增强了与粉丝之间的互动和黏性，在流量经济时代为品牌引流过百万粉丝。

对于当前大热的网络直播和品牌植入，名创优品也善加运用并使其成为品牌的营销利器。知名博主、网红等进行实时传播以及热播剧（韩剧《鬼怪》）、颁奖典礼（韩国第 31 届金唱片奖）等创意性的植入广告，让名创优品与粉丝进行有效的分享和交流，进一步提升了品牌声望与名誉。

除此之外，名创优品还出版了《名创优品没有秘密》这一品牌传记。通过多渠道、多层次的铺设，书籍得到了快速和广泛的传播。书中对名创优品的品牌形象、人文精神等进行了详细的阐述和分析，有效提升了品牌的层次，也增强了品牌的竞争力。

名创优品及时把握住当前社会化媒体营销成为热门的趋势，充分利用用户碎片化的时间，在各传播渠道将多种营销方式相结合，进行品牌营销，帮助品牌有效应对不断加剧的市场竞争，科学合理地分配各项资源，树立品牌对外形象，提升市场占有率，并因此摘获诸多营销类奖项，如"金旗奖""2017 十大畅销营销奖""年度新媒体传播企业"等。

四　基于大数据的全球规模化采购

名创优品之所以能够在实体零售遭受重创的时期逆势而上，不仅在国内实现快速扩张，而且成功地在国际市场跑马圈地、抢占市场份额，就是因为打破了传统供应链体系，进行了大刀阔斧的应对变革，建立了标准化品牌体系。

在以前，作为销售终端的传统实体零售商经过各渠道的层层盘剥之后所能提供给消费者的产品零售价格高昂到让人止步，产品价格与产品价值之间不成正比甚至到了一个夸张的程度。而这也是电商当初能够对实体造成重创的关键原因——"低价"。

为了改变实体零售的这一劣势，名创优品在通过设计师团队把握产品雏形的方向后，即在全球范围内进行规模化采购。而采购方向的把控一方面来自店铺日常销售数据的反馈，另一方面则是全球买手的流行趋势反馈。两种

方式保证了品牌拥有更精准的商品开发依据。之后品牌以大批量订单和100％付款的买断制供货方式解除了供应商的后顾之忧，实现了超低价采购，压缩了成本。在产品实现规模经济后，名创优品拒绝暴利，将毛利控制在8％左右，真正实现了终端"低价"，而这正是名创优品建立的新供应链标准，为利益相关方提供了经营与品质的保障。

供应链的建设绝非一朝一夕，这其中供应商的重要性更是不言而喻。对于合作的供应商，名创优品在行业内严择优质方，设定了严格的准入标准并定期进行资质考核。如香精行业的领导品牌瑞士奇华顿、意大利老牌彩妆代工厂莹特丽、为双立人供货的嘉诚集团等，既是业内巨擘也是名创优品严格考察后的选择。而除了有优质供应商保证产品质量之外，名创优品对内还组建了一流的质量管控团队，并制定完善了统一的质量管控体系；对外则引入全球各大最具权威、公信力和专业性的第三方认证机构，对所有产品进行再次质检和评估。如国标项目的权威检测机构CCIC，全球最大的第三方检测机构SGS，提供全球业界领先的质量、健康、安全和环境等检验服务的BV，都为名创优品的产品提供质检服务。

此外，名创优品还斥巨资建设ERP系统，对所有商品的动销速度进行大数据管理，以提高资金和销售的效率，快速运转减少库存，及时、全面收集客户意见并做到迅速反馈。同时，名创优品还投资建设自己的物流中心和配送系统，让产品从工厂直达店铺成为现实，技术＋系统，二者共同发力，大大提高了名创优品物流系统的效率。

此后，名创优品又与SAP、IBM正式签署战略合作协议，合作实现了信息的及时互通、数据的有效获取和分析、高效的远程管理，从而极大地提升了日常运营管理效率，加强了对供应链的把控。

对于终端门店，名创优品在全新商业理念的指导下创新了经营机制——投资直管＋次日变现。在这种模式下，投资人只需负责前期的资金投入，开业后的运营等所有事务由品牌运营商全权负责，而投资人每天都可以直接收到门店前一天销售额的38％（食品类为33％）作为回流资金。对于企业方来讲，既缓解了在快速扩张之后面临的资金方面的压力，又可以将连锁店的经营权牢牢把控；对于投资人来说，不用投入过多的精力去经营，账户每日就有现金流保障，省心又安心。

所以，不管是品牌自营还是投资加盟或者是双方合作开店，名创优品都有效保障了门店的盈利。因此，名创优品在全球快速扩张，目前已在全球70多个国家和地区开店3000多家。

五　顶尖设计团队打造独具特色的品牌 IP

名创优品作为一个设计师品牌，非常重视产品的品质感和设计感，而且也希望通过产品向消费者表明品牌倡导优质生活的理念。因此，设计对于品牌的重要性不言而喻。

一方面，名创优品拥有自己的设计师团队。这支设计师团队的成员来自全球各地，以日本、丹麦、瑞典、挪威为主。北欧斯堪的纳维亚美学以极简和人文主义著称，日本美学以简洁和自然闻名，名创优品的产品则融合了这两者的特色，形成自身"简约、自然、富质感"的特色。首席设计师三宅顺也负责主导这支团队的工作，把控设计方向。在自有设计方案的基础上，名创优品会甄选合适的供应商进行生产和制造，并通过规模经济等方式掌握产品的定价权。名创优品推出的大受好评的冰泉水、小夜灯、水立方系列等产品都是由品牌的设计师设计完成的，从而构成了名创优品的知识产权体系。

另一方面，名创优品在与供应商合作时，也会让行业经验丰富的供应商根据自身对市场和消费者的了解提供一些相关的产品设计。而这些设计会被名创优品独家买断，成为自己的新品。

除了以上两种形式，名创优品还与一些世界知名的 IP 达成合作，买断版权，用来开发新品。如 Hello Kitty、飞天小女警、轻松熊、姆明、咱们裸熊、粉红豹等著名动漫 IP，均是名创优品的合作对象，曾合作推出过很多大受好评的周边产品，受到了全球消费者的喜爱。同时，这些跨界合作也进一步提升了品牌的知名度和影响力，在抓住 IP 热点的同时满足了消费升级

的需要。

在渠道已经不再是零售商主战场的当下及未来，如何抓住消费者的心、发掘消费者心中潜藏的需求，是所有品牌都要认真思考的问题。名创优品通过强有力的知识产权管理，坚持立足产品原点的战略，不断升级自己的产品。

六　异国本地化初见成效，品牌全球化稳步推进

名创优品的海外扩张进程比较快，目前已经与 70 多个国家和地区达成合作，实际进驻 50 多个国家和地区。这就注定品牌必须面对存在 70 多个不同的信仰、文化等各种人文差异及国情差异的情况。

对此，名创优品的应对措施是将产品因地制宜、量体裁衣，一要对当地的政策以及文化有充分、充足的了解；二要特别注意跨文化、跨领域的融合，尽可能做到异国本地化。

进入不同国家前，名创优品都会在公司的商品中心成立专项小组，专门为这些国家开发适宜或符合当地标准的产品。例如，东南亚的热销产品在长年严寒的俄罗斯大部分地区就不再适合，在商品类别的选择上更需要侧重保暖性产品的供应。

尤其需要指出的一点是，由于每个国家社会、经济、文化发展状况不同，名创优品需要面对异国差异化的挑战。特别是在法律法规方面，大部分国家面临对外来品牌的进入进行重重限制以保护本国品牌和产品的情况。如在中国"一带一路"范围内的南亚内陆国家尼泊尔，就不允许外国系统进驻，只支持本国系统，名创优品只能在其相对落后的系统基础上优化对接，方可获得数据及系统方面的连接服务。

而名创优品也在与诸多国家和地区合作的过程中构建出三种兼具操作效率与实用性的合作模式：一是寻找合适的当地公司做国家总代理；二是品牌运营商与当地公司合资、合作；三是名创优品独家控股。根据不同情况，名创优品会采取不同的模式，这些模式的一个显著共同点是可以更加完整地把

名创优品在中国的成功商业模式进行复制，这对品牌在海外市场扩张及提升运营管理效率具有重要作用。

对于海外市场合作方，名创优品以严格标准进行甄选，会综合考虑其资质和实力，尤其是对方对当地市场的了解力、影响力和掌控力。这也是品牌能够在国际市场快速扩张的重要原因之一。

附 录

Appendices

B.13
附录1 《驰名商标认定和保护规定》

驰名商标认定和保护规定

（2003 年 4 月 17 日国家工商行政管理总局令第 5 号发布，根据 2014 年 7 月 3 日国家工商行政管理总局令第 66 号修订）

第一条 为规范驰名商标认定工作，保护驰名商标持有人的合法权益，根据《中华人民共和国商标法》（以下简称商标法）、《中华人民共和国商标法实施条例》（以下简称实施条例），制定本规定。

第二条 驰名商标是在中国为相关公众所熟知的商标。

相关公众包括与使用商标所标示的某类商品或者服务有关的消费者，生产前述商品或者提供服务的其他经营者以及经销渠道中所涉及的销售者和相关人员等。

第三条 商标局、商标评审委员会根据当事人请求和审查、处理案件的需要，负责在商标注册审查、商标争议处理和工商行政管理部门查处商标违法案件过程中认定和保护驰名商标。

第四条　驰名商标认定遵循个案认定、被动保护的原则。

第五条　当事人依照商标法第三十三条规定向商标局提出异议，并依照商标法第十三条规定请求驰名商标保护的，可以向商标局提出驰名商标保护的书面请求并提交其商标构成驰名商标的证据材料。

第六条　当事人在商标不予注册复审案件和请求无效宣告案件中，依照商标法第十三条规定请求驰名商标保护的，可以向商标评审委员会提出驰名商标保护的书面请求并提交其商标构成驰名商标的证据材料。

第七条　涉及驰名商标保护的商标违法案件由市（地、州）级以上工商行政管理部门管辖。当事人请求工商行政管理部门查处商标违法行为，并依照商标法第十三条规定请求驰名商标保护的，可以向违法行为发生地的市（地、州）级以上工商行政管理部门进行投诉，并提出驰名商标保护的书面请求，提交证明其商标构成驰名商标的证据材料。

第八条　当事人请求驰名商标保护应当遵循诚实信用原则，并对事实及所提交的证据材料的真实性负责。

第九条　以下材料可以作为证明符合商标法第十四条第一款规定的证据材料：

（一）证明相关公众对该商标知晓程度的材料。

（二）证明该商标使用持续时间的材料，如该商标使用、注册的历史和范围的材料。该商标为未注册商标的，应当提供证明其使用持续时间不少于五年的材料。该商标为注册商标的，应当提供证明其注册时间不少于三年或者持续使用时间不少于五年的材料。

（三）证明该商标的任何宣传工作的持续时间、程度和地理范围的材料，如近三年广告宣传和促销活动的方式、地域范围、宣传媒体的种类以及广告投放量等材料。

（四）证明该商标曾在中国或者其他国家和地区作为驰名商标受保护的材料。

（五）证明该商标驰名的其他证据材料，如使用该商标的主要商品在近三年的销售收入、市场占有率、净利润、纳税额、销售区域等材料。

前款所称"三年"、"五年",是指被提出异议的商标注册申请日期、被提出无效宣告请求的商标注册申请日期之前的三年、五年,以及在查处商标违法案件中提出驰名商标保护请求日期之前的三年、五年。

第十条 当事人依照本规定第五条、第六条规定提出驰名商标保护请求的,商标局、商标评审委员会应当在商标法第三十五条、第三十七条、第四十五条规定的期限内及时作出处理。

第十一条 当事人依照本规定第七条规定请求工商行政管理部门查处商标违法行为的,工商行政管理部门应当对投诉材料予以核查,依照《工商行政管理机关行政处罚程序规定》的有关规定决定是否立案。决定立案的,工商行政管理部门应当对当事人提交的驰名商标保护请求及相关证据材料是否符合商标法第十三条、第十四条、实施条例第三条和本规定第九条规定进行初步核实和审查。经初步核查符合规定的,应当自立案之日起三十日内将驰名商标认定请示、案件材料副本一并报送上级工商行政管理部门。经审查不符合规定的,应当依照《工商行政管理机关行政处罚程序规定》的规定及时作出处理。

第十二条 省(自治区、直辖市)工商行政管理部门应当对本辖区内市(地、州)级工商行政管理部门报送的驰名商标认定相关材料是否符合商标法第十三条、第十四条、实施条例第三条和本规定第九条规定进行核实和审查。经核查符合规定的,应当自收到驰名商标认定相关材料之日起三十日内,将驰名商标认定请示、案件材料副本一并报送商标局。经审查不符合规定的,应当将有关材料退回原立案机关,由其依照《工商行政管理机关行政处罚程序规定》的规定及时作出处理。

第十三条 商标局、商标评审委员会在认定驰名商标时,应当综合考虑商标法第十四条第一款和本规定第九条所列各项因素,但不以满足全部因素为前提。

商标局、商标评审委员会在认定驰名商标时,需要地方工商行政管理部门核实有关情况的,相关地方工商行政管理部门应当予以协助。

第十四条 商标局经对省(自治区、直辖市)工商行政管理部门报送的驰名商标认定相关材料进行审查，认定构成驰名商标的，应当向报送请示的省（自治区、直辖市）工商行政管理部门作出批复。

立案的工商行政管理部门应当自商标局作出认定批复后六十日内依法予以处理，并将行政处罚决定书抄报所在省（自治区、直辖市）工商行政管理部门。省（自治区、直辖市）工商行政管理部门应当自收到抄报的行政处罚决定书之日起三十日内将案件处理情况及行政处罚决定书副本报送商标局。

第十五条　各级工商行政管理部门在商标注册和管理工作中应当加强对驰名商标的保护，维护权利人和消费者合法权益。商标违法行为涉嫌犯罪的，应当将案件及时移送司法机关。

第十六条　商标注册审查、商标争议处理和工商行政管理部门查处商标违法案件过程中，当事人依照商标法第十三条规定请求驰名商标保护时，可以提供该商标曾在我国作为驰名商标受保护的记录。

当事人请求驰名商标保护的范围与已被作为驰名商标予以保护的范围基本相同，且对方当事人对该商标驰名无异议，或者虽有异议，但异议理由和提供的证据明显不足以支持该异议的，商标局、商标评审委员会、商标违法案件立案部门可以根据该保护记录，结合相关证据，给予该商标驰名商标保护。

第十七条　在商标违法案件中，当事人通过弄虚作假或者提供虚假证据材料等不正当手段骗取驰名商标保护的，由商标局撤销对涉案商标已作出的认定，并通知报送驰名商标认定请示的省（自治区、直辖市）工商行政管理部门。

第十八条　地方工商行政管理部门违反本规定第十一条、第十二条规定未履行对驰名商标认定相关材料进行核实和审查职责，或者违反本规定第十三条第二款规定未予以协助或者未履行核实职责，或者违反本规定第十四条第二款规定逾期未对商标违法案件作出处理或者逾期未报送处理情况的，由上一级工商行政管理部门予以通报，并责令其整改。

第十九条　各级工商行政管理部门应当建立健全驰名商标认定工作监督

检查制度。

    第二十条 参与驰名商标认定与保护相关工作的人员，玩忽职守、滥用职权、徇私舞弊，违法办理驰名商标认定有关事项，收受当事人财物，牟取不正当利益的，依照有关规定予以处理。

    第二十一条 本规定自公布之日起30日后施行。2003年4月17日国家工商行政管理总局公布的《驰名商标认定和保护规定》同时废止。

B.14

附录2 《中华老字号认定管理办法（征求意见稿）》

中华老字号认定管理办法
（征求意见稿）

第一条 为弘扬中华优秀传统文化，促进中华老字号传承发展，建立中华老字号动态管理机制，完善中华老字号名录，特制定本办法。

第二条 中华老字号是指历史悠久，拥有世代传承的产品、技艺或服务，具有鲜明的中华民族传统文化背景和深厚的文化底蕴，取得社会广泛认同，形成良好信誉的品牌。

第三条 商务部主管全国中华老字号认定管理工作，将中华老字号及其所属企业（中华老字号企业）和代表性注册商标列入中华老字号名录，会同相关部门制定促进中华老字号发展政策。

各省、自治区、直辖市和计划单列市人民政府商务主管部门（以下统称省级商务主管部门）会同相关部门负责本行政区域内中华老字号认定相关管理工作，实施中华老字号促进发展政策。

第四条 中华老字号认定应当遵循公开、公平、公正原则。商务部每三年认定并公布新一批次中华老字号名录。

第五条 在中华人民共和国境内依法设立并从事经营活动的企业可以申请中华老字号认定。

第六条 中华老字号应当具备以下条件：

（一）品牌创立于1956年（含）以前；

（二）传承独特的产品、技艺或服务；

（三）具有中华民族特色和鲜明的地域文化特征，具有历史价值和文化

价值。

申请中华老字号认定的企业，应当同时具备以下条件：

（一）拥有代表性注册商标的所有权或使用权；

（二）有传承中华民族优秀传统的企业文化；

（三）具有良好信誉，得到广泛的社会认同和赞誉；

（四）经营状况良好，且具有较强的可持续发展能力。

第七条 申请中华老字号认定的企业，应当提交以下材料：

（一）企业基本信息、股权结构及近三年经营情况；

（二）品牌创立时间的证明材料；

（三）代表性注册商标的权属证明文件；

（四）传承独特产品、技艺或服务的证明材料；

（五）主营业务传承脉络清晰的证明材料；

（六）品牌历史价值和文化价值的介绍材料；

（七）企业文化的介绍材料和获得社会荣誉等证明材料；

（八）针对上述材料并经法定代表人签字的真实性承诺；

（九）商务主管部门认为应当提交的其他相关材料。

第八条 中华老字号申请认定工作通过商务部中华老字号信息管理系统进行。

（一）发布公告。商务部发布开展中华老字号认定的公告。

（二）企业填报。申请企业在通知规定日期内通过中华老字号信息管理系统如实填报企业情况，上传真实、有效、完整的证明材料，并将申请材料一式三份装订成册报住所地省级商务主管部门。

（三）材料核实。省级商务主管部门会同同级相关部门对本地区企业申请材料的真实性、有效性、完整性进行核实，组织有关机构和专家对申请材料进行研究、论证并对外公示。公示期不少于 10 个工作日。公示期满无异议或异议不成立的，由省级商务主管部门向商务部提出推荐意见并移交申请材料。

（四）专家审查。商务部组织专家通过材料审查、现场调查、查阅档案等形式对各省级商务主管部门推荐申请进行审查，提出拟认定的中华老字号名录。

（五）社会公示。商务部在商务部网站和中华老字号信息管理系统对拟认定的中华老字号名录进行公示，公示期不少于 10 个工作日。任何单位或个人对名单有不同意见的，均可向商务部提出异议，并提供详实的书面举证材料。商务部在接到异议后会同相关部门组织专家对异议情况进行复核，复核结果在接到异议后 30 个工作日内作出。如存在较大争议，商务部可召开听证会。

（六）作出决定。在公示期间无异议或异议不成立的，由商务部列入中华老字号名录并向社会公布。

第九条　商务部是"中华老字号"官方标识的权利人，任何其他组织或个人未经授权不得使用。商务部依据本办法授予获认定企业中华老字号官方标识使用权并颁发中华老字号牌匾。中华老字号标识的样式和使用规范由商务部制定公布。

中华老字号企业可以在其企业、产品或服务的宣传介绍材料中，按照相关规定使用标准样式的中华老字号标识。

中华老字号企业在使用中华老字号标识时，应与获得认定的企业名称和代表性注册商标相一致。

第十条　商务部统一制作和颁发中华老字号牌匾，任何组织或个人不得自行制作、伪造、变造、销售或者冒用。

第十一条　商务部通过中华老字号信息管理系统，运用信息化手段收集、记录企业发展史料、经营管理情况，建立中华老字号数字化档案，并向社会公开不涉及企业商业秘密的内容。

第十二条　中华老字号企业应当严格遵守国家有关产品质量、消费者权益保护、公平竞争、市场管理等方面的法律法规规定开展经营活动，并通过中华老字号信息管理系统按时填报企业相关信息。

第十三条　中华老字号企业的住所、联系人及联系方式等基本信息发生变更的，应当自变更之日起 30 个工作日之内，经中华老字号信息管理系统

更改相关信息。

第十四条　中华老字号企业发生以下变更的，应当自变更之日起 30 个工作日之内，详细说明发生变更的理由，提供股东会或董事会相关决议、已履行必要行政管理程序的证明材料，通过中华老字号信息管理系统向住所地省级商务主管部门提出信息更改申请。

（一）企业名称发生变更的；

（二）企业实际控制人发生变更的；

（三）企业新增或变更代表性注册商标的；

（四）企业不再开展原有主营业务，转由新成立企业或关联企业继续从事相关主营业务的。

省级商务主管部门在接到企业申请后，按照中华老字号认定条件进行审核。审核过程中可根据需要现场核实相关情况或要求企业补充提供相关材料，必要时向社会公示。省级商务主管部门应于 30 个工作日内提出审核意见报商务部。商务部收到审核意见后在 10 个工作日内进行复核，在中华老字号信息管理系统公布复核通过的企业变更信息。

第十五条　中华老字号企业出现下列情形之一的，由住所地省级商务主管部门责令一个月内予以整改：

（一）未按本办法第十二条规定按时在中华老字号信息管理系统填报相关信息的；

（二）企业基本信息变更后未按本办法第十三条规定做出更改的；

（三）中华老字号标识使用不符合有关规定的；

（四）擅自制作、变造中华老字号牌匾的；

（五）被相关部门列入经营异常名录的。

第十六条　中华老字号企业出现下列情形之一的，由住所地省级商务主管部门约谈企业负责人，责令三个月内予以整改：

（一）被省级商务主管部门责令整改，一个月内未整改或整改措施不力的；

（二）企业重大信息变更后未按本办法第十四条规定提出信息更改申请

的。

第十七条　中华老字号企业出现下列情形之一的，住所地省级商务主管部门或利害关系人可以建议商务部暂停其中华老字号标识使用权一年：

（一）被省级商务主管部门约谈，三个月内未整改或整改措施不力的；

（二）被相关部门列入严重违法失信企业名单的。

商务部认为确有必要的，应当作出暂停其中华老字号标识使用权一年的决定。一年期间届满前，商务部可根据企业整改情况，再次作出暂停其中华老字号标识使用权一年的决定。

第十八条　中华老字号企业出现下列情形之一的，住所地省级商务主管部门或利害关系人可以建议商务部将其移出中华老字号名录并收回中华老字号标识使用权：

（一）企业破产清算、解散、注销、被吊销营业执照或三年以上不开展经营活动的；

（二）发生严重损害消费者权益、出现重大质量问题或安全事故、严重侵犯他人知识产权、严重扰乱市场秩序或其他严重违法行为的；

（三）以欺骗或其他不正当手段骗取中华老字号认定的；

（四）三次被依据本办法第十七条暂停中华老字号标识使用权的；

（五）已经不符合中华老字号认定条件的。

商务部认为确有必要的，作出移出中华老字号名录和收回中华老字号标识使用权的决定。

被移出中华老字号名录的品牌自决定作出之日起五年内不得再次申请中华老字号认定。

第十九条　商务部作出暂停或收回中华老字号标识使用权决定的，在中华老字号信息管理系统中通报并在商务部网站公布。

第二十条　任何单位和个人发现中华老字号企业或中华老字号管理工作人员存在违法违规行为的，可以向商务部或当地商务主管部门举报。举报人应当提供必要的证明材料。

第二十一条　本办法实施前已经商务部认定的中华老字号，按照本办法

品牌蓝皮书

管理，无需重新申请认定。原国内贸易部认定的中华老字号，须按本办法向商务部申请认定。

第二十二条　港澳台地区企业申请中华老字号认定办法另行规定。

第二十三条　各省级商务主管部门可以依据本办法，结合本行政区域内中华老字号实际情况，制定相关实施办法。

第二十四条　本办法由商务部负责解释。

第二十五条　本办法自 2018 年　月　日起施行。

B.15

附录3 《地理标志产品保护规定》

地理标志产品保护规定

总章程

第一条 为了有效保护我国的地理标志产品，规范地理标志产品名称和专用标志的使用，保证地理标志产品的质量和特色，根据《中华人民共和国产品质量法》、《中华人民共和国标准化法》、《中华人民共和国进出口商品检验法》等有关规定，制定本规定。

第二条 本规定所称地理标志产品，是指产自特定地域，所具有的质量、声誉或其他特性本质上取决于该产地的自然因素和人文因素，经审核批准以地理名称进行命名的产品。地理标志产品包括：

（一）来自本地区的种植、养殖产品。

（二）原材料全部来自本地区或部分来自其他地区，并在本地区按照特定工艺生产和加工的产品。

第三条 本规定适用于对地理标志产品的申请受理、审核批准、地理标志专用标志注册登记和监督管理工作。

第四条 国家质量监督检验检疫总局（以下简称"国家质检总局"）统一管理全国的地理标志产品保护工作。各地出入境检验检疫局和质量技术监督局（以下简称各地质检机构）依照职能开展地理标志产品保护工作。

第五条 申请地理标志产品保护，应依照本规定经审核批准。使用地理标志产品专用标志，必须依照本规定经注册登记，并接受监督管理。

第六条 地理标志产品保护遵循申请自愿，受理及批准公开的原则。

第七条 申请地理标志保护的产品应当符合安全、卫生、环保的要求，对环境、生态、资源可能产生危害的产品，不予受理和保护。

申请受理

第八条 地理标志产品保护申请，由当地县级以上人民政府指定的地理标志产品保护申请机构或人民政府认定的协会和企业（以下简称申请人）提出，并征求相关部门意见。

第九条 申请保护的产品在县域范围内的，由县级人民政府提出产地范围的建议；跨县域范围的，由地市级人民政府提出产地范围的建议；跨地市范围的，由省级人民政府提出产地范围的建议。

第十条 申请人应提交以下资料：

（一）有关地方政府关于划定地理标志产品产地范围的建议。

（二）有关地方政府成立申请机构或认定协会、企业作为申请人的文件。

（三）地理标志产品的证明材料，包括：

1. 地理标志产品保护申请书；

2. 产品名称、类别、产地范围及地理特征的说明；

3. 产品的理化、感官等质量特色及其与产地的自然因素和人文因素之间关系的说明；

4. 产品生产技术规范（包括产品加工工艺、安全卫生要求、加工设备的技术要求等）；

5. 产品的知名度，产品生产、销售情况及历史渊源的说明；

（四）拟申请的地理标志产品的技术标准。

第十一条 出口企业的地理标志产品的保护申请向本辖区内出入境检验检疫部门提出；按地域提出的地理标志产品的保护申请和其他地理标志产品的保护申请向当地（县级或县级以上）质量技术监督部门提出。

第十二条 省级质量技术监督局和直属出入境检验检疫局，按照分工，分别负责对拟申报的地理标志产品的保护申请提出初审意见，并将相关文件、资料上报国家质检总局。

审核批准

第十三条 国家质检总局对收到的申请进行形式审查。审查合格的，由国家质检总局在国家质检总局公报、政府网站等媒体上向社会发布受理公告；审查不合格的，应书面告知申请人。

第十四条 有关单位和个人对申请有异议的，可在公告后的2个月内向国家质检总局提出。

第十五条 国家质检总局按照地理标志产品的特点设立相应的专家审查委员会，负责地理标志产品保护申请的技术审查工作。

第十六条 国家质检总局组织专家审查委员会对没有异议或者有异议但被驳回的申请进行技术审查，审查合格的，由国家质检总局发布批准该产品获得地理标志产品保护的公告。

标准制订及专用标志使用

第十七条 拟保护的地理标志产品，应根据产品的类别、范围、知名度、产品的生产销售等方面的因素，分别制订相应的国家标准、地方标准或管理规范。

第十八条 国家标准化行政主管部门组织草拟并发布地理标志保护产品的国家标准；省级地方人民政府标准化行政主管部门组织草拟并发布地理标志保护产品的地方标准。

第十九条 地理标志保护产品的质量检验由省级质量技术监督部门、直属出入境检验检疫部门指定的检验机构承担。必要时，国家质检总局将组织予以复检。

第二十条 地理标志产品产地范围内的生产者使用地理标志产品专用标志，应向当地质量技术监督局或出入境检验检疫局提出申请，并提交以下资料：

（一）地理标志产品专用标志使用申请书。

（二）由当地政府主管部门出具的产品产自特定地域的证明。

（三）有关产品质量检验机构出具的检验报告。

上述申请经省级质量技术监督局或直属出入境检验检疫局审核，并经国家质检总局审查合格注册登记后，发布公告，生产者即可在其产品上使用地理标志产品专用标志，获得地理标志产品保护。

保护和监督

第二十一条 各地质检机构依法对地理标志保护产品实施保护。对于擅

自使用或伪造地理标志名称及专用标志的；不符合地理标志产品标准和管理规范要求而使用该地理标志产品的名称的；或者使用与专用标志相近、易产生误解的名称或标识及可能误导消费者的文字或图案标志，使消费者将该产品误认为地理标志保护产品的行为，质量技术监督部门和出入境检验检疫部门将依法进行查处。社会团体、企业和个人可监督、举报。

第二十二条　各地质检机构对地理标志产品的产地范围，产品名称，原材料，生产技术工艺，质量特色，质量等级、数量、包装、标识，产品专用标志的印刷、发放、数量、使用情况，产品生产环境、生产设备，产品的标准符合性等方面进行日常监督管理。

第二十三条　获准使用地理标志产品专用标志资格的生产者，未按相应标准和管理规范组织生产的，或者在 2 年内未在受保护的地理标志产品上使用专用标志的，国家质检总局将注销其地理标志产品专用标志使用注册登记，停止其使用地理标志产品专用标志并对外公告。

第二十四条　违反本规定的，由质量技术监督行政部门和出入境检验检疫部门依据《中华人民共和国产品质量法》、《中华人民共和国标准化法》、《中华人民共和国进出口商品检验法》等有关法律予以行政处罚。

第二十五条　从事地理标志产品保护工作的人员应忠于职守，秉公办事，不得滥用职权、以权谋私，不得泄露技术秘密。违反以上规定的，予以行政纪律处分；构成犯罪的依法追究刑事责任。

附　则

第二十六条　国家质检总局接受国外地理标志产品在中华人民共和国的注册并实施保护。具体办法另外规定。

第二十七条　本规定由国家质检总局负责解释。

第二十八条　本规定自 2005 年 7 月 15 日起施行。原国家质量技术监督局公布的《原产地域产品保护规定》同时废止。原国家出入境检验检疫局公布的《原产地标记管理规定》、《原产地标记管理规定实施办法》中关于地理标志的内容与本规定不一致的，以本规定为准。

附录4 《地理标志产品保护工作细则》

地理标志产品保护工作细则

第一条 为更好地贯彻实施《地理标志产品保护规定》，进一步推动地理标志产品保护工作，特制定本工作细则。

第二条 以下产品可以经申请批准为地理标志保护产品：

（一）在特定地域种植、养殖的产品，决定该产品特殊品质、特色和声誉的主要是当地的自然因素；

（二）在产品产地采用特定工艺生产加工，原材料全部来自产品产地，当地的自然环境和生产该产品所采用的特定工艺中的人文因素决定了该产品的特殊品质、特色质量和声誉；

（三）在产品产地采用特定工艺生产加工，原材料部分来自其他地区，该产品产地的自然环境和生产该产品所采用的特定工艺中的人文因素决定了该产品的特殊品质、特色质量和声誉。

第三条 国家质量监督检验检疫总局（以下简称国家质检总局）在地理标志产品保护管理工作中的主要职责是：

（一）配合立法部门，开展地理标志保护法律法规的调研、起草；

（二）制定、发布地理标志产品保护规章、制度；

（三）制定地理标志发展规划、计划并组织实施；

（四）组织协调和指导地理标志保护的行政执法活动；

（五）负责地理标志产品保护申请的形式审查；

（六）办理地理标志产品保护申请的受理事项，发布受理公告；

（七）组织对地理标志产品保护申请的异议协调；

（八）组织和管理专家技术队伍开展技术审查；

（九）办理、发布地理标志产品保护的批准公告；

（十）核准地理标志保护产品专用标志的使用申请；

（十一）组织开展地理标志产品保护的宣传和培训；

（十二）组织开展和参加地理标志保护国际合作与交流活动；代表国家参加 WTO 地理标志谈判；

（十三）办理国外地理标志保护注册申请，组织开展互认合作。

第四条 各直属出入境检验检疫局和省级质量技术监督局（以下简称省级质检机构）的主要职责是：

（一）按照分工指导、协调本辖区的地理标志产品保护工作；

（二）按照分工负责本辖区地理标志产品保护申请的初审；

（三）负责指定地理标志保护产品的检验机构；

（四）负责审核生产者使用地理标志产品专用标志的申请；

（五）负责指导地理标志产品保护技术文件的制定；

（六）负责查处本辖区发生的地理标志产品的违法行为。

第五条 关于当地质检机构。申请保护的产品产地在县域范围内的，地理标志保护的当地质检机构为县质量技术监督局或辖区内出入境检验检疫分支机构（无出入境检验检疫分支机构的，由直属出入境检验检疫局负责）；申请保护的产品产地跨县域范围的，当地质检机构为地、市、（州）质量技术监督局或辖区内出入境检验检疫分支机构（无出入境检验检疫分支机构的，由直属出入境检验检疫局负责）；申请保护的产地跨地市范围的，当地质检机构为直属出入境检验检疫局或省（自治区、直辖市）质量技术监督局。当地质检机构的主要职责是：

（一）协助申请人进行地理标志产品保护的申请；

（二）负责对生产者申请使用专用标志进行初审，监督管理专用标志的印制、发放和使用；

（三）负责地理标志保护产品的日常监督管理工作；

（四）负责草拟地理标志产品省级地方标准，组织制定地理标志产品生产过程的技术规范或标准；

（五）负责查处产地范围内发生的地理标志产品的侵权行为。

第六条 经申请、批准，以地理名称命名的产品方能称为地理标志保护产品。地理标志名称由具有地理指示功能的名称和反映产品真实属性的产品通用名称构成。地理标志名称必须是商业或日常用语，或是长久以来使用的名称，并具有一定知名度。

第七条 地理标志产品保护遵循申请自愿的原则。地理标志产品保护申请的受理、审核与批准坚持公开、公平、公正的原则。

第八条 申请产品出现下列情况之一的，不能给予地理标志产品保护：

（一）对环境、生态、资源可能造成破坏或对健康可能产生危害的；

（二）产品名称已成为通用名称的；

（三）产品的质量特色与当地自然因素和人文因素缺乏关联性的；

（四）地域范围难以界定，或申请保护的地域范围与实际产地范围不符的。

第九条 地理标志产品保护申请，由当地县级以上人民政府（含县级，以下同）指定的地理标志产品保护申请机构或人民政府认定的协会和企业（以下简称申请人）提出，由申请人负责准备有关的申请资料。申请人为当地县级以上人民政府的，可成立地理标志产品保护领导小组，负责地理标志保护相关工作。

第十条 申请人应填写《地理标志产品保护申请书》（见附件2），并提供以下资料：

（一）当地县级以上人民政府关于成立申报机构或指定协会、企业作为申请人的文件；

（二）当地县级以上人民政府关于划定申报产品保护地域范围的公函，保护范围一般具体到乡镇一级；水产品养殖范围一般以自然水域界定；

（三）所申报产品现行有效的专用标准或管理规范；

（四）证明产品特性的材料，包括：

1. 能够说明产品名称、产地范围及地理特征的；

2. 能够说明产品的历史渊源、知名度和产品生产、销售情况的；

3. 能够说明产品的理化、感官指标等质量特色及其与产地自然因素和人文因素之间关联性的；

4. 规定产品生产技术的，包括生产所用原材料、生产工艺、流程、安全卫生要求、主要质量特性、加工设备技术要求等；

5. 其他证明资料，如地方志、获奖证明、检测报告等。

第十一条 省级质检机构负责对申请进行初审。初审不组织召开专家审查会。初审合格的，向国家质检总局提出初审意见，并将相关文件、资料上报国家质检总局。

第十二条 国家质检总局负责对通过初审的申请进行形式审查。对于形式要件不齐全或不符合规定要求的，国家质检总局在 30 个工作日内向省级质检机构发出形式审查意见通知书（见附件3）。形式审查合格的，通过国家质检总局公报、官方网站发布受理公告。

第十三条 自受理公告发布之日起 2 个月为异议期。异议协调一般遵循属地原则。在异议期内如收到异议：（一）异议仅限于本省的，由国家质检总局授权有关省级质检机构进行处理，并及时反馈异议处理结果。必要时，国家质检总局可应省级质检机构的要求，听取专家意见并组织协调；（二）跨省的异议由国家质检总局负责组织协调。

第十四条 技术审查准备。受理公告发布后，申请人应着手准备专家技术审查会的相关文件，包括：1. 申报产品的陈述报告；2. 申报产品的质量技术要求。

陈述报告是对申请资料的概括和总结，应重点陈述产品的名称、知名度、质量特色及其与产地的自然因素和人文因素的关联性，拟采取的后续监管措施等。

质量技术要求作为国家质检总局批准公告的基础，是对原有标准或技术规范中决定质量特色的关键因素的提炼和总结，具有强制性。内容包括产品名称、产地保护范围、为保证产品特色而必须强制执行的环境条件、生产过程规范以及产品的感官特色和理化指标等。

第十五条 对公告无异议或异议已处理，且已完成技术审查准备的，由省级质检机构向国家质检总局提出召开技术审查会的建议。国家质检总局成立地理标志产品专家审查委员会，并根据专业领域和产品类别下设分委员会。专家审查委员会根据需要聘请专家召开技术审查会。专家组成一般包括法律、专业技术、质量检验、标准化、管理等方面的人员。组成人数为奇数，一般为7人以上，但不超过11人。

第十六条　专家技术审查内容包括：

（一）听取申请人代表所作的陈述报告；

（二）审查产品的申请资料和证明材料；

（三）围绕产品名称、知名度、与当地的自然因素和人文因素之间的关联性等方面进行技术讨论；

（四）形成会议纪要；

（五）提出地理标志产品保护的建议，包括：

1. 是否应对申报产品实施地理标志保护；

2. 所存在的问题和处理建议。

（六）讨论产品的质量技术要求。

第十七条　技术审查合格的，由国家质检总局发布该产品获得地理标志产品保护的公告。颁发《地理标志产品保护证书》（有关事项另行规定）。

第十八条　申请人应在申请资料中提供现行有效的产品专用标准或管理规范，作为地理标志保护产品批准公告和综合标准的基础。

批准公告发布后，省级质检机构应在3~6个月内，组织申请人在批准公告中"质量技术要求"的框架下，在原有专用标准或技术规范的基础上，完善地理标志产品的标准体系，一般应以省级地方标准的形式发布，并报国家质检总局委托的技术机构审核备案。

第十九条　地理标志产品产地范围内的生产者需要使用地理标志产品专用标志的，应向批准公告中确定的当地质检机构提出申请，并提交以下资料：

（一）《地理标志产品专用标志使用申请书》（见附件4）；

（二）产地主管部门出具的产品产自特定地域范围的证明；

245

（三）指定的质量检验机构出具的检验报告。

第二十条 省级质检机构对生产者使用专用标志的申请进行审核，并将相关信息和专用标志使用汇总表（格式见附件5）分别以书面方式和电子版报国家质检总局，由国家质检总局发布核准企业使用地理标志保护产品专用标志的公告。

第二十一条 印制地理标志保护产品专用标志按照国家质检总局2006年第109号公告的要求执行。

第二十二条 专用标志的标示方法有：

（一）加贴或吊挂在产品或包装物上；

（二）直接印刷在产品标签或包装物上；

（三）应申请人的要求或根据实际情况，采用相应的标示方法。

直接印刷在产品标签或包装物上的，由当地质检机构监督管理，并将印刷数量登记备案。

国家质检总局批准公告中明确的当地质检机构须控制专用标志的使用数量，建立产品的溯源体系。

第二十三条 获得专用标志使用资格的生产者，应在产品包装标识上标明"国家地理标志保护产品"字样，并在标识显著位置标明地理标志保护产品名称，同时，应执行国家对产品包装标识的强制性规定。

第二十四条 使用专用标志的，应同时标注国家质检总局批准公告号以及所执行的地理标志产品标准号以及该产品的通用标准等。

第二十五条 各地质检机构依法对地理标志保护产品实施保护。应组织完善地理标志产品综合标准体系，以保护产品质量特色的稳定性和一致性；应完善地理标志产品检验检测体系，有效打击假冒侵权行为；应完善质量保证体系，健全过程管理措施，以保护地理标志产品的质量信誉不受损害；应依法组织打击侵权行为，以净化生产流通环境，保护地理标志产品生产者的知识产权。

第二十六条 地理标志产品的质量检验由指定的法定检验机构承担。必要时，国家质检总局组织复检。

第二十七条 各地质检机构对地理标志保护产品进行以下日常监督管理：

1. 对产品名称进行保护，监督此方面的侵权行为，以依法采取保护措施；

2. 对产品是否符合地理标志产品保护公告和标准等方面进行监督，以保证受保护产品在特定地域内规范生产；

3. 对产品生产环境、生产设备和产品的标准符合性等方面进行现场检查，以防止随意变更生产条件，影响产品的质量特色；

4. 对原材料实行进厂检验把关，生产者须将进货发票、检验数据等存档以便溯源；

5. 对生产技术工艺进行监督，生产者不得随意更改传统工艺流程，而对产品的质量特色造成损害；

6. 对质量等级、产量等进行监控，生产者不得随意改变等级标准或超额生产；

7. 对包装标识和地理标志产品专用标志的印制、发放及使用情况进行监管，建立台帐，防止滥用或其他不按照要求使用的行为发生。

第二十八条 国家质检总局每年安排一定数量的地理标志保护产品列入监督抽查目录，重点检查产品名称、质量、产量、包装、标识及专用标志使用等。省级质量技术监督局每年须将本省一定数量的地理标志保护产品列入地方监督抽查目录；直属出入境检验检疫局每年须对辖区内一定数量的出口地理标志保护产品进行检验抽查。各级质检机构依照职能，对假冒地理标志保护产品的行为进行查处。

对于擅自使用或伪造地理标志名称及专用标志的；不符合地理标志产品标准和管理规范要求而使用该地理标志产品的名称的；或者使用与专用标志相近、易产生误解的名称或标识及可能误导消费者的文字或图案标志，使消费者将该产品误认为地理标志保护产品的行为，质量技术监督部门和出入境检验检疫部门将依法进行查处。消费者、社会团体、企业、个人可监督、举报。

第二十九条　省级质检机构每年 3 月底前将上一年本辖区地理标志产品保护的情况及专用标志的使用情况报国家质检总局。

第三十条　从事地理标志产品保护工作的人员应忠于职守，秉公办事。要认真学习宣传地理标志产品保护制度，指导申请人进行申请，及时向申请人反馈上一级主管部门的审核意见，履行有关的地理标志产品保护职责。不得滥用职权，以权谋私，增加申请人负担，损害质检系统声誉；不得泄露技术秘密，使生产者蒙受损失。违反以上规定的，予以行政纪律处分；构成犯罪的，依法追究刑事责任。

第三十一条　各级质检机构不得向地理标志产品保护的申请人收取任何费用。

第三十二条　上报国家质检总局的申请资料一式两份，印刷装订。申报资料及申请表格的电子版同时发送至国家质检总局。

第三十三条　本工作细则所规定的表格式样由国家质检总局统一制定，各地质检机构可在国家质检总局网站上自行下载、印刷。

B.17

附录5 《品牌评价 品牌价值评价要求》

品牌评价 品牌价值评价要求

1 范围

本标准规定了品牌价值的测算程序和方法的要求。

本标准规定了品牌评价的框架，包括目的、评价基础、评价途径、评价方法和合格数据源以及假设。同时规定了评价结果的报告方法。

2 术语和定义

下列术语和定义适用于本文件。

2.1 资产 asset

一个实体拥有或控制的合法权利或可组织的资源，这些权利和资源具备产生经济利益的能力。

2.2 品牌 brand

与营销相关的无形资产，包括（但不限于）名称、用语、符号、形象、标识、设计或其组合，用于区分产品、服务和（或）实体，或兼而有之，能够在利益相关方（2.7）意识中形成独特印象和联想，从而产生经济利益（价值）。

2.3 无形资产 intangible asset

可识别的无实物形态的非货币性资产。

2.4 品牌货币价值 monetary brand value

品牌价值 brand value

以可转让的货币单位表示的品牌经济价值。

注：所计算的品牌价值可以是单一数值或数值区间。

2.5 价值前提 premise of value

最适宜价值评价的交易环境假设。

2.6 现值 present value

未来的一笔货币收益折算到当前时刻的价值。

2.7 利益相关方 stakeholder

决策受到或可能受到品牌影响的人或组织。

注：通常利益相关方有顾客、消费者、供应商、雇员、潜在雇员、股东、投资者、政府当局和非政府组织等。

2.8 商标 trade mark

能够将一个企业的货物或服务与其他企业的货物或服务区分开来的，受到法律保护的符号或符号的任意组合。

示例：词语（包括人名）、字母、数字、形象元素和色彩组合。

注1：该定义符合 WTO《与贸易有关的知识产权协议（TRIPS）》中对商标的定义。

注2：商号名称是用于识别企业、协会或其他组织的名称。商号名称可以与用于区分公司的货物和（或）服务的商标相同或不同。

2.9 评价报告日 valuation date

做出评价结论的日期。

2.10 评价基准日 value date

评价输入数据、评价假设和评价结果的有效日期。

3 一般要求

3.1 透明性

品牌货币价值评价过程应透明，包括评价输入数据、假设以及风险的披露与量化，适当的情况下还应进行品牌价值对评价模型中主要参数的敏感度分析。

3.2 有效性

评价应基于从评价基准日起有效和相关的数据及假设。

3.3 可靠性

重复评价时，稳定地得出可比且一致的结论。

3.4 充分性

品牌评价应建立在充分的数据和分析基础上，以形成可靠的结论。

3.5 客观性

评价人员进行评价时不应带任何形式的偏见。

3.6 财务、行为和法律因素

评价品牌货币价值时，应考虑财务、行为和法律因素，这些因素构成总体评价的一部分。品牌货币价值评价应在财务、行为和法律模块调查结果的基础上进行。

4 具体要求

4.1 目的声明

目的声明应规定预期用途、评价报告使用者、被评价资产、价值前提、评价人员（评估者）资质要求、评价报告日和评价基准日。

根据评价目的界定价值的概念。

4.2 价值概念

品牌的货币价值代表品牌在其预期的有效经济寿命期内所具有的经济利益。通常，货币价值应参照现金流进行计算，现金流参考收入、经济利润或成本节约来确定。

4.3 品牌界定

评价人员应识别、定义和描述被评价品牌。

5 评价途径和方法

5.1 总则

评价人员应采用收入、市场或成本途径评价品牌价值。评价目的、价值概念和被评价品牌的特征将决定使用哪一种或几种途径计算品牌价值。

5.2 收入途径

5.2.1 收入途径描述

收入途径通过参考品牌在剩余的有效经济寿命期内预期产生的经济利益的现值测量品牌价值。

采用收入途径时应遵循的步骤包括估算品牌剩余有效经济寿命期预期

内，归属于品牌的税后现金流；选择适当的折现率将税后现金流折算成现值。

5.2.2 现金流的确定

5.2.2.1 一般要求

在品牌评价现金流（或可替代的衡量品牌收益的其他标准）应是使用该品牌后产生的现金流与不使用该品牌所产生的现金流之间的差值。确定现金流的方法可参照（不限于）5.2.2.2～5.2.2.7 所列。

5.2.2.2 溢价法

溢价法根据品牌产生的溢价估算品牌的价值。

将具有特定品牌的商品或服务的价格与一般产品（如无品牌产品）的价格进行比较。

为了识别出可归因于品牌的额外现金流，评价人员应分辨和剔除所评价的产品或服务中可能为品牌所有者带来较高价格的非品牌因素。

为了获取溢价所发生的额外和附加的成本，应从收取的溢价中扣除。

在许多行业，很难识别可与被评价品牌相比的无品牌或一般品牌产品，可以参考市场上品牌强度最弱的品牌（见2.4）来估计溢价。

使用溢价法时应考虑与溢量法结合使用，并且考虑成本节约带来的收益。

5.2.2.3 溢量法

溢量法根据品牌产生的销售量的增加来估算品牌价值。

可以采用溢量法确定品牌产生的现金流。在这种方法中，由于销售量增加产生的额外现金流应根据对市场份额的分析来确定。

品牌产生的额外现金流是与超额市场份额相关的经营性现金收益。

评价应注意可能存在其他影响特定市场份额的因素。市场不完善是这类因素中非常重要的一种。当评价一个具有显著市场地位的品牌时，应识别所有市场不完善因素对现金流的影响，并将其从归属于品牌的现金流中扣除。

与溢价法一样，使用溢量法时应考虑为保持较大的市场份额或快速扩大市场份额所发生的额外成本。

使用溢量法时应考虑与溢价法结合使用，并且考虑成本节约带来的收益。

5.2.2.4 收益分成法

收益分成法通过估算经济利润中归因于品牌的利润现值来评价品牌价值。经济利润相当于扣除以市场价值计量的企业运营资本回报后的净营业利润。用行为分析结果来识别品牌对收入增加或成本减少的贡献。品牌价值相当于品牌剩余有效经济寿命期内的那部分经济利润的现值。

5.2.2.5 多周期超额收益法

多周期超额收益法通过计算扣除企业运营所需的所有其他资产回报后的未来剩余现金流现值来评价品牌价值。

当企业现金流由几种无形资产共同产生时，为了能够计算各项无形资产的资本成本，此方法要求评估每项无形资产的价值。

5.2.2.6 增量现金流法

增量现金流法通过与无相同品牌的可比企业比较，识别企业品牌所产生的现金流。在实践中，很难找到经营状况相似，却没有品牌这一特殊资产的可比企业。现金流不仅可以通过增加收入产生，而且还可以通过降低成本产生，在评价品牌价值时应识别并考虑这种成本效率。

5.2.2.7 特许使用节约法

为了确定品牌产生的现金流，可以采用特许使用节约法。此方法假设品牌是通过特许使用而获得并非自主拥有，则品牌价值为预期的未来特许使用费的现值。应用特许使用节约法计算得到的评价值就是通过拥有这个品牌所节省的特许使用费的现值。

在确定使用费率时，应深入分析可比品牌许可协议中的可用数据，以及许可方与被许可方之间的适当的品牌收益分成率，并尽可能接近与被评价品牌具有同样特征和规模的其他品牌的许可使用费率。

5.2.3 财务变量的确定

5.2.3.1 折现率的确定

在收入途径下，没有在未来现金流中反映出来的风险应在折现率中予以考虑。

用以折现归属于品牌的未来现金流的折现率，应由企业整体现金流的折现率，如加权平均资本成本（Weighted Average Cost of Capital，WACC）推导获得。由于企业是资产和负债的投资组合，因此品牌现金流折现率也应反映该品牌的特有风险。

如果在现金流预测或在品牌估计经济寿命中没有明确考虑某些企业特定因素，则应在折现率中予以考虑，这些因素包括但不限于市场、行为和法律风险。

5.2.3.2　有效经济寿命

采用收入途径时，品牌的有效经济寿命应参考被评价品牌所在行业中的品牌经济寿命的一般趋势。所评价的品牌价值不应包括超出品牌剩余有效经济寿命期外的价值。

注：品牌的有效经济寿命可能是无限期的。

5.2.3.3　税收因素

5.2.3.3.1　税率

收入途径中，现金流应采用税后口径。

5.2.3.3.2　税收摊销收益（Tax Amortization Benefit，TAB）

评价品牌价值时，应考虑折旧（摊销）所产生的节税效应，必要时可计算出来。

如果品牌价值包括节税价值，评价报告应明确说明，并且在适当的情况下将其单独披露。

5.2.3.4　长期增长率

在收入途径下，超出明确预测期的期间应当用长期预期增长率评价。所使用的长期增长率应建立在合理的经济规律之上。

5.3　市场途径

5.3.1　市场途径描述

市场途径依据市场上与被评价的品牌类似的品牌交易时的价格来估算被评价品牌的价值。

市场途径根据假设被评价品牌出售时预计获得的合理价格估计品牌价

值，采用市场途径时，应收集可比品牌成交价格的相关数据，并根据被评价品牌与可比品牌之间的差异进行调整。对于所选择的可比对象，应以收购价格为基础计算价值倍数，这些价值倍数将应用到被评价品牌的价值合计中。

5.3.2 采用市场途径应考虑的因素

采用市场途径时，作为可比的品牌应具有与被评价品牌相似的特性，如品牌强度、商品和服务、经济和法律状况。

为保证可比性，可比品牌交易的完成时间应接近于被评价品牌的评价基准日，并在合理的期限内。评价应考虑到以下事实：各独立方在交易中协商确定的实际价格可能反映了品牌持有者所不能实现的战略价值和协同效应。

注：品牌作为独立资产交易的相关案例很少。另外，即便可比对象的数据可以获知，被评价品牌的特性可能与这些极少的被售出的品牌的特性显著不同。

5.4 成本途径

5.4.1 成本途径描述

成本途径根据在建立品牌时的投资成本，或复原重置成本，或更新重置成本测算品牌价值。

注：成本途径建立在谨慎的投资者对品牌的投入不会超过更新或复原该品牌的成本这一假设基础之上。

对品牌的实际投资成本应包括截至评价基准日花费在建立和保护品牌的所有费用。复原重置成本包括以评价时的价格构建一个具有同等效用的相似品牌的成本。更新重置成本表示在评价基准日重新创建一个相似品牌发生的成本，并应按照品牌知名度和品牌强度的潜在损失对再生成本进行调整。

5.4.2 采用成本途径应考虑的因素

采用成本途径时，应对投入与这种投入产生的品牌知名度进行对比分析，不应自然地认为支出与价值之间一定存在某种必然联系。

注：成本途径评价通常建立在历史数据之上，没有考虑企业未来的盈利潜力。

当其他评价途径无法应用，并且可以获得成本估计所需的可靠数据时，

可以采用成本途径。

成本途径可用于评价其他评价途径所得评价结果的一致性和合理性。

6 必要的评价输入

6.1 市场和财务数据

为了评估被评价品牌的市场运营情况（如规模、趋势），应对目前和预测的市场销量、价值、利润和渠道等因素进行调查分析评审。评价人员应保证上述评审结论在评价过程中有所体现。评估应包括所有相关财务数据的分析评价。

6.2 行为方面

6.2.1 与财务状况的关系

为了评价品牌的价值，关键财务参数和评价假设应根据品牌行为方面的分析进行调整。

当采用收益途径时，为了确定可归因于品牌的货币比例和在确定折现率时评估与品牌相关的风险，应进行品牌行为方面的分析。

当采用市场途径时，为了确定适当的价值乘数，应进行品牌行为方面的分析。

当采用成本途径时，为了确定建立相等效用相似品牌的成本，应进行品牌行为方面的分析。

6.2.2 一般考虑因素

品牌评价应明确说明品牌产生价值的方式，并且应考虑品牌经营中，由品牌功能所产生的全部经济利益。

注：品牌价值的核心在于利益相关方的品牌印象和联想。品牌印象和联想能够限制或扩展品牌的不同使用目的。品牌带来的经济利益很多，例如：

a）品牌创造更好的认知和沟通信息的连接，从而提高企业的各种沟通活动效率，有利于提高品牌经营的利润率。

b）品牌促进产品和服务的差异化，如果差异是有意义的，则对顾客的购买行为有积极影响。这种有意义的差异将产生偏好，最终带来财务增长。

c）品牌有利于获取和保留顾客，从而增强业务的可持续性，为未来需求提供了保证，从而降低企业的经营风险。

6.2.3　确定品牌状况

评价应包括品牌在市场中的形势评估和品牌价值驱动因素。

注：利益相关方对品牌理性或感性的精神诉求将决定品牌未来的成功，从而保持或提高品牌价值，或二者兼而有之。这些关系是品牌效用和品牌忠诚产生的基础，能够带来持续购买并形成品牌溢价能力。因此，如果缺乏对利益相关方对本品牌和竞争品牌感知情况的全面细致的比较分析，那么对品牌价值和品牌特定风险的评估通常是无意义的。

6.2.4　品牌强度

为了估计将来的销售量、收入和风险状况，评价人员应在利益相关群体中进行品牌强度分析并在评价中予以体现。

注1：用于解释品牌强度的常用指标包括品牌知名度、品牌感知特征、品牌知识、品牌态度和品牌忠诚度。

注2：评价中可获取的品牌强度数据的质量和数量在不同品牌之间有显著差别。

注3：品牌强度受消费行为和趋势的变化、品牌投资、竞争活动和实施商标保护计划的影响。

6.2.5　对需求的影响

品牌评价应与对品牌在其所处的特定市场和行业环境中的相关性评价相结合。品牌相关性描述了由品牌施加给市场中目标群体购买决策的影响。应将品牌的行业相关性与公司特点相结合来分析品牌对整体价值的贡献。

注：该信息表明现金流中哪些归属于品牌。

当前和未来的品牌价值均应考虑品牌相关性。因此在品牌价值评价中，应包括对品牌在所调查的市场或细分行业中相关性变化（提高或下降）的估计。

6.3　法律方面

6.3.1　法律保护评价

品牌价值评价应包括对品牌所享有的法律保护情况的评估，需识别：

——品牌所享有的每一项合法权利；

——每一项合法权利的合法所有人；

——对品牌价值产生负面或积极影响的法律因素。

注1：品牌价值评价的一个重要组成部分是确定品牌在每个相关司法领域内享有的法律保护。法律保护是影响品牌价值的一个因素，因为法律保护允许品牌持有人利用正式法律体系排除第三方使用同一品牌，从而提供了专有权。

注2：现有的品牌保护方面的法律权利在不同法律体系之间存在差别。除少数例外（如欧盟商标体系），这些法律权利仅在国家层面有效。

6.3.2 需要评估的合法权利

6.3.2.1 概述

基于当地法律的分析应是品牌价值评价的必要组成部分。

评价人员应识别品牌所有者和与品牌相关的合法权利。

注：一般来说，法律保护最重要的形式是注册商标，当然也存在保护品牌的其他合法权利。例如，商号保护权，在用未注册商标的保护权、注册或未注册设计保护权、版权，以及防止不正当、欺骗性或反竞争行为的权利。上述合法权利并非在所有市场都是与品牌相关的，并且除上述权利外，还可能存在其他国家权利。

6.3.2.2 所有权

在品牌价值评价中确定的价值只属于合法权利的所有者。

6.3.2.3 合法权利的确定

合法权利应根据相关的国家或地区法律确定。

注：合法权利通过注册、使用或立法付诸执行。合法权利以单项权利或系列权利形式存在。

6.3.2.4 通过注册获得的合法权利

通过注册获得的合法权利在注册文件中应以符号、商品/服务、地域加以界定。

6.3.2.5 通过使用获得的合法权利、潜在权利，或兼而有之。

通过使用获得的权利应根据相应国家和地区的法律规定，考虑使用的区域和市场的认可情况来加以界定。

6.3.3　影响品牌价值的法律因素

评价人员应考虑对品牌价值产生积极或消极影响的所有法律因素，包括：

a）特殊性；

b）使用范围/注册范围（区域、商品和服务）；

c）使用程度；

d）品牌坏名声或知名程度；

e）作废、优先及弱化的风险，以及持有人强化合法权利的能力或意愿。

注1：法定因素依赖于品牌的合法权利与其运行的市场之间的关联。这些因素通常决定了合法权利与市场认知之间的关系。

注2：第三方权利能够对现有品牌或品牌的使用计划产生影响，进而影响其价值。

6.4　可靠数据和假设的来源及使用

评价人员应确保获得完成品牌价值评价所需要的可靠数据。应包括品牌持有人和合适的第三方提供的数据。评价人员应充分评估所使用的数据和假设的相关性、一致性和充分性。

7　报告

品牌评价报告应明确陈述下列内容：

a）评价人员的立场和身份；

b）评价目的；

c）被评价品牌的界定；

d）品牌相关资产的估值；

e）报告使用者或读者；

f）价值前提；

g）采用的途径和方法；

h）评价报告日；

i ）评价基准日；

j ）品牌评价结果；

k ）使用数据的来源；

l ）合法权利、行为方面和财务分析概述；

m）关键假设和敏感性；

n ）使用限制。

8　独立性

评价人员在形成评价意见时，应行使认真的专业判断，在评价意见中保持独立性和客观性。

B.18

附录6 《品牌价值 术语》

品牌价值 术语

1 范围

本标准提供了品牌价值管理活动中相关术语和定义。

本标准适用于各类组织开展的品牌战略规划、定位、架构、识别、传播、评价等活动。

2 术语和定义

2.1 品牌 brand

与营销相关的无形资产，包括（但不限于）名称、用语、符号、形象、标识、设计或其组合，用于区分产品、服务和（或）实体，或兼而有之，能够在利益相关方意识中形成独特印象和联想，从而产生经济利益（价值）。

[GB/T 29187—2012，2.2]

2.2 品牌规划 brand planning

对确定的品牌进行设计规划，是塑造品牌的工具、方法和途径。

2.3 品牌定位 brand positioning

为建立品牌的竞争优势，进行独特的品牌价值设计，使品牌在消费者及其他利益相关方中形成独特的印象和联想。

2.4 品牌架构 brand structure

同一组织所拥有的不同品牌的组合，体现各品牌的作用、相互关系及其在整体架构中的不同角色，亦称品牌组合。

2.5 品牌营销 brand marketing

综合运用产品、定价、渠道和传播等营销活动来增强品牌认知、改进品牌形象、提升品牌正面反应、增加品牌资产的过程。

2.6　品牌资产 brand equity

与品牌、品牌名称或标志相联系，能够增加或减少品牌所有者销售产品或服务的价值的一系列资产与负债，包括品牌忠诚度、品牌认知、感知质量、品牌联想及其他专有资产，亦称品牌权益。

2.7　品牌价值 brand value

以可转让的货币单位表示的品牌经济价值。

［GB/T 29187—2012，2.4］

2.8　品牌价值测算 brand value measurement

特定目的下按照规定程序对测算品牌在测算基准日的价值进行分析、估算、得出测算结果的行为和过程。

2.9　品牌知名度 brand awareness

消费者及其他利益相关方对特定品牌的知晓程度。

2.10　品牌认知度 brand cognition

消费者及其他利益相关方对品牌定位、内涵、个性、形象、价值等的理解和认识。

2.11　品牌美誉度 brand favorite

消费者及其他利益相关方对特定品牌的偏好、信任和认同程度。

2.12　品牌忠诚度 brand loyalty

消费者购买决策中，多次表现出对某品牌具有偏向性的行为反应。表现为消费者为购买该品牌自愿投入的时间、精力、金钱以及其他超越购买该品牌所需的最基本花费。

2.13　品牌愿景 brand vision

品牌营销将如何适应组织发展目标的描述。

2.14　品牌理念 brand mind

反映组织明确的品牌经营意识的价值体系，能够体现品牌自身个性特点，促使并保持组织正常运作以及长足发展。

2.15　品牌命名 brand naming

确定品牌名称的过程。

2.16 品牌个性 brand personality

品牌拟人化的个性特征，反映特定的品牌差异。

2.17 品牌形象 brand image

消费者及其他利益相关方对品牌相关信息进行个人选择和加工，形成有关该品牌的印象和联想的集合，分为展示的形象和记忆的形象两部分。

2.18 品牌识别 brand identity

能引起消费者及其他利益相关方形成品牌印象的联想物，由一组品牌元素（2.19）构成。

2.19 品牌元素 brand element

用以识别和区分品牌的各种理念的、行为的和视觉的元素。

注1：主要的品牌元素有品牌名称、标识、形象代表、品牌口号、音乐、包装和符号等。

注2：品牌口号：体现品牌理念、品牌利益或企业价值观的宣传用语。

2.20 品牌联想 brand association

消费者及其他利益相关方记忆中与特定品牌相关的所有想法，包括对其名称、产品、产业、形象、服务、价值等方面的想法、感受及期望等。

2.21 品牌延伸 brand extension

利用一个已经建立的品牌资产进行扩张的行为，包括向上延伸、向下延伸、横向延伸、纵向延伸、品牌联合延伸等形式。

B.19
参考文献

胡晓云:《中国农产品的品牌化——中国体征与中国方略》,中国农业出版社,2007。

杨曦沧:《奥运品牌模式》,长江出版社,2008。

王成荣:《品牌价值论》,中国人民大学出版社,2008。

刘瑞旗、李平:《国家品牌战略问题研究》,经济管理出版社,2012。

王成荣、李诚:《老字号品牌价值》,中国经济出版社,2012。

中国资产评估协会编《品牌·价值·评估》,厦门大学出版社,2013。

中国质量协会:《全面品牌管理——工业和信息化部全面品牌管理普及教育核心读本》,中国青年出版社,2014。

周云:《品牌信息本论——品牌信息本质的确定及其量的度量理论》,机械工业出版社,2014。

周云:《品牌诊断学——品牌经营数据的指标结构研究及品牌定量分析理论》,机械工业出版社,2016。

刘平均:《品牌价值发展理论》,中国标准出版社,2016。

中国市场学会品牌管理专业委员会、中品国际编著《中国印企业品牌价值评价标准体系》,经济管理出版社,2017。

汪同三主编《中国品牌战略发展报告(2017)》,社会科学文献出版社,2017。

陶勇:《联想做大 华为做强》,电子工业出版社,2018。

陆娟:《品牌资产价值评估方法评介》,《统计研究》2001年第9期。

刘红霞、杨杰:《从英特公司的品牌评估模型看我国企业品牌价值评估》,《会计之友》2005年第8期。

贺正和：《超市的企业信用和偿债能力》，《业务探讨》2006 年第 9 期。

刘元启：《品牌价值的评估与管理策略》，《创新科技》2007 年第 2 期。

李成勋：《品牌价值研究的一部力作——评王成荣著〈品牌价值论〉》，《中外企业文化》2009 年第 3 期。

《农产品区域公用品牌的价值构成与量化》，《农产品市场周刊》2009 年第 47 期。

王晔：《基于英特法下的品牌价值评估探析》，《东方企业文化》2010 年第 1 期。

胡晓云、程定军、李闯、詹美燕：《中国农产品区域公用品牌的价值评估研究》，《中国广告》2010 年第 3 期。

崔新生：《CCVI 中国价值指数》，《中国财政经济出版社专辑》2010 年第 12 期。

郭政、季丹：《ISO 10668 的内容、影响与应对之策》，《标准科学》2011 年第 9 期。

叶敏、金晓石：《浅谈 ISO 10668 标准》，《全国商情（理论研究）》2012 年第 12 期。

沈烽、彭凯：《国外品牌评价方法》，《认证技术》2013 年第 3 期。

郝丽娟：《品牌评价：提升国际话语权》，《认证技术》2013 年第 3 期。

陈莹：《责任根植文化，文化引领责任》，《施工企业管理》2013 年第 5 期。

杨曦沦：《关于品牌价值与品牌评估的思考》，《企业研究》2013 年第 11 期。

潘瑾、满富委：《品牌价值评价方法研究综述》，《经管视线》2013 年第 19 期。

阮咏华：《品牌价值内涵探讨及评估应关注的问题》，《中国资产评估》2014 年第 4 期。

杨曦沦：《品牌资产质量（BAQ）分析模型概述》，《中国科技信息》2014 年第 10 期。

马文生：《以品牌战略助力强国梦想——访全国政协委员、中国品牌建设促进会理事长刘平均》，《中国品牌》2015 年第 4 期。

苗善忠：《中国建筑管理擦亮国企品牌》，《企业管理》2016 年第 5 期。

陈华文：《创新永远在路上——评李鸿谷〈联想涅槃：中国企业全球化教科书〉》，《产权导刊》2015 年第 7 期。

官庆：《担当时代责任 打造中国名片——中国建筑的品牌之路》，《中国品牌》2017 年第 S1 期。

周梅：《大数据科学综述》，《科技创新导报》2017 年第 12 期。

中国建筑集团有限公司企业文化部：《红色基因 蓝色力量——中国建筑的文化之路》，《企业文明》2018 年第 1 期。

黄琦：《如何构建汽车品牌?》，《汽车观察》2018 年第 3 期。

官庆：《打造世界投资建设领域第一品牌——中国建筑的品牌之路》，《施工企业管理》2018 年第 4 期。

权忠光、李婕：《新时代下品牌价值评价的挑战和机遇》，《中国资产评估》2018 年第 7 期。

杨曦沦、崔新生：《构建"品牌金融指数"的原则与路径》，《企业研究》2018 年第 8 期。

王天骥：《2009 品牌价值盘点：价值在危机中沉淀》，《人民政协报》2009 年 12 月 11 日。

张玉玲：《品评中国文化品牌的价值——访中南大学中国文化产业品牌研究中心主任欧阳友权》，《光明日报》2011 年 5 月 13 日，第 10 版。

陈莹：《中国建筑：打造文化引领型的社会责任模式》，《WTO 经济导刊》2013 年 3 月 15 日。

赵佩华：《企业文化传播与品牌形象构建》，《中华建筑报》2016 年 12 月 6 日。

杨晓晶：《小品牌小众化，大品牌集中化：两端分化是白酒行业下一阶段主旋律》，《中国食品报》2016 年 12 月 27 日。

杨曦沦：《金融品牌增长之道》，《金融时报》2017 年 5 月 10 日。

余瀛波：《工商总局"叫停"地方政府商标评选认定》，《法制日报》2017年7月1日。

郑梅云：《今日头条推"千人百万粉计划" 张一鸣打响信息流决战》，《通信信息报》2017年11月29日。

《瞄准人民群众的新需要和不断升级的市场需求 着力增品种提品质创品牌》，《人民日报》2018年5月11日。

温娜：《论品牌延伸的效果——兼议企业品牌延伸战略的实施》，复旦大学硕士学位论文，2002。

张葵：《产品品牌竞争力的提升和评估》，复旦大学硕士学位论文，2005。

杨依依：《企业价值与价值创造的理论研究》，武汉理工大学博士学位论文，2006。

李津：《基于隐性需求的动漫品牌资产形成研究》，天津财经大学博士学位论文，2009。

王玉军：《北京老字号品牌价值形成特点及评价研究》，北京工商大学硕士学位论文，2010。

金艳梅：《基于财务指标的企业品牌价值研究》，兰州大学硕士学位论文，2011。

张立：《中国老字号法律保护研究》，清华大学硕士学位论文，2015。

《2011年度包装百强评选活动评分标准》，中国包装联合会网站，2015年3月25日，http：//www.cpta.org.cn/articleDetail.html? id＝6216。

《中国企业品牌竞争力指数报告发布》，中国网，2012年4月13日，http：//guoqing.china.com.cn/2012－04/13/content_ 25134544.htm。

《关于加强中央企业品牌建设的指导意见》，国资委网站，2014年1月3日，http：//www.sasac.gov.cn/n2588035/n2588320/n2588335/c4259023/content.html。

《2014 CCTV中国品牌价值评价信息发布》，央视网，2014年12月12日，http：//jingji.cntv.cn/2014/12/12/ARTI1418374202394225.shtml。

《2015 年中国品牌价值评价信息发布会》，中国国家品牌网，2015 年 12 月 12 日，http：//www. china – brand. org. cn/ppfbh/2015fbh/index. html。

《2015 中国农产品区域公用品牌价值评估报告》，中国农业新闻网，2016 年 3 月 28 日，http：//ppny. cnguonong. com/newshtml/35651. html。

佘颖：《国家工商总局：商标品牌价值评价体系年内将出"国家版"》，中国经济网，2016 年 2 月 25 日，http：//www. ce. cn/xwzx/gnsz/gdxw/201602/25/t20160225_ 9097835. shtml。

《2016 年中国品牌价值评价信息发布会》，中国国家品牌网，2016 年 12 月 12 日，http：//www. china – brand. org. cn/ppfbh/2016fbh/。

《2016 中国果品品牌价值评估报告》，苍南县农业局网站，2016 年 12 月 15 日，http：//cnnyj. cncn. gov. cn/art/2016/12/15/art_ 1268479_ 4406706. html。

谷雨：《一个连锁品牌如何在 3 年内奠定全球扩张基石》，和讯网，2017 年 3 月 20 日，http：//bschool. hexun. com/2017 – 03 – 20/188553976. html。

《国家发展改革委等九部门共同举办中国品牌日媒体通气会》，中国国家发展和改革委员会网站，2017 年 5 月 10 日，http：//www. ndrc. gov. cn/xwzx/xwfb/201705/t20170510_ 846992. html。

《中国建筑：担起大国品牌梦想》，新华网，2017 年 5 月 10 日，http：//www. xinhuanet. com/itown/2017 – 05/10/c_ 136271222. htm。

吴琦：《中国建筑在改革创新中进发前进力量》，新华网，2017 年 9 月 26 日，http：//www. xinhuanet. com/2017 – 09/26/c_ 1121727654. htm。

《2017 中国品牌价值报告》，北京名牌资产评估有限公司网站，2018 年 9 月 26 日，http：//www. mps. com. cn/brand%27s_ studies. html。

《2018 年 C – BPI 研究成果权威发布》，Chnbrand（中企品研公司）网站，2018 年 4 月 10 日，http：//www. chn – brand. org/c – bpi/news2018. htm。

《阿里研究院发布最新报告：中国消费品牌发展报告》，今日头条，2018 年 5 月 10 日，https：//www. toutiao. com/i6553758001893736968/。

《2018 中国品牌价值百强榜单》，中国品牌建设促进会网站，2018 年 5 月 15 日，http：//www. ccbd. org. cn/content – 13 – 139 – 1. html。

《Best China Brands 2018 排名》，Interbrand 网站，2018 年 5 月 31 日，https：//www. interbrand. com/cn/best － brands/best － china － brands/2018/ranking/。

《第六届中国品牌连锁发展大会》，中国品牌连锁发展大会官网，2017 年 10 月 26 日，http：//pinpai2016. s2. cn. vc。

《中国包装百强企业评选管理办法》，中国包装联合会网站，2015 年 3 月 25 日，http：//www. cpta. org. cn/articleDetail. html？id ＝6479。

《"中国包装优秀品牌"评审认定工作细则》，中国包装联合会网站，2012 年 7 月 4 日，http：//www. cpta. org. cn/articleDetail. html？id ＝861。

《中国品牌建设促进会简介》，中国品牌网，http：//www. china － brand. org. cn/？r ＝guanyuwm/index&type ＝47&t ＝2。

中华商标协会官网，http：//www. cta. org. cn/ppyj/gzdt。

国家质量监督检验检疫总局：《中国名牌产品管理办法》，2001。

国家质量监督检验检疫总局：《地理标志产品保护规定》，2005。

商务部：《"中华老字号"认定规范（试行）》，2006。

全国人民代表大会常务委员会：《中华人民共和国商标法》，2013。

国资委：《关于加强中央企业品牌建设的指导意见》，2013。

国家工商行政管理总局：《驰名商标认定和保护规定》，2014。

国务院办公厅：《国家创新驱动发展战略纲要》，2016。

国务院办公厅：《关于印发消费品标准和质量提升规划（2016～2020 年）的通知》，2016。

国务院办公厅：《关于印发贯彻实施质量发展纲要 2016 年行动计划的通知》，2016。

国务院办公厅：《关于发挥品牌引领作用推动供需结构升级的意见》，2016。

国务院办公厅：《关于开展消费品工业"三品"专项行动营造良好市场环境的若干意见》，2016。

工业和信息化部、国家质量监督检验检疫总局、国家国防科技工业局：

《促进装备制造业质量品牌提升专项行动指南》，2016。

国家质量监督检验检疫总局：《质量品牌提升"十三五"规划》，2016。

国务院办公厅：《"十三五"市场监管规划》，2017。

商务部等：《关于促进老字号改革创新发展的指导意见》，2017。

国家工商行政管理总局：《关于深入实施商标品牌战略推进中国品牌建设的意见》，2017。

社会科学文献出版社

皮书系列

❖ 皮书起源 ❖

"皮书"起源于十七、十八世纪的英国，主要指官方或社会组织正式发表的重要文件或报告，多以"白皮书"命名。在中国，"皮书"这一概念被社会广泛接受，并被成功运作、发展成为一种全新的出版形态，则源于中国社会科学院社会科学文献出版社。

❖ 皮书定义 ❖

皮书是对中国与世界发展状况和热点问题进行年度监测，以专业的角度、专家的视野和实证研究方法，针对某一领域或区域现状与发展态势展开分析和预测，具备原创性、实证性、专业性、连续性、前沿性、时效性等特点的公开出版物，由一系列权威研究报告组成。

❖ 皮书作者 ❖

皮书系列的作者以中国社会科学院、著名高校、地方社会科学院的研究人员为主，多为国内一流研究机构的权威专家学者，他们的看法和观点代表了学界对中国与世界的现实和未来最高水平的解读与分析。

❖ 皮书荣誉 ❖

皮书系列已成为社会科学文献出版社的著名图书品牌和中国社会科学院的知名学术品牌。2016 年，皮书系列正式列入"十三五"国家重点出版规划项目；2013~2018 年，重点皮书列入中国社会科学院承担的国家哲学社会科学创新工程项目；2018 年，59 种院外皮书使用"中国社会科学院创新工程学术出版项目"标识。

中国皮书网

（网址：www.pishu.cn）

发布皮书研创资讯，传播皮书精彩内容
引领皮书出版潮流，打造皮书服务平台

栏目设置

关于皮书：何谓皮书、皮书分类、皮书大事记、皮书荣誉、
          皮书出版第一人、皮书编辑部

最新资讯：通知公告、新闻动态、媒体聚焦、网站专题、视频直播、下载专区

皮书研创：皮书规范、皮书选题、皮书出版、皮书研究、研创团队

皮书评奖评价：指标体系、皮书评价、皮书评奖

互动专区：皮书说、社科数托邦、皮书微博、留言板

所获荣誉

2008 年、2011 年，中国皮书网均在全国新闻出版业网站荣誉评选中获得"最具商业价值网站"称号；

2012 年，获得"出版业网站百强"称号。

网库合一

2014 年，中国皮书网与皮书数据库端口合一，实现资源共享。

权威报告·一手数据·特色资源

皮书数据库

ANNUAL REPORT(YEARBOOK) DATABASE

当代中国经济与社会发展高端智库平台

所获荣誉

- 2016年，入选"'十三五'国家重点电子出版物出版规划骨干工程"
- 2015年，荣获"搜索中国正能量 点赞2015""创新中国科技创新奖"
- 2013年，荣获"中国出版政府奖·网络出版物奖"提名奖
- 连续多年荣获中国数字出版博览会"数字出版·优秀品牌"奖

成为会员

通过网址www.pishu.com.cn访问皮书数据库网站或下载皮书数据库APP，进行手机号码验证或邮箱验证即可成为皮书数据库会员。

会员福利

- 使用手机号码首次注册的会员，账号自动充值100元体验金，可直接购买和查看数据库内容（仅限PC端）。
- 已注册用户购书后可免费获赠100元皮书数据库充值卡。刮开充值卡涂层获取充值密码，登录并进入"会员中心"—"在线充值"—"充值卡充值"，充值成功后即可购买和查看数据库内容（仅限PC端）。
- 会员福利最终解释权归社会科学文献出版社所有。

数据库服务热线：400-008-6695
数据库服务QQ：2475522410
数据库服务邮箱：database@ssap.cn
图书销售热线：010-59367070/7028
图书服务QQ：1265056568
图书服务邮箱：duzhe@ssap.cn

社会科学文献出版社 皮书系列
SOCIAL SCIENCES ACADEMIC PRESS (CHINA)
卡号：948331977514
密码：

S 基本子库
UB DATABASE

中国社会发展数据库（下设 12 个子库）

全面整合国内外中国社会发展研究成果，汇聚独家统计数据、深度分析报告，涉及社会、人口、政治、教育、法律等 12 个领域，为了解中国社会发展动态、跟踪社会核心热点、分析社会发展趋势提供一站式资源搜索和数据分析与挖掘服务。

中国经济发展数据库（下设 12 个子库）

基于"皮书系列"中涉及中国经济发展的研究资料构建，内容涵盖宏观经济、农业经济、工业经济、产业经济等 12 个重点经济领域，为实时掌控经济运行态势、把握经济发展规律、洞察经济形势、进行经济决策提供参考和依据。

中国行业发展数据库（下设 17 个子库）

以中国国民经济行业分类为依据，覆盖金融业、旅游、医疗卫生、交通运输、能源矿产等 100 多个行业，跟踪分析国民经济相关行业市场运行状况和政策导向，汇集行业发展前沿资讯，为投资、从业及各种经济决策提供理论基础和实践指导。

中国区域发展数据库（下设 6 个子库）

对中国特定区域内的经济、社会、文化等领域现状与发展情况进行深度分析和预测，研究层级至县及县以下行政区，涉及地区、区域经济体、城市、农村等不同维度。为地方经济社会宏观态势研究、发展经验研究、案例分析提供数据服务。

中国文化传媒数据库（下设 18 个子库）

汇聚文化传媒领域专家观点、热点资讯，梳理国内外中国文化发展相关学术研究成果、一手统计数据，涵盖文化产业、新闻传播、电影娱乐、文学艺术、群众文化等 18 个重点研究领域。为文化传媒研究提供相关数据、研究报告和综合分析服务。

世界经济与国际关系数据库（下设 6 个子库）

立足"皮书系列"世界经济、国际关系相关学术资源，整合世界经济、国际政治、世界文化与科技、全球性问题、国际组织与国际法、区域研究 6 大领域研究成果，为世界经济与国际关系研究提供全方位数据分析，为决策和形势研判提供参考。

法律声明